愛爾蘭史

Ireland

詩人與歌者的國度

周惠民——著

三民書局

本書送给周翔、周行

增訂二版序

十數年前，應三民書局之邀，撰寫《愛爾蘭史——詩人與歌者的國度》一書，將千百年來以克爾特人為主體的愛爾蘭歷史擇其精要，介紹給中文世界的讀者。這本書隨著時光流轉，也走入歷史，成為歷史。今年，三民書局計畫修訂再版，就商於作者，希望將愛爾蘭近十餘年來的變化，添補為新章，以符現狀。

世事確實難料，2008 至 2010 年，葡萄牙、義大利、愛爾蘭、希臘與西班牙等歐洲國家發生重大金融危機，因而有「歐豬四國」(PIGS) 與「歐豬五國」(PIIGS) 的嘲弄。本書初成之際，愛爾蘭的經濟情況正值低谷；十多年來，愛爾蘭經濟復甦，甚至成為歐洲經濟的模範，其社會結構也不斷變化，益發多元。大英聯合王國與愛爾蘭一衣帶水，息息相關，原為愛爾蘭的宗主國，而今舉國公投，退出歐盟。爰是，愛爾蘭成為歐盟中唯一的英語國家。愛爾蘭經濟得以復甦，朝野努力固然功不可沒，而愛爾蘭成為美、加等國資本進入歐盟的橋頭堡，也是重要因素之一。這種特殊文化關聯也是禍福相倚。

愛爾蘭原本是一個基督教國度，從五世紀接受基督教信仰之後，修道院如雨後春筍，不僅保存大量文獻史料，教士更遠渡重洋，前往蘇格蘭、北歐等地傳教，進而走入周遭大陸。近世中，愛爾蘭與義大利一直是兩個羅馬公教的重要支柱。曾幾何時，愛爾蘭的公教教會正面臨嚴峻的信徒流失。根據統計，1970 年代，超過九成的愛爾蘭公教徒每週都會前往教堂望彌撒，到了 2010 年代，僅四成左右公教徒維持定期望彌撒的習慣，這也說明了愛爾蘭社會的快速轉型。

愛爾蘭是一個「歌者」的國度，許多藝人對世界有極大影響，2023 年 7 月才謝世的知名歌者歐康諾 (Sinéad O'Connor) 便是一例。她一生都盡力追求其理念，不斷提醒世人政治、兒童受虐、人權、種族、婦女權利等議題。其歌聲經常可以聽到對弱勢群體的關懷。作者將 2010 年以後愛爾蘭的政治發展、社會轉型與文化變遷新為一章，希望有助讀者能較為精確的認識這個「詩人與歌者的國度」。

周惠民

2023 年 8 月 21 日

自　序

二十多年以前，首次造訪愛爾蘭，開始接觸愛爾蘭的人物與歷史。隨著造訪次數增加，進一步體會當地人民的生活方式與態度，對愛爾蘭文化也才有較多的認識。

愛爾蘭人給世人的印象是熱情、詼諧、善謔；酒酣耳熱之時，個個都是音樂家、演說家，時而慷慨激昂，時而徘徊低吟。進入愛爾蘭生活以後，才瞭解：信奉羅馬公教的愛爾蘭人，多為大家庭，子女眾多，晚間大家在廚房中天南地北，從不斷的鬥嘴與討論的過程中，個個都變得伶牙俐齒，原來愛爾蘭這麼多的演員、歌手，都是這樣訓練出來的。

愈瞭解愛爾蘭的歷史，就愈感受到歷史堆積在愛爾蘭人身上的壓力。我生活周遭的每個人都可以說一段自己家族在大饑饉中的遭遇，說一段自己父母對抗大英時的英勇；這個表哥如何到了加拿大，那個堂弟為何在美國，令人不由得想起「辭根散作九秋蓬」的句子。

愛爾蘭人是一個善於敘述的民族，他們宣洩家族情緒，喟嘆歷史的起伏時，敘事詩 (ballads) 成了最好工具。從諸多愛爾蘭歌手的吟唱中，從手鼓、短笛與風琴的伴奏中，都可以聽到這種淒涼。只是，不瞭解愛爾蘭的歷史，就無法真正體會這樣的深沉。

於是我開始蒐集與閱讀愛爾蘭歷史，造訪古諾曼人攻打愛爾蘭的戰場，追隨喬伊斯 (James Joyce) 在都柏林的腳步，參觀大教堂中的鑲嵌畫，也在啤酒館中隨著克爾特音樂淺斟低唱。漸漸的，我也融入愛爾蘭的歷史之中，史家筆下的事件開始有了鮮明的意象，戲劇中的情節也化成生活周遭的實際。

愛爾蘭的近代史與臺灣的歷史還頗有幾分相似，十八世紀末期愛爾蘭爭取議會民主的過程，與日據時期臺灣議會請願，如出一轍，二十世紀初年臺灣先賢不也就是「以愛爾蘭為師」。儘管有此淵源，許多國人對愛爾蘭歷史與文化的認識卻是流於浮泛，國內書肆甚至找不到一本中文寫作的愛爾蘭史專著。

幾年前，三民書局邀約撰寫《德國史》時，我表示《愛爾蘭史》應當是當務之急，也願意承乏，只是《德國史》寫完之後，《愛爾蘭史》卻遲遲未能動工。個人生性疏懶，從開始蒐集材料、整理消化，到發表幾篇愛爾蘭史的相關論文，已經歷幾個寒暑。今年春間，終於完成初稿，再經過幾度筆削，才有目前的樣貌，雖未必是名山大業，但也經過一番嘔瀝。付梓之際，綴此數語為序。

周惠民

2008 年初冬於溪喧小樓

愛爾蘭史

詩人與歌者的國度

目　次 | Contents

第 I 篇

從古代到中世紀

瑙尼高
德里
倫敦德里
安垂
班河
厄斯特區
瑙尼高
泰隆
貝爾法斯特
史萊歌
費馬納
阿瑪
阿瑪
蕩
梅幽
史萊歌
莫納罕
紐里
利特令
卡文
瑙達克
西港
康納賀特區
羅斯康蒙
絡斯
波音河
爪訶達
郎福德
威斯彌斯
彌斯
愛爾蘭海
高威
阿斯隆
利非河
都柏林
高威
稜斯特區
都伯林
香穠河
歐法利
吉爾戴
吉爾戴
萊伊什
威克樓
威克樓
北大西洋
克雷爾
艾尼斯
香穠
迪波拉里
阿克羅
吉爾鏗尼
卡羅
里畝瑞克
里畝瑞克
衛克斯福
開立
吉爾鏗尼
紐羅斯
衛克斯福
特拉里
蒙斯特區
瓦特福
瓦特福
羅斯雷亞
基拉尼
科克
科克
柯伯
右賀
克爾特海
班特利
北愛爾蘭

圖 1：愛爾蘭地圖

導　論

學者在討論一個地區的歷史時，多從其地理環境著手，新文化史學者更會注意地理環境與民族活動間的互動關係。但是若要從愛爾蘭島的地理環境入手，討論愛爾蘭的歷史發展，可能會有些困難。愛爾蘭是一個島嶼，地理空間確定，討論其歷史發展的舞臺，理論上並不困難，但是愛爾蘭位於洋流經過之處，航行容易，且與歐洲大陸相隔不遠，歷來為許多民族活動之處。不同民族將各自的文化帶入這個島嶼，經過長時期的累積與融合，展現出另一種樣貌。除了早期來自歐洲大陸的先民外，從克爾特人 (Celts) 移居、基督教傳入、諾曼人 (Norsemen) 活動到安茹王室 (House of Anjou)、斯圖亞特王室 (House of Stuart) 的征服，乃至北愛爾蘭問題的爭議，在在都與愛爾蘭島以外的世界關係密切。如果想要以愛爾蘭島為中心討論愛爾蘭史，不免會有「身在此山」的侷限。因此，討論愛爾蘭歷史上的任何時期，都必須與愛爾蘭以外的事物連結，互相觀照，不能單以克爾特人的活動為主軸，還要觀察並考慮歐洲其他地區的發展與變化，例如北歐人航行到愛爾蘭，不僅是維京人與愛爾蘭的互動，還牽涉法國、英格蘭等地區幾個重要勢力的變化。

無論愛爾蘭或大英境內，歷來有關愛爾蘭歷史的著作汗牛充棟，但這些作品對多數國內讀者而言，即便翻譯成中文，意義仍是不大，其中最重要的問題在於背景知識的介紹。大英或愛爾蘭學者在討論愛爾蘭史事時，不需要太多的歷史背景說明，例如羅馬帝國時期基督教的活動情況;又當討論使徒派崔克 (Patrick) 時，也毋需特別交代不列顛群島上的羅馬公民。但中文世界的讀者可能對於羅馬帝國在不列顛的活動相當陌生，對基督教傳教士在帝國邊陲地帶活動的情況也不熟悉。若未加說明，讀者未必能將派崔克與西元四世紀羅馬帝國境內基督教的發展，或是與日耳曼部落的活動連結起來。因此，筆者在討論愛爾蘭史事時，經常必須先說明歐洲歷史的背景與相關發展；討論愛爾蘭歷史的源頭時，也必須從歐洲大陸的先民活動說起。

第一章 | *Chapter 1*

克爾特人

> 高盧人可以分成三個大類，一類是北爾奇人，一類是亞逵丹人；第三類人，他們自稱為克爾特人，我們叫他們高盧人。這些不同類的人，語言、風俗及法律都不相同。
>
> 凱撒《高盧戰記》(第一書·第一節)

第一節　克爾特文化

一、克爾特人

「克爾特」(Celt) 一詞是大家耳熟能詳的概念，也是一個很新的學術名詞。現代學者多用「克爾特」稱呼原本居於歐洲地區，使用克爾特語 (Celtic) 的民族及其後裔，但在不同學術領域中，學者對克爾特人的定義卻有不同的標準。考古學者從器物及工具的角度觀察，語言學者從克爾特語的結構觀察，兩者便可能有不同的結論；學者甚至對現代克爾特語與古代克爾特人的關係也還沒有定論。十八世紀以前，「克爾特」一詞其實與愛爾蘭或不列顛的民族無關，要到十八世紀以後，英語中才逐漸以「克爾特」來稱呼不列顛群島早期的居民。這個名詞的出現，又可以回溯到羅馬帝國時期的拉丁語「克爾特」(Celtus)。

拉丁語所稱的 Celtus 應當來自希臘語的「克爾特」❶，是兩千多年前希臘人對鄰近部落的稱呼，西元前 517 年，希臘文獻中出現了「克爾臺人」(Keltoi)，此後希臘作品中不斷有「克爾特」一詞出現，所指應當是多瑙河 (Danube) 一帶的居民。後來，羅馬人也沿用類似的民族分類概念，稱這個族群為「加利人」(Galli)。但克爾特是指全體「克爾特人」，還是對某一特定部落的稱呼，已不可考。

不論是希臘人或是羅馬人，對這支民族的相關記載不多，他們自己也缺乏文獻記錄。後世史家稱這支民族為克爾特人，但是對這支民族的來龍去脈與生活狀態並不清楚，有關其部落的分類也缺乏進一步的認識。許多學者原本認為克爾特人在南歐一帶活動，但「文獻不足徵也」。考古學於十九世紀興起後，學者才開始根據出土的相關器物，對這批早期在歐洲活動的人類有較清楚的認識。

克爾特人應源於中歐阿爾卑斯山脈以北，多瑙河、萊茵河上游，今德國南部巴伐利亞 (Bavaria) 一帶，後來不斷向外擴散。大

---

❶ Celtus，複數為 Celti 或 Celtae，希臘文作 KÝëôçò，複數為 KÝëôáé 或 Kåëôüò。

約距今三千年左右，他們的活動範圍已達威悉河 (Weser) 與多瑙河之間，阿爾卑斯山與北海 (North Sea) 之間。考古學者在德國南部及奧地利挖掘出大量文物，特別稱之為「哈爾斯塔特」(Hallstatt) 文明❷，許多證據顯示哈爾斯塔特文明應當是克爾特人所創造，與中歐的淵源頗深。

距今兩千八百年前，克爾特人也曾定居於萊茵河與馬恩河 (Marne) 之間的平原，稍後，這些克爾特部落又追隨著獵物，前進到今日法國全境，甚至越過比利牛斯山脈，進入伊比利半島，分散各地。另有一支克爾特人則渡過英倫海峽 (English Channel)，進入不列顛和愛爾蘭；還有一支部落則穿過阿爾卑斯山到達義大利北部的波河 (Po) 流域。兩千五百年前，一些克爾特部落也曾經向東南方前進，沿多瑙河谷地進入巴爾幹半島，而與希臘人遭遇。此外，在波希米亞、波蘭和東歐其他地方都可以找到克爾特的文化遺跡。如果觀察歐洲的地圖，可以看出距今兩千五百年前，克爾特文化分布在大約西起愛爾蘭，西南至伊比利半島，東到喀爾巴阡山脈 (Carpathians)，東南則達到安那托利亞 (Anatolia) 高原的廣大空間之中。

大約在此同時，日耳曼部落也從北歐地區往南移動，與克爾特人遭遇，甚至混合，進而融合。所以古代希臘、羅馬的文獻記

---

❷ 哈爾斯塔特為奧地利小城，於十九世紀中發掘許多克爾特文物，包括鐵器、金質鏡子等，稱為「哈爾斯塔特」文明，此遺址範圍甚廣，中歐各地均陸續發現。

錄中，經常可以看到這些作者無法分辨克爾特人與日耳曼人的情況，這說明兩支團體所處地理位置與生存空間接近，並且互動密切，也說明他們無論在生活方式、風俗習慣、服裝和武器類型上的表現，均極相似。例如高盧北部的北爾奇人 (Belgae)，包括阿杜亞圖人 (Aduatuci)、厄布隆尼人 (Eburones)、康得魯斯人 (Condrusi)、帕曼人 (Paemani)、特雷維爾人 (Treviri) 及內爾維人 (Nervii) 等部落，自稱為日耳曼人，但他們的體貌特徵與克爾特族群或日耳曼族群都不盡相同，極可能是克爾特與日耳曼的混合部落。

從哈爾斯塔特文明遺跡的出土物品，我們可以認識到克爾特人製作青銅器工藝的發達，不僅有冶煉青銅的鑄範，還馴養牲口、使用馬匹，製造各種器物；他們的天文知識也相當豐富，例如拉騰文化 (La Tène Culture)❸遺址中有一面銅製的天象圖，清楚標示主要的星座，說明其天文知識已經相當發達，而愛爾蘭出土的文物也可以看到許多天文觀測的資料。

二、語　言

大約距今兩千三百年前，克爾特人分布的範圍廣大，他們使用的語言也通行各地，當羅馬帝國及日耳曼部落勢力進入其居住地後，克爾特人與日耳曼及羅馬人均有接觸、往來，克爾特語也開始與其他語言混合。

克爾特部落使用的「克爾特語」，在語言學分類上屬於印歐語

---

❸ 因最早在瑞士新夏特 (Neuchâtel) 湖的拉騰發現而得名。

系 (Indo-European family of languages)，與古代義大利語有密切的關係。但原始印歐母語逐漸分化，克爾特語也產生一定變異，逐漸形成了「大陸克爾特語」和「海島克爾特語」兩大支：大陸克爾特語即古代高盧地區的語言，現已亡佚；海島克爾特語則尚存於愛爾蘭、蘇格蘭、法國布列塔尼 (Brittany) 半島等地。語言學者根據語音差異，將海島克爾特語分為 P、Q 兩個系統。以「馬」字為例，Q 分支稱為 equos，而 P 分支稱為 epos。P 分支的克爾特語又與不列顛地區早期居民的關係十分密切，今日的威爾斯語（Welsh 或作 Cymraeg、Gymraeg）、康瓦爾語（Cornish 或作 Kernowek）❹和布列塔尼語都是相近的語言。Q 分支克爾特語即古愛爾蘭人的語言，陸續演化成為曼克斯語 (Manx)、蘇格蘭蓋爾語 (Scottish Gealic)❺及今日的愛爾蘭語，這支語言與西班牙地區的克爾特語關係較為密切。

愛爾蘭早在三千多年前就已經出現定居文化，但尚未發展出文字，也就沒有文字記載，現存愛爾蘭語最早的文字記錄要到四世紀左右才出現。許多語言學者認為一種稱為歐漢 (Ogham) 的石頭刻文應是現存最早的愛爾蘭語記錄。他們也相信，派崔克於

---

❹ 康瓦爾 Cornwall，形容詞為 Cornish，因此亦有人作科尼什語。

❺ 從十六世紀起，歐洲學者便研究克爾特語言，蘇格蘭學者最早將歐洲大陸的克爾特人跟愛爾蘭、蘇格蘭等地的居民作連結研究。威爾斯學者也指出愛爾蘭語、威爾斯語、康瓦爾語和布列塔尼語的詞彙有共同來源，統稱為「克爾特語」。這個名稱不但用於語言，也包含使用這種語言的族群的文化。

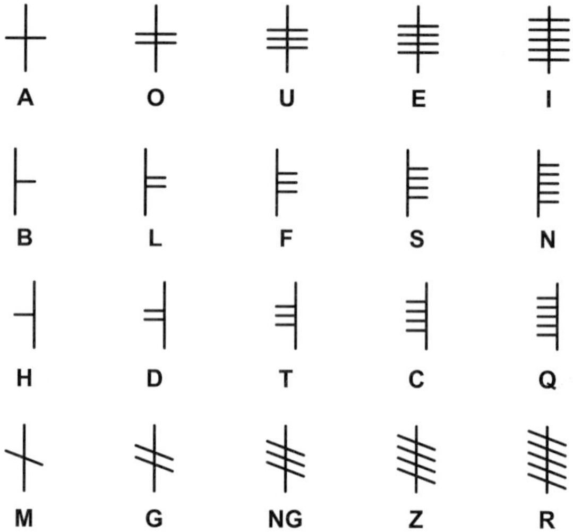

圖 2：歐漢字母

432 年將基督教傳入愛爾蘭時，應當也同時將羅馬字母介紹到愛爾蘭。此後，許多愛爾蘭的文件都以羅馬文字書寫，其中又以《克爾斯文書》(*Book of Kells*) 最為有名。愛爾蘭人改信基督教之後，許多愛爾蘭人前往蘇格蘭南部活動，傳教士也在當地建立傳教據點，將愛爾蘭的語言和文化傳播到當地的皮克特人 (Picts) 之中，對蘇格蘭產生重大影響。這些進入蘇格蘭的愛爾蘭人，羅馬人稱之為「斯克特」(Scots)，後來才逐漸演變成蘇格蘭的名稱。至今，學者仍可以從蘇格蘭的蓋爾語中，找到許多愛爾蘭語詞彙。九世紀左右，愛爾蘭語已經擴展至蘇格蘭大半部、英格蘭北部及曼島 (Isle of Man) 等地，更是愛爾蘭和蘇格蘭主要語言。

高盧 (Gaul) 是指今日法國 、 義大利北部 、 瑞士西部及比利時、尼德蘭、德國萊茵河沿岸的土地。距今兩千五百年左右，高盧地區的居民使用高盧語，這也是克爾特語的一支，分布甚廣。有關高盧的名稱，有人以為高盧得名於“gael”，是克爾特語字根，有強壯、壯盛之意；或以為「高盧」乃因高盧河 (Gallos) 而得名；也有人認為「克爾特」與「高盧」來源相同，甚至認定這是最早與羅馬人接觸的克爾特部落的名稱，就是指克爾托 (Kelto) 或是高爾托 (Galto)，後因音轉或是訛傳，才演變成高盧的名稱。由於高盧人早期活動也缺乏文獻記載，現在學者也只能以考古學研究結果作為認識高盧人的主要依據。不過今日英語中的高盧係借自法語「高爾」(Gaule)，這個字又可能來自日耳曼語的字根“walha”❻，意為「不使用日耳曼語之人」❼。至於拉丁語中的「高樂提亞」(galatia) 則很可能與希臘語相關，原意為「乳白色」，反映出希臘人對克爾特人膚色的觀察。

三、文　化

克爾特人在西歐、中歐留下的遺址大約屬於青銅器早期文明，距今約有四千五百年到四千年間，這些文明遺址中有形制相當獨特的鐘形陶製杯具和以穿孔固定的石製戰斧，特稱為「鐘形杯文化」和「戰斧文化」，在各項發掘中最為重要。學者認為，鐘形杯文化原發源於伊比利半島，向東傳播，將銅器文化傳到西歐；而

---

❻ 日耳曼語 wa 轉換成法語時，通常發音為 gu 或 g，例如 wae = guerre，garder = ward。

❼ 對當時的日耳曼人而言，使用克爾特語或拉丁語者，均屬 walha。

戰斧文化則來自中歐，向西傳播，兩者大約在距今四千年前相遇，並混合成一支新文化，克爾特文化極可能就是這支文化融合後繼續發展的結果。大約距今三千兩百年到兩千八百年間，西起巴黎盆地，東到斯洛文尼亞 (Slovenia)，涵蓋歐洲南半部大部分區域的「烏恩菲爾得」 (Urnfield) 文明應該也是克爾特人留下的文化遺址，屬於歐洲青銅器晚期文明。

學者推測，距今三千七百年到兩千五百年的哈爾斯塔特文化遺址的創造者應是使用克爾特語的民族。哈爾斯塔特文化之後，距今約兩千五百年前，克爾特人開始使用鐵器，進入拉騰文化期，此時大約也是羅馬擴張的時期，所以從拉騰文化的出土物中可以看出克爾特人受到希臘及羅馬伊特拉斯坎文化 (Etruscan civilization) 的影響。法國、瑞士、奧地利及德國西南部、波希米亞及匈牙利都有這個時期的遺址，往北也到達了德國北部及斯堪地那維亞地區。

研究指出，不同民族遭遇時，人種會隨著文化融合而出現混合的現象，克爾特民族在生理結構上的變化也符合這種混合種族的特徵。許多考古發現顯示克爾特人主要為短頭型的圓顱骨，但同一個遺址中也有長頭型顱骨出土，在法國及不列顛各地的克爾特人遺址出土的頭顱形狀更為複雜，說明克爾特人的種族來源不一，且大量混合。由於克爾特人分布地域甚廣，各分支間的種族特徵也有差異。同為克爾特人後裔，愛爾蘭人身材較高、白皮膚、金頭髮者頗多；威爾斯人則顯得身材較矮、體格健壯、膚色則略黑。

各地克爾特文化不僅在人種表現上有相當大的差異，其日常生活方式也都有不同。現代學者除了從體格以外，還可以依據神話傳說、語言及工藝品等重要文化指標來對克爾特人進行分類，也就是說，學者認為生活方式及文化傳統是克爾特的共同特徵之一。

四、生活概況

克爾特人主要從事農耕和畜牧，飼養牛、豬等家畜，馬和羊尤其重要：馬匹可供役使，羊則是當時人類皮毛、肉類及乳品的主要來源；半馴化的豬則放牧於樹林之中，供作食用。耕種時以馬拉鐵犁，並懂得以灰泥為肥料，提高地力，主要作物包括大麥、小麥、黑麥和燕麥；甜菜、亞麻、洋蔥、蒜等作物也相當常見。從遺址可以看到以木頭和黏土為材料建造的房屋，但缺乏家具，僅將乾草、麥稈鋪在地上，再以獸皮為墊，供作睡眠家居之用；居所之旁有儲藏收成作物的大窖。

學者根據發掘的窖藏推算，距今三千年前的克爾特農業經濟已經相當發達。由於土地肥沃，農耕技術也相當進步，當時糧食生產相當充足，人口也快速增加，高盧人口自西元前 1000 年起便不斷增加，西元前 400 年時約有三百萬人，是六百年前的四倍。

哈爾斯塔特文化時期的手工業已經相當進步，當時的工匠不僅開採礦砂，還加以冶煉、加工，製成各種工藝品；鐵砂冶煉成條形鐵錠後，每塊重約六至七公斤，不僅是重要的物資，甚至還可以作為交易的媒介，具有貨幣功能。一般而言，鐵礦的蘊藏雖較銅礦為多，但開採與煉製技術更為繁複，因此各地鐵器文明發展進程不一。克爾特人使用鐵器，顯示其文明先進，農業較為進步，能在許多地區進行屯墾；武力也相對強大，能迅速征服其他地區。

克爾特手工匠人對青銅、金銀等金屬的加工技術也很高明，在生產雕刻手鐲、別針等各種飾品時，能精確掌握鑲嵌、鍍金和鍍銀的技術。拉騰時期的鐵器製作技術更為進步，並廣泛應用到農業及手工業上；戰車的製作則充分利用金屬熱脹冷縮的原理，鑲嵌精密。在此時期，部落征戰減少，農業規模擴大，人口亦隨之增加。

工匠還留下各種手工業的製品，諸如可以用於製作戰具如盾牌、頭盔等護具、馬具的皮革工藝，用陶輪製作的陶器，還有製作精美的玻璃工藝品。這些物品除了用於日常生活及裝飾外，也用於殉葬，在大型墓穴中甚至可以看到以車輛為殉。

哈爾斯塔特文化晚期，許多工藝製品已不再只是要滿足生活所需，還作為商品，銷售各地。克爾特人的貿易範圍不限於克爾特各部族之間，還從地中海沿岸及歐洲其他地區進口各種飾品、銅器，輸出原物料如銅、金等，商業網絡相當健全，拉騰文化可作為代表。

拉騰文化時期的手工藝品製作精美，圖案以螺旋和圓圈為主；一塊出土的銅板，以天文圖像為主題，顯示其宇宙及星象知識的發達。從這些工藝品及墓葬方式、內容看來，拉騰文化與哈爾斯塔特文化間的關係非常密切，許多希臘式花紋的出現，也顯示克爾特各部落與愛琴海地區的文化交流非常密切。

從拉騰文化中期開始，克爾特人的商業益發活躍，貿易內容擴大，甚至出現常設的貿易據點。錢幣也因商業所需應運而生，許多遺址中均出現金和銀鑄成的錢幣，圖案及形制則是模仿希臘錢幣，顯示克爾特人與希臘人貿易關係十分密切。從各地出土的錢幣重量不一，且伴隨的小型戥子出土看來，顯示重量是決定錢幣價值的重要依據，各地錢幣的單位也尚未統一，反映出克爾特人的組織能力仍有侷限，部落也還處於分化的狀態。各處遺址中還可以看到寨堡、土坯築牆、望樓等防禦工事，顯示部落間的征戰仍屬常態。

拉騰文化晚期則出現相當宏偉且具有高牆深壕的建築，顯示少數地區確有較為強大的組織動員能力，經濟也較發達。這也可能意味著部落間有部分領主的權力擴大，出現行政與宗教中心，也可以推論部落有聯盟情況。由於長期接觸羅馬文明，克爾特領主學習帝國組織技巧後，逐漸開始推選「共主」，作為仲裁，以維持適當和平，避免征戰。

距今兩千五百年前，克爾特人控制了從伊比利半島到黑海間的土地，西元前 390 年，克爾特人一度包圍羅馬城，西元前 290 年前後，又攻擊希臘名城德爾菲 (Delphi)，在西亞地區建立加拉提亞 (Galatia) 王國❽，一度嚴重威脅羅馬帝國。只是克爾特人的文化水準及管理技術尚處萌芽期，並不具備統一國家的組織能力，儘管驍勇善戰，卻無法維持戰果，長期統治；羅馬人卻能靠著紀

---

❽ 加拉提亞位於安那托利亞中部，為西元前三世紀時，由一批經希臘前來的高盧人所建。羅馬人稱這支部落為「加利」，即「高盧人」之意。

律、組織能力及戰爭技巧，逐漸興起，甚至將勢力推進到克爾特人的活動領域之中，克爾特人無法與之抗衡，漸居下風❾。

大約距今兩千兩百年前，羅馬人與克爾特人的征戰有逐漸升溫的趨勢，一旦羅馬人征服了克爾特人居住地之後，會在克爾特人的大型聚落中設置一個行政中心；這些行政中心經常進一步發展成較大型的市鎮，倫敦、日內瓦、維也納、巴黎等均屬此類。

第二節　克爾特與羅馬

一、羅馬對克爾特的描述

克爾特人的文字發展較晚，缺乏相關記錄，現存有關克爾特人的早期記載，多來自希臘及羅馬的文獻。希臘人和羅馬人身材較矮小，膚色、髮色較深，當他們與克爾特人接觸時，外貌差異極為明顯，因此對克爾特人形貌特徵有相當多的描述，包括魁偉身材、長顱、白膚、金髮、碧眼等。凱撒就曾提到其遠征高盧時，曾因體型受到高盧各部落的輕視。

希臘、羅馬的作者也描述了克爾特人的生活習慣，例如西元前一世紀時的希臘史家狄奧多羅斯 (Diodorus Siculus) 在其著作

---

❾ 羅馬作家塔企陀斯 (Tacitus) 為其岳父羅馬總督阿格力科拉 (Agricola) 作傳時提到，阿格力科拉認為克爾特人雖然驍勇善戰，但缺乏組織，無法協調、合作，羅馬只要派出一個軍團就可以征服愛爾蘭。

《歷史文庫》(*Bibliotheca historica, Historical Library*) 中對這些克爾特人有許多描述：克爾特人好飲酒、對戰爭狂熱、勇武自信、善於作戰等，但認為克爾特人有勇無謀，一旦受到煽動，會立刻召集人馬戰鬥，因此極易受到操弄。另一位希臘史家波里比歐斯 (Polybius, ca. 200–120 BCE) 也說克爾特人像是懷著滿腔怒火，狂亂地衝向敵人，直到犧牲生命為止。希臘作家波西東尼歐斯 (Poseidonios, 135–51BCE) 則說：克爾特人像野獸一般狂暴、衝動，撲向敵人，完全沒有理性。希臘地理學者斯特拉博 (Strabo, 63 BCE–ca. 24 CE) 也說：好戰的克爾特人仍有類似獵人頭的習俗，戰鬥之後，他們將敵人頭顱掛在馬脖子上帶回，釘在家門口，好像戰利品；他們勝利時傲氣凌人，而失敗時又垂頭喪氣。

二世紀以後，羅馬人對高盧的記載是認識當時克爾特人最重要的文獻資料。凱撒 (Julius Caesar, 100–44 BCE) 在其《高盧戰記》(*Commentarii de Bello Gallico*) 中不僅描述他對高盧人進行的戰爭❿，還對高盧人有相當多的介紹。他評述高盧人「性情浮躁，輕於尋釁惹禍」，「脾氣反覆無常，行事輕率」。這種描述與後來羅馬人對日耳曼民族的說法類似，雖然相當主觀地反映羅馬人的價值觀，但也多少說明克爾特人的生活習性。

二、克爾特宗教

克爾特人的宗教屬於「泛靈信仰」，認為山川湖泊均有精靈，

---

❿ 西元前 58 年到西元前 50 年。

對各種動物也禮敬有加，山豬更是神獸，類似羅馬人對鷹隼的崇拜。他們對神祇的概念相當寬廣，除了共同信奉的神明外，部落乃至個人都各自有膜拜的對象。

克爾特人對各種自然現象的成因，諸如日月盈仄，天體運行、黃昏黎明的光影，都有獨特的解釋。他們經常舉行各種祭祀活動，內容繁雜，需有專門的祭司「德魯伊得」(Druid) 組織及指揮。德魯伊得是克爾特社會的核心，也是教育的主導者。德魯伊得有男有女，不僅管理宗教事務，還負有仲裁糾紛、提供醫療、傳承知識的功能及任務，成為地方事務的實際領導。他們從雲的形狀、風的強弱都可以找到預兆，教導人們趨吉避凶。他們對春分、夏至等重要的節氣變化都有一定的解釋，許多農業活動也根據天象變化而進行。德魯伊得的身分並非世襲，必須經過長時間的訓練，熟悉各種知識，能夠解釋宗教疑義，且民眾願意信服，才能擔任。他們闡述的宗教理念有時也被稱為「德魯伊得教」(Druidism)。

克爾特人與希臘及羅馬人貿易的同時，也認識這些外邦的神祇，並接受他們的宗教，豐富其部落的宗教活動。根據凱撒的記載，當時高盧地區信奉特伊塔特斯 (Teutates)，類似羅馬人的商業之神莫居理 (Mercury)；另一位主神是地斯葩特 (Dis Pater)，類似羅馬的農業之神撒騰 (Saturn)。

三、克爾特與羅馬

凱撒以前，羅馬人把克爾特人分成「地方人」及「自由高盧人」，地方人指的是羅馬征服地區內的克爾特人；「自由高盧」又稱為「長髮高盧」，專指生活在羅馬管轄地區以外的克爾特人。凱撒蒐集許多克爾特人的資料，加上親身觀察後，將居住在高盧地方的部落分為三個族群：北方的北爾奇人、中部的克爾特人及西南邊的亞達丹人 (Aquitani)。克爾特人一直停留在相當穩定的部落狀態，雖然在凱撒時代出現了部落共主，但並非常軌，各部落的區隔仍相當明顯。

高盧社會的基本單位稱為巴古斯 (Pagus)⓫，每個巴古斯都由選舉產生「長老會議」及一個類似領主的人物，與德魯伊得一起領導巴古斯。凱撒又提到克爾特的艾都伊 (Aedui) 部落中，領導者稱為「費戈布列」(Vergobret)，功能類似國王，但受到長老會議的監督，這是否為克爾特人的普遍作法，則不得而知。巴古斯之上還有一跨區的組織，羅馬稱之為「城市」(civitates)。羅馬人控制高盧及不列顛以後，將這個組織層級轉換為地方組織，與日後基督教傳入時的教區大小相當。

凱撒與高盧人的戰爭持續了七、八年，當時克爾特人的部落聯盟組織已具有相當規模，漸能與羅馬軍團抗衡，但在西元前 52 年的阿樂西亞 (Alesia) 之戰中，凱撒打敗克爾特阿維尼 (Arverni) 部落的共主維辛葛陀力斯 (Vercingetorix)，克爾特人死傷慘重，約有一百萬人死亡，三百個部落投降，八百個市鎮被毀，阿瓦力孔 (Avaricum)⓬四萬居民全遭屠殺，羅馬獲得決定性的勝利。當時

⓫ 複數為 Pagi，以後成為法文中的 pays，原為「地區」之意。

⓬ 位於今日法國中部的布爾日 (Bourges)。

凱撒與賀爾維提 (Helvetii)⓭部落的戰爭也相當慘烈，消滅當地六成的克爾特部落，倖存者多淪為奴隸。高盧人的文化從此一蹶不振，被強勢的羅馬文化吸收、取代。高盧地區的克爾特人開始學習使用拉丁語，逐漸成為羅馬統治下的公民。

西元前 55 年，凱撒曾前往不列顛，要警告當地的克爾特居民不可支持高盧地區的克爾特人。但因大軍渡海困難，補給問題也未能克服，效果不彰。次年，凱撒再度前往不列顛，仍不能有效控制不列顛地區，只得與當地酋長建立聯盟。此後一百年間，羅馬帝國沒有進一步的行動，與不列顛的克爾特人相安無事，並維持貿易關係。

43 年，羅馬皇帝克勞迪烏斯 (Claudius, 10 BCE–54 CE) 率領四萬軍隊，費時三年終於征服不列顛南部，大約包含今日英格蘭全境，在該地建立殖民地，史家稱之為「羅馬征服」(the Roman Conquest)。

當羅馬帝國控制歐洲大陸的大部分地區後，克爾特人的生存空間逐漸受到擠壓，他們或使用拉丁語，融入羅馬社會；或退到其他地區，使克爾特文化逐漸在歐洲大陸消失。克爾特語言及文化僅能保存在羅馬勢力未達的愛爾蘭及蘇格蘭等地。407 年，羅馬帝國已將帝國重心移到君士坦丁堡 (Constantinople)，主動放棄不列顛這塊殖民地，克爾特人才陸續回到不列顛。

⓭ 今日的瑞士。

第二章 | *Chapter 2*

早期愛爾蘭

「波音河王宮」遺址 (Brúna Bóinne) 包括紐格蘭奇、諾斯與道斯三處史前遺址。

遺址均位於波音河北岸，距離都柏林五十公里。是歐洲最大也最重要的史前巨石文化藝術的集中處。這些遺址有社會、經濟、宗教及墓葬功能。

聯合國教科文組織有關愛爾蘭史前遺址的說明❶

第一節　地理環境

愛爾蘭之名源於愛爾蘭語的「愛爾」(Éire)，原為「肥胖、肥沃」之意，是克爾特先民用以表達他們對這塊土地的感謝，至今仍是其正式的國名。「愛爾」一詞經過英語化之後，再加上日耳曼

---

❶ UNESCO World Heritage Convention, "Brúna Bóinne-Archaeological Ensemble of the Bend of the Boyne," https://whc.unesco.org/en/list/659

語字根「蘭」，(Land，土地) 即成了今日「愛爾蘭」(Ireland) 名稱的由來。

愛爾蘭位於歐洲大陸的西北邊，為歐洲第三大島，四周有許多小島環繞，西、北均濱北大西洋 (North Atlantic Ocean)，東濱愛爾蘭海 (Irish Sea)，與不列顛群島相望。愛爾蘭屬於海洋氣候，由於北大西洋暖流經過，又受到大西洋西南風的影響，全國氣候平穩，平均年雨量三千多公釐，氣溫在攝氏零度到二十度之間，冬季攝氏均溫為四到七度，夏季則在攝氏十四到十六度之間。

愛爾蘭為一古老平原，面積約八萬平方公里，大西洋沿岸港灣曲折深切，形成許多良港；東部海岸較為平直。一系列的海岸山脈圍繞中部平原，最高山為海拔一千零四十一公尺的卡巒圖西爾山 (Carrauntoohil，愛爾蘭語 Corrán Tuathail)；最長河流則為長三百八十六公里的香農河 (Shannon)。西南及西部地區多山多石，土地貧瘠，耕種不易。

第二節　史前愛爾蘭

史前愛爾蘭的地理樣貌及自然環境與現在有極大差異，距今十萬到一萬五千年以前的冰河時期，愛爾蘭海與英倫海峽尚未出現，愛爾蘭島及不列顛仍與歐洲大陸相連。北歐及中歐高地及山區都為森林覆蓋，低地及河谷則為草地。在今日西班牙及法國西部一帶仍可以看到冰河時期的人類活動遺址，考古學者根據他們使用的工具及洞穴岩壁中的繪畫，約略將他們定位為舊石器文化。

許多出土的器物顯示，當時以狩獵為生的先民曾隨著獵物移動到英格蘭地區，但考古學者在愛爾蘭的考古發掘工作中尚未找到類似的工具，顯示這些先民可能不曾進入愛爾蘭，推究原因，應與缺乏獵物有關。

冰河期末期，愛爾蘭是一片貧瘠的平地，植被稀少；直到氣溫上升，冰河退去後，才逐漸出現灌木叢。距今十萬年前，愛爾蘭已經可以見到大型鹿科動物，但仍未有人類活動的跡象；而同時期的尼德蘭、丹麥等地，則有許多狩獵族群的活動。歐洲考古學者對愛爾蘭先民的活動還有許多不同的論點，例如大型石製拱門的功能、先民的來源等諸多問題仍無法解釋。但可以確定的是，史前時期，愛爾蘭文化發生遠晚於同時期的歐洲。

距今八千年前，第一波舊石器時代的人類可能追尋麋鹿的蹤跡，從英格蘭及威爾斯等地陸續跨海進入愛爾蘭東岸。這批移民以漁獵、採集維生，主要居住在河邊及湖畔。許多考古遺址顯示，愛爾蘭與蘇格蘭地區的交通相當便利，文化也有共通之處。

新石器時代最重要的發展當屬農業，逐漸有能力對生活環境進行有限度的控制及改善，例如從事農耕、豢養動物，也製作陶器等器物，作為汲水、貯存、醃製食物之用，使得日用更為充足。學者普遍認為，農業技術最早發生在肥沃月彎，然後逐漸向外傳播。距今五千五百年左右，便有一批具有農耕能力的新移民進入愛爾蘭，他們能夠耕種穀物，馴養豬、羊等家畜，也會利用陶器製作生活必需的工具，他們的居處以簡單工具及材料製成，卻花費許多心力建造巨大的石墓，至今仍存。

愛爾蘭現有許多新石器文化的遺址，足以讓人認識距今五千多年以前愛爾蘭先民活動的樣貌，其中最著者為紐格蘭奇(Newgrange)的大圓塚。早在十七世紀末期，建築工人在都柏林(Dublin)西邊的紐格蘭奇施工時，發現一座大型墓穴遺址，外圍有木樁，裡層為黏土與石灰，可以看到許多焚燒後的獸骨，還有一些陶製品。但當時人並未加以重視，直到1960年代以後，愛爾蘭政府才委託學術機構整理、研究，認定這座墓穴始建於西元前3300年，也一直是愛爾蘭許多先民的祭祀場所。

考古學家也在愛爾蘭北部發掘出一個「人質塚」(the Mound of the Hostages)，整體建築保存得相當完整，塚中有一通道，每年立春與立秋之日，陽光可以照射到塚內最深處，學者推論，這

圖3：紐格蘭奇大圓塚

個塚的功能應與天文觀測有關。克爾特人進入愛爾蘭以後，也相當重視這種天文現象，在許多地方建立類似的設施，將這兩天稱為 Samhain（立秋）及 Imbolc（立春），還舉行特別祭典慶祝❷。

里畝瑞克 (Limerick) 的一處遺址中也完整的保存了許多新石器時代的樣貌，足以讓後人認識此時期的文化與生活方式。他們居住的房舍或為圓形，或為方形，均以石為基，以木為梁，敷以泥炭，並以稻草為頂，建材均為當地隨手可得之物。他們使用磨製得十分精細的小型箭鏃，應是用於獵捕小型鳥類，另外還有鋒利不下於現代刀具的燧石製手刀和圓底的烹飪陶鍋。他們也使用獸骨及石頭製成珠子、鐲子等各種飾品。他們應以穀物為主食，並食用各種肉類，由出土的牛、豬為主的獸骨，足見此時期畜牧業已相當發達。

這些先民的宗教活動興盛，留下許多與祖先崇拜有關的紀念碑石。在愛爾蘭北部地區常可見到巨大的石塊堆砌成排，用以埋葬死者，墓穴之前則留有寬廣的場地，大約為祭祀的場所。另外有些墓穴中可以看到許多骸骨，不僅有燒灼的痕跡，還留下珠子、陶器及工具等祭品，顯示他們相信死後世界。許多裝飾花紋也有一定的宗教意義，學者推測這些紋路可能與地中海地區的死亡女神有關；有些墓穴中骸骨數量很多，應為長期使用的場所，顯示這些部落已有高度發展的社會組織，才能從事此墓葬營造結構。

---

❷ 英語稱為 cross-quarter days，並以這兩天為季節之始，是各種古天文知識中較特殊者。這種天文分類並不普遍，僅見於中國、克爾特等文化。

第三節　青銅器時期

一、青銅器時期

距今四千年左右，另一批使用金屬的先民進入愛爾蘭，他們留下數量極大的銅製品，表現出他們精湛的工藝技巧；除了金屬器具以外，繪有各種圖案的陶器製作也都非常精良。另有一種彎月造型的頸飾，與在英格蘭地區出土的相當類似，這些頸飾應是由愛爾蘭銷往各地的貿易品。

這個族群的墓葬形式不同於前人，採用土葬，死者身旁還出現了盛裝食物的瓦罐，顯示其對來世的信仰。他們聚居成群，住所相當簡單，茅舍矮小，以樹枝為骨架，抹上泥塗，外面再圍以鹿寨，形成相當安全的防禦工事，其目的應為確保牲畜安全，免於狼吻。有時他們也在林間空地圍以木柵，建立房舍。還有一類具有長久傳統的吊腳樓，建於湖泊之緣，其年代可追溯至新石器時代。

這些住民耕種時以牛拉犁，雖因為缺乏鐵犁，不能深耕，但也足以翻動表土，省去許多勞力，提高產量。一些部落領袖擁有許多貴重金屬飾品，可以知道這些部落長徵收租稅，得以累積財富。此時期的戰爭型態也開始改變，他們使用銅製、皮革或木製盔甲及重刀，以近身攻擊取代原本投擲石頭、槍矛等的作戰方式。

距今三千兩百年前，冰河漸退，海岸上升，愛爾蘭已經與西歐大陸分開，只有具備航行能力的民族才能進入愛爾蘭。也就在這個時期，一支具有冶金技術的民族渡海到達愛爾蘭，主要分布在科克 (Cork) 及開立 (Kerry) 等愛爾蘭中南部地區。他們在各地開採銅礦，製作銅斧以銷售各地，此外，還有各種金製飾品，都是重要的貿易內容。

愛爾蘭缺乏製作青銅器所必需的錫礦，必需仰賴外地進口，推知當時愛爾蘭的對外貿易已相當便利。這個時期的出土文物相當多，包括各種銅製刀劍及盾牌，除了說明他們的製銅工藝已相當純熟之外，還可以看出社會中出現了以戰鬥為主的武士階級，顯示當時社會分工較細，社會階級也已出現。這支愛爾蘭早期居民留下許多痕跡，成為愛爾蘭歷史的重要元素。

距今約兩千四百年前，又有幾批新的移民，分別從歐洲大陸及英格蘭等地進入愛爾蘭，為愛爾蘭歷史添加活力，其中又以克爾特人的角色最為重要。現在的愛爾蘭人認為自己是克爾特人的後代，他們的語言、神話傳說、風俗、曆法等都受到克爾特文化的重大影響。根據傳說，塔拉 (Tara) 丘❸位於都柏林西北邊的彌斯郡 (Meath)，依傍著波音河 (Boyne)，原是早期居民的都城。克爾特人移入後，仍以此地為古代愛爾蘭統治者「高王」(High

---

❸ 據考古所知，這一處遺址屬於鐵器時期，南北長三百一十八公尺，東西寬兩百六十四公尺，四周有土堤，堤內有一道溝，具有防禦功能，稱為「國王之堡」(the Fort of the Kings)。學者推測當時國王的影響力至多及於愛爾蘭中部或達較北之處。愛爾蘭各地的「土王」制度可能一直延續到十二世紀，這些政治運作方式或許可幫助學者研究塔拉丘。

圖 4：塔拉丘的命運之石

King，愛爾蘭語為 Ard Rína hÉireann）❹的居所及政治、信仰中心，稱為「國王之丘」(Hill of the King)。該處現在仍有許多巨石堆成的遺址，其中有一個巨石，稱為「命運之石」(Stone of Destiny)，應為國王加冕之處❺。依據命運之石的運作，國王可能經由選舉產生，並非世襲。派崔克傳入基督教以後，塔拉的信仰功能才漸漸隱沒。

二、高王統治

克爾特人進入愛爾蘭後，當地原有的生活方式及步調並未因此改變，農業仍為主要的生產活動，在部分地區，畜牧也是重要

---

❹ 高王最早是愛爾蘭原始信仰中的傳說人物。克爾特人認為「王」娶了統治的女神，因而也具有神性。大約八世紀時，愛爾蘭漸漸出現高王的傳說；到了九世紀中葉後，愛爾蘭的統治者也稱作高王，並開始附會神話人物。但這些共主與現代國王的意義仍有區別。一般研究指出，這類虛構人物多為歷史發展過程中「理所當然」的假設，用以解釋歷史淵源或將統治者的權威合理化。

❺ 根據傳說，如果預定要繼承王位的人出現時，命運之石便會發出聲音。當這位真命國王觸碰石頭時，也會發出巨響，聲聞各地。

的經濟活動。部落間仍是不斷征戰，偶爾產生一些地區性共主；適時出現的較大共主，是維繫社會秩序的重要力量。因航海技術的發展，愛爾蘭與英格蘭及歐洲大陸間的貿易不斷增加，貿易衝突也時有所聞，但並不妨礙社會的安定與發展。直到八世紀以後北歐民族的大規模入侵，才在靜止的愛爾蘭社會掀起一些波瀾。

基督教傳入以前，愛爾蘭島上大約有一百多個小邦國；這些位於不同地區的小國又各自以其區域中的大領主為中心，形成許多地方集團。當時一個地方集團控制的面積，約略等於今日一個郡縣的大小。

七、八世紀時，愛爾蘭各地大體安定、繁榮，逐漸出現較完整的統治結構：底層為轄地面積較小的「部落長」(rí)，其上位為「郡公」(ruiri)，控制幾個部落國；郡公之上有「藩王」(ríruirech)，都屬上層領主階級。一個部落長所轄的土地由許多「自由人」耕種、使用；藩王可以收稅、處理公共事務、組織防務、召開國民議會，也管轄司法、聽詞訟、解決紛爭。眾多藩王間彼此合縱連横，關係錯綜複雜，各地繼承規則不一，有時傳子，有時又由族內旁系繼承。學者至今仍無法確定他們繼承的規則，是以武力決定繼承順序，還是遵循既有社會規範？想要釐清各藩王的繼承世系並非易事。

部落之中還有專門從事戰鬥的武士階級，他們的地位在領主階級之下，但仍屬於貴族，平常管理其產業及為其耕種的自由人，他們還擁有許多「非自由民」❻，役使他們從事各種勞務，成為社會實際的領導者。

領主之下為平民，與領主存在保護、獻納的社會關係；社會的底層則是一些沒有土地的人，受雇於屬於平民階級的地主，其下則為奴隸。奴隸制度在當時相當常見，奴隸的身分並非固定，一個具有特殊技藝的奴隸，例如鑄劍的鐵匠、製鞋的皮匠，往往也被視為自由人。在沒有貨幣的時代，計算價值是以「乳牛」、「女奴」等為單位❼，日後出現的貨幣仍保留了這樣的名稱，一個「女奴」等於三個「乳牛」，擁有二十一個「女奴」者便算是富人。

克爾特諸部落平均發展，各部落共主的勢力也多旗鼓相當，不斷互相攻伐，並無絕對強勢者出現。直到許多部落長或被併吞、或遭消滅，權力逐漸集中到少數大型領主手中後，才會出現一兩位共主，稱為「高王」。其中又以歐尼爾王室 (UíNéill)❽最為著稱。歐尼爾王原為愛爾蘭的塔拉王 (King of Tara)，征服許多部落長，並直接統治征服之地，領土不斷擴張，建立了愛爾蘭最早的王室。根據傳說，四、五世紀之際，愛爾蘭高王尼爾 (Niall Noígíallach, ?–405) 經常掠奪不列顛及高盧等地，在他死後，其家族分成兩支，南方一支統治彌斯；北方的一支則統治厄斯特 (Ulster) 境內諸部落，逐漸演變成「厄斯特區」。但這兩個分支間

---

❻ 非自由民享有相當程度的人身自由，身分也可以轉換。

❼ 這些單位原本可能是「實物」，但後來只是單位名稱。也足以說明奴隸販賣制度曾經存在。

❽ UíNéill 意為「Niall 之後代」。為指尼爾 (Niall Noígíallach) 之後所建立之王朝，故稱歐尼爾王室。

的關係為何，因為缺乏文字記載，尚無法釐清，仍是研究繼承關係的學者關心的重要課題。

六世紀以後，基督教在愛爾蘭盛行，對愛爾蘭政治也有些影響，當時許多人都期待一個統一克爾特部落，「既聖且王」的愛爾蘭王出現，這種想法與基督教國王加冕成為上帝代理者的概念頗為接近，教會也認為政權統一的政府才能支持傳教事業，並提供保護。因此許多教會所作的紀事 (Chronicles) 都討論了高王的議題，例如《厄斯特紀事》(*Annals of Ulster*)❾即稱在 862 年去世的史尼爾一世 (Máel Sechnaill, ?–862) 為「愛爾蘭之王」(ríÉrenn uile)。

1002 年，布萊恩伯魯 (Brian Boru, c. 941–1014) 篡奪了歐尼爾王室南支史尼爾二世 (Máel Sechnaill mac Domnaill, ?–1022) 的王位❿，成為一個強有力的高王，他亟欲統一全島，甚至計畫將勢力延伸到蘇格蘭。但他還未能統一愛爾蘭全境，便於 1014 年死在克隆塔福 (Clontarf) 的戰場上。其後由史尼爾二世復位，歐尼爾王室得以維持，但史尼爾二世於 1022 年死後，愛爾蘭政局又陷於混亂之中，直到 1171 年諾曼人建立政權以前，都未再出現統一的王權。

---

❾ 《厄斯特紀事》(愛爾蘭文作 Annála Uladh) 為中古時期愛爾蘭的記事，記載時間從 431 年到 1540 年。原是十五世紀末的人根據以前的各項記錄彙編而成，約於 1489 年出現，以後的相關記載為後人所加。紀事以愛爾蘭語寫成，一部分文字記錄為拉丁文，不僅對歷史學者有重要價值，語言學者也極為重視此書。原稿現存於都柏林的三一學院 (Trinity College) 中。

❿ 史稱「布萊恩伯魯篡位事件」(Three Usurpations of Brian Boru)。

十二世紀以後，愛爾蘭開始了土地合併及王權強化的過程。幾個豪強家族間的通婚，形成勢力極大的集團，也有許多藩王離開原有的土地，成為政府官吏或軍隊的領袖。

第四節　基督教的興起及傳播

基督教創建之初，只在羅馬帝國的下層社會中傳布，早期信徒聚居共產，與當時社會習俗不同，外界常視其為祕密組織；猶太人更因為其教義牴觸猶太信仰，認定基督信仰為異端，經常向羅馬當局指控基督徒圖謀不軌。但羅馬原為多神信仰，帝國政府也認為基督教與猶太教同為猶太信仰，並未採取干預行動。

一世紀中期，耶穌門徒彼得與保羅在羅馬城中活動，吸引許多信眾，基督教快速發展。到了一世紀 60 年代中期，羅馬帝國境內的奴隸也紛紛信仰基督教，聲勢漸大，引起羅馬政府疑慮，才開始採取限制措施⓫，許多教士及信徒被處死，或火焚，或驅之入競技場等較大規模的迫害。只是這些作法並未能達到禁教的目的，二世紀以後，羅馬貴族也開始信奉基督教。

⓫ 皇帝尼祿 (Nero) 將彼得與保羅下獄處死。有人說保羅在羅馬囚禁兩年之後獲得釋放，時約 63 年。獲釋之後的保羅曾往各地巡視教會，探訪同志（同道）。又於 68 年再度被捕入獄，旋遭處死。有關彼得的記載並不清楚，但許多人認為他也是遭羅馬當局釘死於十字架。正因這兩位使徒之殉難，基督教會人士對尼祿的評價甚差，也未必客觀。有關尼祿迫害基督教徒之事，仍有討論空間。

313 年，君士坦丁皇帝 (Constantine, 272–337) 頒布〈米蘭敕令〉(*Edict of Milan*)，宣布人民有宗教自由，寬容帝國境內的基督信仰，並發還遭沒收的教會財產，也間接承認基督教的合法性。君士坦丁本人在臨終前也受洗為基督徒，使得日後基督教在帝國境內發展更為順利。君士坦丁早年在倫敦活動，以及在特里爾 (Trier) 駐節時，都允許基督教教士在這些地區傳教。於是基督教開始以特里爾為中心，向羅馬帝國的許多邊陲地區傳教，甚至進入日耳曼人活動的區域。除了萊茵河以東的日耳曼部落居住之地外，不列顛也是一個重要的傳教據點。

一、基督教傳入不列顛

羅馬人雖然很早就在不列顛建立殖民地，但一直無法有效統治當地居民。43 年，羅馬人占領不列顛後，將克爾特人的一個交易中心改建為軍營，稱為卡畝羅敦能城 (Camulodunum)⓬，一度成為羅馬人在不列顛的統治中心。羅馬人又利用泰晤士河 (Thames) 邊的一個據點作為與歐洲大陸交通的港口，建立屯墾區，名之為倫地寧 (Londinium)，即為後來的倫敦城 (London)。61 年，克爾特部落長布迪卡 (Boudica, ?–61)⓭曾率眾反抗羅馬的統治，攻擊羅馬軍團，並摧毀卡畝羅敦能，倫地寧也遭攻擊。事平

⓬ 意為「戰神卡畝羅斯 (Camulos) 的城堡」。

⓭ 布迪卡原是諾福克地方易前尼 (Iceni) 部落的女主，因屢受侵凌，憤而號召軍隊，對抗羅馬軍團，於 61 年左右戰死，至今仍為英格蘭傳說中的英雄人物。

之後，羅馬人重新在倫地寧建立城堡，逐漸以其為政治中心。二世紀左右，倫地寧城已有六萬居民，算是當時相當具有規模的城市。三世紀以後，因土著皮克特人經常攻擊羅馬城鎮，羅馬人耗費甚多人力物力，對不列顛逐漸失去興趣，倫地寧城也逐漸沒落。

四世紀初，皇帝君士坦丁烏斯 (Flavius Valerius Constantius, 250–306)⓮為了與皮克特人作戰，一直坐鎮不列顛，總綰兵符。這段期間，其子君士坦丁前往不列顛陪伴，並學習王者之道，逐漸對不列顛的情況有較清楚的認識。

306 年，君士坦丁烏斯死於伊伯拉庫城（Eboracum，即今日 York），生前已安排其子君士坦丁繼位為「奧古斯都」，所有軍隊也對其效忠。此時不列顛的情況漸趨穩定，特里爾主教開始大量派遣傳教士前往不列顛建立修道院及教堂，許多人皈依基督，愛爾蘭人最崇敬的派崔克即出身於當時一個傳教士家庭。

405 年，哥德人 (Goths) 越過萊茵河侵入羅馬帝國，羅馬只得放棄高盧大部分地區。407 年，不列顛守軍統帥倡亂，自立為君士坦丁三世 (Constantine III, ?–411)。410 年，哥德軍隊攻入羅馬，全城均遭掠奪，羅馬帝國從此一蹶不振，放棄不列顛的經營，基督教在這個地區的發展也遭挫。

⓮ 305 年到 306 年間為羅馬帝國皇帝，即君士坦丁之父。

二、派崔克

派崔克（拉丁文 Patricius，英語寫成 Patrick）為出生於不列顛的羅馬後裔，生卒年不詳。根據愛爾蘭人的說法，派崔克首先將基督教傳入愛爾蘭，與布理積德 (Brigid of Kildare, 451–525) 及可倫巴 (Columba, 521–597) ⓯ 並列愛爾蘭三個重要的守護者。但是有關派崔克的生平事蹟及活動，仍有許多空白。

圖 5：聖派崔克的雕像

許多派崔克的相關記錄是來自於他自己以拉丁文所撰寫的兩篇文章，這也是愛爾蘭歷史最早的文獻。其中較長的一篇名為〈告解〉(*Confession*)，乃是針對傳教工作受人質疑時所提出的辯解，訴求的對象應當是不列顛教會的領導人員。派崔克在文中自陳為教會副主祭 (deacon) 之子，傳道人之孫；十六歲時，父親的莊園遭到掠奪，自己也為強盜擄往愛爾蘭，長達六年的時間淪為奴隸。派崔克還在文中提到曾受到一個夢境的驅使，要在太陽日沒之處自由行走，因此要將基督信仰帶到「世界的盡頭」。在他逃離愛爾

⓯ 可倫巴（亦稱做 St. Columcille）及其信徒就在 563 年左右將基督教介紹到蘇格蘭。

圖 6：聖派崔克節　為紀念 493 年 3 月 17 日派崔克逝世，每年 3 月 17 日是愛爾蘭的聖派崔克節，各地舉辦遊行慶祝，宛如嘉年華會。

蘭，擔任聖職，並晉升為主教之後，仍決定返回愛爾蘭傳播基督教義⓰，從此也未再離開。派崔克還在另一篇文章中嚴詞批判當地軍人謀殺基督徒，顯示當地的社會衝突不斷。

從兩篇文章的內容及歷史背景看來，派崔克應當生活於五世紀⓱。由於文獻記載不全，史家對他傳教的細節並不清楚，而是由許多不同的記載逐漸揉合成派崔克故事的原型。實際上，派崔克傳教的同時，另有許多教士在愛爾蘭活動，因此不必真以傳教「第一人」視之。

五世紀初，羅馬公教內有一支「貝拉吉烏斯教派」(Pelagianism)⓲，主張「原罪」並未污染所有的人，許多人不需

⓰ 派崔克原來在愛爾蘭北部傳教，當地已有頗具規模的基督教社群。而他更大的理想，則是前往從未接觸基督教義的南部地區。

⓱ 根據《厄斯特紀事》，派崔克最可能生存於 373 至 493 年的這段期間。他在愛爾蘭北部傳教的時間，最可能在 433 年以後。

⓲ 貝拉吉烏斯 (Pelagius) 約生於 354 年，卒年不詳，可能為 420 年或 440

上帝拯救即可獲得永生。由於這個教派被視為異端，很多信徒逃往不列顛及愛爾蘭，教宗因此派遣教士前往這些地方，除了清除異端外，同時也可傳教。羅馬帝國境內遂有許多教士前往愛爾蘭南部蒙斯特 (Munster) 與東部的稜斯特 (Leinster) 等地，基督教也因而在愛爾蘭迅速傳播。教士四處講道，教會、修院紛紛出現，許多有錢有勢的人加入教會，基督教漸與愛爾蘭人生活緊密結合。

教宗西里斯丁一世（Celestine I，422–432 任職）時，還曾派遣一位原在高盧活動的傳教士巴拉笛烏斯 (Palladius) 前往愛爾蘭。巴拉笛烏斯曾受到貝拉吉烏斯的影響，前往西西里修道，甚至將自己的女兒送進修道院，415 年左右，巴拉笛烏斯通過授職禮，成為教士後，定居羅馬。西里斯丁一世命他與另外幾位傳教士先前往高盧，又將他晉級為愛爾蘭主教，也是為愛爾蘭史上第一位主教⑲。愛爾蘭人極可能將這位巴拉笛烏斯主教的生平事蹟與派崔克混在一起，形成了有關派崔克的故事，其實部分事蹟應是巴拉笛烏斯所為。因此愛爾蘭上古史學者歐拉里 (T. F. O'Rahilly, 1883–1953) 曾提出「兩個派崔克」(Two Patricks) 理論，認為由於缺乏記錄產生的混淆，許多後來發生的事件，都被附會在派崔克的身上。但因為派崔克的故事廣為愛爾蘭人傳頌，至八

年。主張禁欲，強調原罪不及於所有人，有善念者應可獲得救贖，無須神恩。羅馬城被日耳曼人攻下之後，他前往他地傳教，影響頗大。

⑲ 亞逵丹 (Aquitaine) 地區的文件顯示，巴拉笛烏斯原在高盧地區擔任教會職務，是由教宗親自授職。曾經結婚並育有一女。其生卒年不詳，約出生於四世紀末，主要活動時間為五世紀上半葉。

世紀後，派崔克已成愛爾蘭最重要的守護者與聖徒，他的生平事蹟可以視為六世紀基督教在愛爾蘭傳教活動的總和。

克爾特人原本盛行的德魯伊得信仰，在新宗教傳入後很快地冰消瓦解。535 年，愛爾蘭受到天氣變化的影響，五穀不登，時疫也跟著流行，損失大量人口，社會風氣也隨之改變。德魯伊得既然無法解決問題，基督教正好慰藉人心，因此得以快速發展。隨著教義傳播，修道院如雨後春筍般出現，羅馬文化也逐漸普及，信徒學習拉丁文，各地學者紛紛前往愛爾蘭修院工作、著述，愛爾蘭也成了聖徒與學者之鄉。他們的影響不限於愛爾蘭，七世紀初還將基督教傳到英格蘭北部。另一位重要傳道人可倫波 (Columban, 540–615)⑳的足跡更遍及今日的德意志、法國、瑞士、義大利等地，建立許多教會組織。

五世紀以後，羅馬帝國活動重心逐漸轉移到地中海及東南歐，都城君士坦丁堡繁榮興盛，西歐地區卻陷入無政府狀態，社會擾攘不安，經濟與文化發展也停滯。愛爾蘭則因地處邊陲，未受衝擊，許多思想文化乃至古代作品都得以保存，《克爾斯文書》（愛爾蘭語稱為 *Leabhar Cheanannais*）即是一例。除了豐富的內容外，《克爾斯文書》的製作工藝、插畫繪製、鑲嵌技術都製作精美。此一時期還有許多重要的石刻流傳於世，皆能反映當時的文化水準。

---

⑳ 後受祝聖，稱 St. Conlumbanus。

三、《克爾斯文書》

圖 7：「克爾斯文書」書影

《克爾斯文書》約在 800 年時由修道院僧侶抄寫、繪製而成，被視為歐洲抄經工藝最重要的代表，主要內容為拉丁語寫成的四福音書 (Gospels)，現存於都柏林三一學院。《克爾斯文書》原在彌斯郡克爾斯 (Kells) 的修道院製作保存，故稱《克爾斯文書》。六世紀以後，愛爾蘭、蘇格蘭及英格蘭等地都有許多修道院完成抄經、繪插畫及製作封面的作品，例如七世紀都柏林的《可倫巴箴言》(*Cathach of St. Columba*) 及英格蘭的《德倫福音》(*Durham Gospels*)，西方藝術史研究者稱之為「海島藝術」(Insular art)[21]。其中又以《克爾斯文書》保存狀況佳，內容完整，最受矚目，學者認為《克爾斯文書》極可能是可倫巴於六世紀時所作。

可倫巴生於 521 年，應為歐尼爾王室後代，幼年即進入修道院學習教義，日後從事傳教工作。據信，他在 560 年左右與另一名教士因對箴言的解釋不同而發生爭執，於是他抄寫一份該教士所保有的基督教《箴言》(*Psalter*)，兩人又因此產生糾紛，導致

---

[21] 有時也稱做愛爾蘭薩克森工藝 (Hiberno-Saxon style)。

信徒各為其主，引發民變，造成多人死亡。教會認為他應為此事負責，甚至威脅要將他開除教籍，最後教會領導將可倫巴流放蘇格蘭傳教，結束此案。

可倫巴原以艾歐納 (Iona) 為中心向皮克特人傳教，但許多愛爾蘭來的克爾特人在當地建立移民社區，也成為可倫巴的工作重點。傳教之外，他也傳播拉丁文藝、知識，廣受愛戴，當地國王對他也頗為敬重，經常向他諮詢國政事務。除了在各地建教堂外，可倫巴又將一所修道院改建為學校以訓練教士，傳教事業相當成功。可倫巴也是一個學者，抄寫、翻譯書籍，並寫下許多讚美詩，最後死於蘇格蘭，葬在其創立的修院之中。

除了《克爾斯文書》以外，完成於十二世紀的《吉爾戴爾文書》(*Book of Kildare*) 也相當重要。這些文書的內容也是「福音」，只是不像《克爾斯文書》一般享有盛名。

第五節　維京人

一、維京人

八世紀以後，原居於北歐的維京人乘船自北海南下，經大西洋進入地中海，在許多地區建立據點，其勢力最遠可達亞德里亞海 (Adriatic Sea) 邊。他們不僅掠奪，甚至有長久定居、屯墾的計畫，對各地的社會秩序、政治情勢均造成巨大衝擊，甚至有學者認為，歐洲中世紀經濟停滯與維京人的海上掠奪活動不無關連。

從九世紀起，維京人抵達愛爾蘭，並建立多處殖民地，自此，維京人與愛爾蘭歷史糾葛數百年。

現在歷史學者對於「維京」(Víking) 一詞的來源及確切的含意尚未有一致的解釋。一般相信，維京人這個名詞應當來自古維京語中的 víkingr，意指「海上戰士」，Víking 則是「長途海上航行」的意思，這個字後來演變為「到達遠方海岸的戰鬥航行」，盎格魯薩克森語 (Anglo-Saxon) 中也有類似的字。

至於 Vík 字根的來源則是眾說紛紜，Vík 原指海灣，應是維京人的居所。但早期許多維京人住在島上，也多選擇島嶼建立據點㉒，因此峽灣的說法並不可靠。也有其他學者指出，vik 的概念應當源於 vik 地方的海盜 ，但這種說法也沒有足夠的證據支持㉓。另一種說法認為 vik 一詞源自古英語 wíc，意為「從事貿易的城市」。viking 是指前往不列顛進行貿易的斯堪地那維亞商人。由於十八世紀以後流行有關海盜的故事，viking 一詞才逐漸演變成「北歐海盜」。二十世紀以後，維京一詞使用更廣，除了來自北歐的海盜外，還指稱斯堪地那維亞人、維京時期、維京文化、維京船隻等，又泛指斯堪地那維亞文化風格。

㉒ 例如羅亞爾河、隆河等河口的島嶼。

㉓ 早期諾爾曼人前往法蘭克王國北部時，各種報導多以「海盜」、「海王」等字眼稱呼，並無「維京人」的說法。八世紀末以後，維京人侵襲不列顛各地，當地盎格魯薩克森人才在《盎格魯薩克森紀事》(*The Anglo-Saxon Chronicle*) 中使用「維京」的說法，但使用頻率並不高，兩百多年間才出現三次，分別出現於 855 年、921 年，以及 1098 年的記載。

許多人受到維京傳奇故事的影響，認為所有斯堪地那維亞人都是海盜，這與事實相去甚遠。北歐居民主要以農業為生，也從事漁、獵等經濟活動，也不斷遭受海盜入侵，被迫成立自衛武力，保衛家園。北歐多為散村，農民居於鄉間，城鎮甚少，幾個港口成為重要的貿易據點。從考古遺址可以發現，所有的北歐農舍都非常相似：長方形房屋為主要居處，住屋空間甚小，進門處有一個火塘，便於集中取暖、烹飪；另有獨立小屋圈養牲口，還有一些手工作坊用以製造工具和武器，所有家庭成員一起工作、生活。在愛爾蘭活動的維京人，仍保持這樣的生活方式。

農民在春天播種或秋天收成之後，較有餘暇，可以航行到其他地區進行掠奪，成為沿海居民的另一種「經濟活動」。789 年，《盎格魯薩克森紀事》中記載了北歐居民入侵英格蘭一事，應是英格蘭有關維京人最早的記載。當時沿海居民誤認這些維京海盜為商人而未加防範，讓海盜長驅直入，殺死英格蘭政府派駐當地的官員，這也是最早見於史冊的「維京海盜」行動。793 年時，又有類似事件發生。此後兩百年間，北歐海盜成為歐洲沿海各地共同的問題，他們甚至會溯河而上，攻擊內陸地區。

二、維京人攻擊愛爾蘭

八世紀起， 來自北歐的維京人 (Vikingo)㉔開始不斷沿海而下，首先在法國北部沿海地區建立殖民地諾曼地 (Normandy)，並

㉔ 常被稱做「北方人」(Northeman)。

以之為基地向不列顛擴張，建立維京王室，繼而前往愛爾蘭。其後維京人又進入歐洲各地，最遠到達亞德里亞海一帶殖民，影響深遠。他們的勢力從不列顛、愛爾蘭、法國一直到地中海各地、亞德里亞海沿岸，時而威脅船隻、商務及貿易，甚至造成許多地區經濟倒退。直到十一世紀以後，維京人的勢力才逐漸消減。八到十一世紀這段時間可以稱為「維京時期」。

795 年，維京人首次出現在愛爾蘭北部，攻擊拉司林島 (Rathlin Island) 的修道院。一般而言，修道院可以收取什一稅 (Tithes)，又有信徒奉獻，物資較豐，而且防禦不強，容易成為盜賊攻擊目標。早期的海盜來自挪威西部的峽灣 (fjords) 地區，他們掠奪愛爾蘭各地，從修道院到市集，無一倖免。參與掠奪者主要是維京的貴族階級，類似一種冒險投機事業。從 795 年以後的四十年間，愛爾蘭北部的修道院、平民村落便不斷遭受維京人的攻擊，不僅掠奪物資，甚至擄掠人口。

此後，維京人雖然減少入侵，但斷斷續續也延續了一百餘年，對愛爾蘭社會秩序及文化發展都有影響；同時期在英格蘭、蘇格蘭等地也有類似的記載。維京人不僅掠奪市鎮，834 年起，他們還在愛爾蘭西部近海地區安營紮寨㉕，長期居留，例如瓦特福 (Waterford) 就有維京人大興土木，建築塔樓，稱為「雷經諾樓」

㉕ 在瓦特福、衛克斯福、里畝瑞克、科克、阿克樓 (Arklow) 及都柏林等地都有維京的屯墾遺址。近幾十年愛爾蘭各地進行大型工程時，還不斷挖出維京人遺址。

圖 8：圓形塔樓　位於瓦特福近海處，據傳為躲避維京人攻擊所建。

(Reginald's Tower)，可算是愛爾蘭最古老的市鎮；接著又有科克、都柏林等屯墾區出現。他們建立許多濱海市鎮後，安家落戶，與當地女子通婚，愛爾蘭人稱他們的後代為「外國蓋爾人」(Gall-Gaels)[26]。

根據愛爾蘭各地的文獻記載，維京人有了濱海的屯墾聚落為基地，掠奪行動可以深入內地，維京領袖托格斯特 (Thorgest, ?–845) 甚至企圖在愛爾蘭建立政權。839 年，托格斯特沿著香穠河及班河 (Bann) 深入到阿瑪 (Armagh)，建立廣大的統治區，845 年才被米德 (Mide) 王史尼爾（Máel Sechnaill mac Máele Ruanaid，845–862 年在位）打敗。848 年，史尼爾成為高王後，再度率領軍隊打敗另一支來自挪威的入侵部落。

就在愛爾蘭沿海地區不斷遭到騷擾，整個社會經濟都受到嚴重影響之際，維京人突然於 851 年中止對愛爾蘭的掠奪，將目標轉向英格蘭北部地區，只留下少數人員看守。愛爾蘭人立即組織軍隊，恢復這些地區的控制權。852 年，維京領袖班勞斯

---

[26] 克爾特語 Gall 意為「外國人」，此時指的是北方維京人，Gael 則為克爾特人自稱。

(Beinlaus) 及挪威國王之子歐拉夫 (Olaf) 抵達都柏林灣，建立一個寨子，並自稱為都柏林王㉗。853 年，另一個維京聚落出現在瓦特福，但 902 年時，維京人突然放棄所有屯墾地，直到 914 年，才重回愛爾蘭。

914 年，維京人控制了瓦特福，三年之後推進到都柏林，並以都柏林為據點，到蒙斯特及來京 (Laigin) 各地掠奪。當時愛爾蘭境內勢力最強大的領主尼爾格蘭大 (Niall Glúndub) 召集了一支軍隊，在蒙斯特與維京人對抗失利，並在一次攻擊都柏林的行動中兵敗被殺。920 年以後，維京人建立衛克斯福（Weisfjord，即 Wexford）與里畝瑞克兩個新的據點。950 年以後，維京人停止攻擊愛爾蘭，但仍留在愛爾蘭從事貿易。維京文化透過婚姻、通商等活動，開始與克爾特文化融合，愛爾蘭社會也因此出現許多新的姓氏。近年的基因研究發現，許多愛爾蘭的北歐姓氏後裔中，愛爾蘭基因特徵相當明顯，可能是由於北歐統治集團在這些屯墾區之中屬於少數族群，多數居民仍為克爾特人。

㉗ 都柏林市至今仍以這一年為都柏林市建城及發展的起點。

第三章 | *Chapter 3*

諾曼時期

> 人們習慣將諾曼人想像為戰士，記得他們殘酷地攻城掠地，將所到之處變成自己的家園。他們的確不斷擴張勢力，但是他們也具有接受各種文化的能力，表現出非凡的政治智慧，建構起近代國家的基本範式。
>
> 歐盟拉斐爾計畫 (Raphael Programme)
> 對諾曼文化的說明

愛爾蘭歷史學者經常以八世紀末維京人進入愛爾蘭為歷史發展的重要分水嶺，認為在維京人抵達以前，愛爾蘭只是單純的農業社會，缺乏組織與行政系統；維京人入侵給予愛爾蘭歷史發展新的刺激，也開始出現統一的國家形態。一部分支持愛爾蘭與大英合併的學者，發揮這樣的說法，主張不僅是維京人，後來的諾曼地王室 (House of Normandy)、安茹王室，甚至是斯圖亞特王室也都是愛爾蘭社會發展的動力；反對者則認為，早在維京人入侵以前，愛爾蘭已有高度發展的行政體系，也有完整的政府組織和世系清楚的統治者，無須以「啟蒙者」的角度肯定維京人或其他外來的統治階級。其實愛爾蘭本就能與西歐保持文化交流，「啟蒙」的說法只能說明政治立場的差異。

維京人不斷侵擾愛爾蘭之際，也在不列顛、法國等地活動。根據《盎格魯薩克森紀事》的記載，維京人於 876 年在英格蘭東北部的諾森布里亞 (Northumbria) 建立據點之後，改變了入侵的方式：一方面接受基督教信仰，另一方面開始了定居生活，與當地人通婚，自行耕作，也臣服於當地國王的統治❶。往後數年間，陸續有維京人在顧圖魯畝 (Guthrum) 的領導下進入梅西亞 (Mercia)、東安格里亞 (Eastanglia) 等地定居。一部分氏族則以此為基地，航向對岸的法國，或從事貿易，或進行掠奪。

896 年起，丹麥地區來的維京人開始派遣先頭部隊在塞納河 (Seine) 口觀察地形。先是在 897 年時，有大批維京船隻陸續抵達，在許瓦息 (Choisy) 建立橋頭堡，在領袖羅樂 (Rollo, 860–932) 的率領下，由此進入馬斯 (Maas) 掠奪❷。900 年前後，幾位法國貴族聯手擊敗這批入侵者，羅樂被迫臣服，法王查理三世 (Charles III, 879–929) 又於 911 年與他簽訂〈聖克來爾條約〉(*The Treaty of Saint-Clair-sur-Epte*)，羅樂同意改奉基督，並娶查理之私生女，羅樂也受封為法國貴族。

---

❶ *The Anglo-Saxon Chronicle*, Manuscript A, zum Jahre 876.

❷ 據記載，這批諾曼人的領袖宏得伊斯 (Hundeus) 於 897 年受洗皈依基督教之後便未曾再出現在歷史記錄之中。

十世紀以後在法國北部出現的維京人通常被稱為「諾曼人」，其居住地即為諾曼地。這些諾曼人定居法國後逐漸改奉基督信仰，也繼續經海路前往各地經商、掠奪。1066 年，一批諾曼人在諾曼地公爵威廉 (William, 1027–1087)❸率領下，出兵進占英格蘭，建立「諾曼地王室」，但威廉的主要領地及社會活動仍以諾曼地為主，不常在英格蘭活動。1154 年，安茹公爵亨利因其母來自諾曼地王室，得以繼位為英格蘭王亨利二世 (Henry II, 1133–1189)，開始了「金雀花王室」(House of Plantagenet)❹在英格蘭的統治。亨利雖然幾度前往倫敦，並停留一段時間，但仍以法蘭西的錫農 (Chinon) 為政治中心及活動場所。

此時的愛爾蘭仍處於「諸王並立」的時代，每個地方都有一位具有實力的王，彼此互相攻伐，無時不已。稜斯特王德爾模特 (Dermot MacMurrough, 1110–1171) 與對手爭執不下時，曾經邀請諾曼人為其助拳。亨利二世立刻見機而作，出兵占領愛爾蘭，並取得教宗認可，成為愛爾蘭領主，也開啟往後八百年間不列顛勢力在愛爾蘭活動之局面。

---

❸ 後為英格蘭王威廉一世，習稱「征服者威廉」(William the Conqueror)。

❹ 金雀花家族以安茹為中心，其始祖喜歡金雀花，用之為標記，故稱「金雀花家族」，也稱為安茹王室。

第一節　諾曼地王室

一、征服者威廉

威廉於 1027 年出生於諾曼地的法雷 (Falais)，父親為諾曼地公爵羅伯一世 (Robert I, 1000–1035)，與一個皮革工匠的女兒生下威廉，但威廉並非婚生子女，故無合法地位，亦無繼承權利。1035 年，羅伯計畫加入十字軍，前往耶路撒冷，由於此行凶險，希望能事先確定繼承人，以為綢繆之計。羅伯當時沒有合法子嗣，於是宣布威廉為繼承人。羅伯在前往耶路撒冷時，不幸死於征途，威廉以七歲之幼齡，繼承父業，為諾曼地公爵。許多諾曼地領主對此深感不悅，幸有法國國王亨利一世 (Henry I, 1008–1060) 承認威廉的合法地位。

威廉十九歲時已能夠統帥軍隊擊敗叛軍，在軍事上嶄露頭角。1053 年，威廉二十六歲，打算迎娶法蘭德斯 (Flanders) 的瑪提爾德 (Matilda) 為妻，卻因血緣過近而遭教宗反對。但兩人仍然成婚，感情甚篤，育有四子六女。此時法王亨利一世反而擔心威廉可能因為婚姻關係而將勢力擴張到法蘭德斯，威脅法國王室，於是兩度發兵攻打諾曼地，均無功而返。

1066 年 1 月，英格蘭國王愛德華 (Edward, 1003–1066) 去世，引起英格蘭威賽克斯伯爵 (Earl of Wessex) 高文生 (Harold Godwinson, 1022–1066) 及挪威的哈洛德三世 (Viking King Harald

III of Norway, 1015–1066) 等人爭奪王位。愛德華與諾曼地公爵有血緣關係❺，威廉也曾於 1052 年造訪倫敦。當時愛德華已經年老，又無子嗣，頗喜愛威廉，曾表示有意讓他繼承王位，威廉也因此自認為英格蘭的王位繼承人。但愛德華一死，高文生已先一步獲得貴族議會 (Witengamot) 的支持，由總主教加冕，成為英王哈若德二世 (Harold II)。為防範其他競爭者角逐，哈若德組織兵力，強化艦隊，並加強沿海防務。

威廉則尋求教宗亞歷山大二世 (Alexander II, ?–1073) 的支持，並開始籌募資金，號召境內騎士，組成聯軍，許諾事成之後，人人都能獲得封賞。威廉迅速組織了一支有船隻六百艘、兵員七千人的軍隊，浩浩蕩蕩地向英格蘭進軍。1066 年 9 月，英格蘭地區農事甚忙，新穀尚未登場，百姓也忙於農作，調兵不易。軍隊缺乏補給，士氣低迷，哈若德國王乃暫時撤回戍守海岸的防軍，改在倫敦布防。此時，挪威國王哈洛德三世已率軍在約克 (York) 登陸，計畫南下攻打倫敦，哈若德被迫移師北上迎敵。在此同時，威廉也率軍登陸，並於哈斯丁 (Hastings) 安營紮寨。當時哈若德已經打敗進犯的挪威軍隊，返回倫敦後，又必須立刻面對威廉的諾曼地大軍；威廉則以逸待勞，順利擊敗英軍，哈若德及其兄弟均戰死沙場。英格蘭貴族議會立刻宣布以前國王艾得蒙二世 (Edmund II, 988–1016) 之孫愛斯陵 (EdgarÆtheling, 1051–1126) 為王，但尚未加冕。威廉則繼續向倫敦挺進，來自法國的援軍也

---

❺ 人稱懺悔者愛德華 (Edward the Confessor)，與威廉的父親羅伯是表兄弟。

不斷抵達，造成英格蘭各地恐慌。經過幾次戰鬥後，愛斯陵決定放棄王位，英格蘭貴族也無力再戰，同意投降。1066 年的耶誕節，威廉順利地在西敏寺 (Westminster Abbey) 加冕為英格蘭王，建立「諾曼地王室」。但英格蘭北部地區仍有少數貴族不願承認威廉，繼續抵抗，直到 1072 年以後，政局才逐漸穩定，確認了諾曼人的統治。諾曼地王室統治英格蘭之後，仍以諾曼地為活動中心，威廉僅在倫敦設置官員，管理這塊新領地。

對法蘭西國王而言，諾曼地公爵仍是有效忠義務的臣屬；但威廉入主英格蘭之後實力大增，對法蘭西所有封建領主均形成極大威脅，法國國王尤有芒刺在背之感。

二、亨利一世及其繼承問題

威廉原本立其長子羅伯 (Robert) 為諾曼地公爵，以次子威廉繼承英格蘭王位，是為威廉二世 (William II, 1056–1100)❻。1100 年，威廉二世死，由征服者威廉的第五子亨利繼位，成為英格蘭王亨利一世 (Henry I, 1068–1135)。但亨利一世並不以英格蘭為滿足，要與其兄爭奪諾曼地的領地。亨利於 1106 年發兵，打敗羅伯，成為諾曼地公爵。但亨利一世之子威廉 (William) 不幸於

❻ 威廉二世於 1087 年繼位為英格蘭王，此外還控制了諾曼地與蘇格蘭。因為臉頰經常顯出紅潤的顏色，人稱「紅臉」(Rufus)。對英格蘭文化相當有成見，與教會關係也不佳，因此被教會人士形容成「為人相當嚴苛，不受歡迎」。一生未婚，據信為同性戀者。1100 年於狩獵之際，突然中箭而死。

1120 年死於船難，又引發後繼無人的問題，只得安排由其女瑪提爾達 (Matilda, 1102–1167) 繼承❼。1135 年，亨利死於諾曼地，安葬於英格蘭，身後卻引起一連串的繼承糾紛。

亨利一死，瑪提爾達立即前往諾曼地要求繼承爵位，許多貴族也同意效忠；但因她身為女性，又嫁入諾曼地的宿敵安茹家族，引起許多封建領主的疑慮；英格蘭貴族也擔心瑪提爾達勢力過大，拒絕承認她為統治者。此時亨利之外甥史蒂芬 (Stephen of Blois, 1096–1154) 趁虛而入，要求英格蘭國會承認其繼承權，國會也予以支持。1139 年，瑪提爾達率領一百多名騎士及軍隊登陸英格蘭，並在舅父蘇格蘭王的援助下，於 1141 年打敗史蒂芬，將史蒂芬囚禁於布里斯托 (Bristol)。英格蘭國會宣布史蒂芬應當退位，並承認瑪提爾達為「英格蘭女主」(Lady of the English)。

雖然史蒂芬為瑪提爾達所俘，但雙方人馬仍征戰不休，史蒂芬的妻子獲得倫敦市民及部分貴族的支持，將瑪提爾達逐出倫敦。此時，瑪提爾達手下大將格樓塞斯特伯爵羅伯 (Robert, Earl of Gloucester, 1090–1147) 兵敗被俘，她的軍隊失去主帥，只好釋放史蒂芬議和。此後十數年間，瑪提爾達幾度要爭奪王位，均未果。1153 年初，瑪提爾達之子亨利偕妻子亞逵丹的愛蓮娜 (Eleanor, 1122–1204) 率領三千人馬，一同踏上征程，很快便擊敗史蒂芬，簽訂〈衛凌福條約〉(*Treaty of Wallingford*)，控制全英格蘭。1154

---

❼ 瑪提爾達先嫁給了神聖羅馬帝國皇帝亨利五世 (Heinrich V)，夫死孀居，返回倫敦。後再嫁給安茹公爵傑菲理五世 (Geoffrey V)，育有一子。

年 12 月 19 日，亨利在西敏寺加冕為英格蘭王，是為亨利二世（1154–1189 年在位），開啟安茹王室的新頁。

第二節　愛爾蘭的情況

高王布萊恩伯魯於 1014 年過世後，愛爾蘭群龍無首，小國林立，猶如散沙。愛爾蘭分成五個「地區」厄斯特、稜斯特、蒙斯特、康納賀特 (Connacht) 及高王所在的彌斯，各區內的君主開始相互攻伐。

德爾模特❽於 1126 年繼位為稜斯特王時，愛爾蘭高王特樓·歐康納 (Turlough O'Connor, 1088–1156) 擔心德爾模特將與之抗衡，反對他繼位，並派遣盟友，素以兇狠好戰聞名的歐魯爾克 (Tiernan O'Rourke, ?–1172) 攻打稜斯特。歐魯爾克沿途摧毀稜斯特所有牲口及莊稼，造成大饑荒，德爾模特也被逐下王座，直到 1133 年才在稜斯特各部落的幫助下復國，此後二十年間，雙方一直征戰不休。1152 年，德爾模特與高王達成和議，聯手攻打背叛高王的歐魯爾克。雙方和談之後，德爾模特誘拐歐魯爾克的妻子，並席捲其財物，返回稜斯特，引起歐魯爾克極度不滿，矢言復仇。

---

❽ 愛爾蘭文作 Diarmait Mac Murchada，有時也稱 Diarmait na nGall（外國人德爾模特），被認為是愛爾蘭歷史上最大的叛徒。德爾模特生於 1110 年，其父黨查德 (Donnchad) 為稜斯特及都柏林地區之王，1115 年與入侵的北歐人作戰時身亡。黨查德死後，原本由長子即位，但其也意外身故，德爾模特乃繼位為稜斯特王。

1156 至 1166 年間，愛爾蘭各地領主分成兩個集團：北方厄斯特地區的麥羅赫蘭 (MacLochlainn) 王室集團與南方特樓．歐康納之子羅理．歐康納 (Rory O'Connor, ?–1198) ❾集團。厄斯特地區力量強大，又有德爾模特支持，較占上風；歐魯爾克則依附歐康納，兩個集團間經常互相攻擊、掠奪，愛爾蘭全境陷於混亂之中。稜斯特王德爾模特原本依賴厄斯特泰隆 (Tyrone) 地方高王麥羅赫蘭的保護、照應，1166 年高王去世，德爾模特頓失靠山，軍隊亦逐漸流失，境內衛克斯福的諾曼人聚落又蠢蠢欲動，處境十分艱難。此時羅理．歐康納成為新的高王，覬覦德爾模特之領土，組織聯軍進攻稜斯特；另一方面，歐魯爾克則要藉機報十多年前的奪妻之恨，也集結重兵，在稜斯特攻城掠地，德爾模特只能倉皇出走。

德爾模特與其妻先渡海逃到威爾斯 (Wales)，再輾轉經英格蘭前往法蘭西，企圖求見當時人在法國的英格蘭王亨利二世。亨利所轄幅員廣大，經常周遊各地，德爾模特費盡辛苦才在亞達丹見到亨利，希望亨利能助其復國。

愛爾蘭雖然早在中世紀以前就信奉羅馬公教，但愛爾蘭教會一直不受羅馬教廷管轄。教宗對此雖早已不滿，但也無解決之道。亨利二世對愛爾蘭本也有極高興趣，登基為英格蘭王之後，就曾派遣使臣前往教廷，向新任教宗亞德里安四世 (Adrian IV, 1100–1159) ❿請求准許攻打愛爾蘭。教宗見獵心喜，於 1155 年以愛爾

---

❾ 1156 年，高王特樓．歐康納死後，麥羅赫蘭繼位為高王。

蘭教會人事腐敗為由，宣布教宗為愛爾蘭名義上的統治者，並由英王亨利二世代為行使主權，此即愛爾蘭史上的〈讚美敕諭〉(*Laudabiliter*)⓫。這份文件的效力並非只限於愛爾蘭，其他如英格蘭、諾曼地等地都包括在內，教宗雖可以藉此籠絡亨利，卻引發許多封建領主的異議。教宗頒行〈讚美敕諭〉等於承認亨利為愛爾蘭的實際領主，因此自 1155 年以後，歷任英格蘭國王的頭銜中便加上「愛爾蘭主」(Lord of Ireland) 的稱號，愛爾蘭在名義上成為英格蘭王的封建領地。

當德爾模特前往亞逵丹，希望就愛爾蘭問題與亨利協商時，無異開門揖盜，亨利自然求之不得，立刻同意德爾模特的請求，派遣貴族理查．克萊爾 (Richard de Clare, 1130–1176)⓬率領眾多騎士及步卒，於 1170 年 8 月抵達愛爾蘭，為德爾模特助陣，實則

---

❿ 亞德理安四世為史上唯一的英格蘭籍教宗，原名為布雷克士比亞 (Nicholas Breakspear)，1100 年出生於英格蘭，1154 年到 1159 年擔任教宗。

⓫ Lauda 為拉丁語「讚美」之意，以 Laudabiliter 為敕諭之名，即有讚美亨利二世為教會所做的貢獻之意。

⓬ 克萊爾的軍隊使用威爾斯的弓箭手，戰鬥力極強，愛爾蘭史習慣以「強弓」(Strongbow) 稱之。其父親為吉爾伯特 (Gilbert)，受封潘布魯克伯爵 (Earl of Pembroke)，在克萊爾十八歲時過世。克萊爾繼承家業，成為領主。十七世紀時，一本名為《諾曼人在愛爾蘭紀事》(*La Geste des Engleis en Yrlande*) 的書重新出版，雖然內容並不完整，但記載了許多強弓在愛爾蘭的相關事蹟，其中以〈德爾模特之歌〉(*the Song of Dermot*) 最為膾炙人口。

另有居心。

第三節　諾曼人攻打愛爾蘭

一、諾曼人攻擊

亨利二世雖以英格蘭王的名義在愛爾蘭活動，但安茹王室與諾曼人關係密切，又是繼承諾曼地王室的統治，其人力、物力亦多來自諾曼地，因此愛爾蘭史家習慣將 1169 年以後英格蘭在愛爾蘭的所有軍事行動稱為「諾曼人征服」；而原本同屬諾曼系統的維京各部則稱之為「北歐人」。

1169 年 5 月，第一批安茹王室的軍隊在瑞德蒙・費茲傑羅 (Redmond FitzGerald)⓭率領下，自威爾斯抵達愛爾蘭，與德爾模特會合後先前往衛克斯福。控制該地的北歐人原本預期遭遇的是使用手斧、標槍、長劍的愛爾蘭戰士，但這批諾曼軍隊則以騎兵、步卒組成方陣，交互掩蔽，搭配弓箭手的作戰方式，讓他們措手不及，鎩羽而歸，原先占領的城鎮也全部淪於諾曼人之手，德爾模特的軍隊則在後方收拾戰場。高王羅理・歐康納與歐魯爾克也號召軍隊，要與諾曼軍隊對抗，但立刻遭到敗績，只能求和。歐康納同意讓德爾模特繼續為稜斯特王，但要他先將邀請來的諾曼

⓭ 為「強弓」手下大將，綽號「大個子」(le Gros)，生年不詳，可能卒於 1189–1200 年間。

軍隊撤出愛爾蘭；德爾模特接受這些條件，願意繼續臣服於歐康納。歐康納獲此保證後，隨即返回其根據地。

但德爾模特審度情勢後改變了心意，認為高王既然不堪一擊，何不趁勢控制愛爾蘭，因此要求理查．克萊爾盡快出兵。他表示：如果克萊爾能夠助他遂其心願，願意將女兒伊筏 (Aoife MacMurrough, 1145–1188) 嫁給他，日後還願意讓他繼承其位。1170 年 8 月，克萊爾率領威爾斯弓箭部隊在都柏林附近登陸，根據一位威爾斯詩人的描述，克萊爾紅髮、灰眼珠，長著雀斑，身材高大，性格慷慨，易於親近，也善辭令，頗能服眾，在戰場中堅毅勇敢，大膽而不衝動，很能鼓舞人心。

與德爾模特會合後，克萊爾計畫進軍都柏林。都柏林當時仍由北歐人控制，處於半獨立狀態，國王阿斯庫福 (Askulv) 及其臣民多為北歐與愛爾蘭的混血，與歐康納結盟。此時歐康納已投奔阿斯庫福；歐魯爾克也重新組織軍隊，駐紮在都柏林附近的森林地帶。德爾模特為避免不必要的消耗，帶領諾曼軍隊繞道前往，不久便抵達都柏林城牆之前。北歐人此時進退維谷，於是請都柏林的總主教奧圖 (Laurence O'Toole, 1128–1180) 出面議和。歐康納與歐魯爾克眼見時局不利，率眾離去。和談尚無結果之際，諾曼人突然攻入都柏林，阿斯庫福率領部分軍隊揚帆出海，前往曼島，餘部則在 1170 年 9 月投降，亨利二世派遣的軍隊實際掌控愛爾蘭。這是愛爾蘭史上的一件大事，諾曼人從此統治愛爾蘭，與愛爾蘭的長期糾葛於焉開始。

亨利二世封克萊爾為潘布魯克伯爵、稜斯特領主及愛爾蘭最

圖 9：克萊爾與伊筏的婚禮（Daniel Maclise 繪）

高法官等勛位及官職⑭。德爾模特也依照承諾，讓其女伊筏與克萊爾成婚。但幾個月後，情勢忽然起了變化。德爾模特之子康克巴 (Conchobar Mac Murrough) 原本留在高王歐康納處為人質，因德爾模特未遵守承諾，又引進外援，高王在盛怒之下殺死了康克巴。德爾模特受到喪子之慟，萬念俱灰，退隱至佛恩斯 (Ferns)，於 1171 年 5 月死於該地。

德爾模特死後，克萊爾主張其妻伊筏擁有稜斯特王位的繼承權，並自行稱王。此舉引發稜斯特許多部落的強烈抗議，並支持德爾模特的姪子繼位，醞釀生事，局面開始動盪。阿斯庫福見機不可失，又自曼島率領來自挪威等地的援軍回到都柏林，要收復

⑭ 2nd Earl of Pembroke, Lord of Leinster, Justiciar of Ireland.

失土。克萊爾自覺獨木難支，立刻返回英格蘭，請求亨利二世協助，並願將所有土地獻給亨利。亨利也允其所請，派兵增援。

阿斯庫福與北歐援軍雖然來勢洶洶，但陸戰技巧不及諾曼軍隊，慘遭擊潰。阿斯庫福本人被俘，因拒絕投降而遭梟首。此時，許多克爾特部落組成聯軍，立即兼程趕回都柏林，歐康納、歐魯爾克及莫特賀 (Murtough Muimhneach) 等人先後抵達，海路也有北歐人巡弋，但克爾特各部落聯軍無法攻下都柏林，只能打算以消耗戰術困住諾曼軍。兩個月後，諾曼部隊果然因糧食消耗殆盡，計畫突擊。克萊爾與其他兩名將領各帶兩百名戰士溜出城外，繞到歐康納軍隊的後方，出其不意地將其擊敗，殺敵甚眾，歐康納僅以身免。其餘克爾特各部均遭殺戮，糧秣被搶，都柏林解圍，諾曼人更嚴密地控制了愛爾蘭。

二、亨利二世控制愛爾蘭

亨利原本對愛爾蘭雖有野心，並無實際行動，任由英格蘭人、諾曼人或是威爾斯的貴族掠奪愛爾蘭。1166 年時，雖應德爾模特之請，讓手下大將前往愛爾蘭試試運氣，注意力仍放在法蘭西。克萊爾於 1169 年征服愛爾蘭時，亨利眼見克萊爾可以號令各部落，難免有尾大不掉的憂慮；又擔心如果克萊爾或其他領主在愛爾蘭建立一個統一政權，可能對英格蘭造成威脅，於是決定親自處理局面。

1171 年，亨利二世率軍進入愛爾蘭，並根據教宗頒布的〈讚美敕諭〉，宣布自己是「愛爾蘭主」，愛爾蘭境內的所有領主，無論為諾曼貴族或愛爾蘭領主，都必須宣誓對他效忠。愛爾蘭各王無法與之抗衡，出於無奈，只能同意承認亨利為共主，並建立一種西歐式的封建關係。

亨利控制局面後，派遣親信駐防要地，克萊爾只能保有吉爾戴 (Kildare) 地區的部分土地，連封建特權都被收回。亨利為了強化對愛爾蘭的控制，又於 1172 年召開了喀雪爾 (Cashel) 宗教大會，宣布羅馬公教為唯一宗教，以確定教宗特許其為「愛爾蘭主」的法律效力。1173 年，亨利二世的幾個兒子聯合起兵反抗亨利，亨利乃急忙趕回法國處理，克萊爾也陪同前往，協助亨利制服其子。亨利因為克萊爾作戰有功，乃同意將稜斯特的土地賜與克萊爾，並授以愛爾蘭總督 (Governor of Ireland) 的頭銜。但亨利二世又命其幼子約翰 (John, 1167–1216) 繼位為「愛爾蘭主」。

克萊爾利用愛爾蘭各地領主內訌的機會，各個擊破，驅逐各王的勢力。只是愛爾蘭各王向來割據一方，各行其是，對英格蘭王並無真正稱臣之意，所以叛服無常，管理不易。例如高王羅理．歐康納原本已被趕下王座，甚至康納賀特王的頭銜也遭剝奪，但其後又糾集軍隊對抗克萊爾。1174 年，克萊爾率兵進入康納賀特，卻遭敗績；手下將領費茲傑羅則控制了稜斯特，1176 年又打下里畝瑞克。但此時克萊爾卻因傷而亡，後葬於都柏林的基督大教堂 (Christ Church) 中，身後留有一尚未成年的兒子⓯。1189 年亨利二世乃安排克萊爾之女伊莎貝爾 (Isabel de Clare, 1172–1240)

⓯ 此子亦卒於 1185 年。

圖 10：基督大教堂

嫁給手下將領威廉．馬歇爾 (William Marshall, 1146–1219)，讓馬歇爾繼承克萊爾的所有土地及封號。

三、愛爾蘭諸部落的發展

羅理．歐康納於 1156 年繼任為康納賀特王後，積極發展勢力，並於 1166 年繼位為愛爾蘭高王。他與稜斯特王德爾模特的衝突不斷，甚至要求德爾模特交出其子為質。羅理．歐康納後來又聽信臣下計策，於 1170 年將德爾模特之子處死，引起極大風波，諾曼軍隊也以其為目標，欲加討伐。羅理．歐康納不敵，勢力大減，退到香穠河西岸。1175 年，羅理．歐康納無法繼續與諾曼軍隊對抗，只得向亨利二世投降，並派遣一名大主教前往倫敦與亨利談判，簽訂〈溫莎條約〉(*Treaty of Windsor*)。根據條約，羅理．歐康納仍可保有康納賀特及愛爾蘭各部共主的頭銜，但必須向亨利二世進貢。這個條約讓愛爾蘭維持一段時間的和平，但未能建立常軌，諾曼人也不斷派兵進入愛爾蘭。

羅理．歐康納之長子康何巴（Conchobar Maenmaige Ua Conchobhair，1186–1189 年間為王）⓰，從小生長在愛爾蘭西部的蒙美 (Maenmaigh)⓱。1163 年以後，康何巴逐漸展露軍事方面的才能，當時高王穆賀塔 (Muirchertach Mac Lochlainn, ?–1166) 之子尼爾 (Niall Mach Muirchertach Mac Lochlainn) 胡作非為，康何巴將之送回穆賀塔處。《愛爾蘭紀事》(*Irish Annals*) 中對此事記載甚詳，也是康何巴首見於史冊。十一年後，康何巴又出現在《愛爾蘭紀事》中，他當時已協助其父羅理．歐康納統治康納賀特，對抗諾曼人入侵，也要鎮壓愛爾蘭氏族部落的騷動。

1185 年，康納賀特各部間發生內訌，三名王位競爭者襲擊羅理．歐康納，並互相攻擊。康何巴乃與諾曼人聯合，請求他們支持，為其父平息叛亂。但羅理．歐康納與康何巴父子兩人卻發生衝突，1186 年時雙方兵戎相見。康何巴將其父羅理．歐康納驅逐到蒙斯特，自己建立政權，並逐漸控制愛爾蘭全境。此時，英格

⓰ 歐康納家族之愛爾蘭姓氏為康何巴 (Conchobhair)，史上多以英語化之歐康納稱之，康何巴則無英語化之名稱，史家乃以其克爾特姓氏稱之。

⓱ 當地的統治者為 Hy Fiachrach Fionn 家族。

蘭國王理查一世 (Richard I, 1157–1199) 派遣軍隊，在庫爾西 (John de Courcy, 1160–1219) 的率領下，大舉進兵；康何巴乃召集康納賀特各部一同應戰，與其僵持。1189 年，康何巴被親信刺殺。

康何巴死後，羅理．歐康納短暫復位為王，不久便隱入修院。康何巴的兒子卡薩 (Cathal Carragh) 則為父報仇。卡薩本有機會繼承王位，但也在 1202 年英年早逝，康何巴的叔叔克羅得 (Cathal O'Connor, 1153–1224) 在這場王位爭奪戰中成了最後的贏家。

四、諾曼統治之始

1171 年以後，英格蘭人在都柏林附近控制一塊土地，直接管理，外面圍以木柵欄，故以「柵欄」(the Pale)⓲名之，英格蘭人也在瓦特福一帶建立有效的行政管理，在其他地區則與諾曼和威爾斯來的領主共治。愛爾蘭原有部落則分據一些地方，例如歐康納家族繼續控制康納賀特。此時有許多蘇格蘭人不斷移民到愛爾蘭北部，建立移民屯墾區，其中的歐尼爾家族也逐漸發展成一方之雄，以厄斯特為主要根據地。這些外來移民，無論來自諾曼地、英格蘭或蘇格蘭，都與愛爾蘭當地人通婚，開始使用愛爾蘭語，生活習慣逐漸愛爾蘭化，甚至與愛爾蘭領主密切合作，共同對抗英格蘭勢力，終至引發英格蘭的第二波入侵。

⓲ 也稱「英格蘭柵欄」(the English Pale)。Pale 這個字的字根來自拉丁文 Palus，意為「柱子」，在都柏林的柵欄也是如此。後來引申為「邊界」，有「邊界以外」(Beyond the Pale) 的說法。英格蘭統治地區，在行政體系建立之後，凡是管轄權可及之處均稱為柵欄。

諾曼人進入愛爾蘭之際，遭到當地原有勢力抵抗，戰事不斷，但每當他們占領一地之後，就立刻建立行政管理組織，很快便能安定社會秩序，他們願意安撫當地民眾，以期迅速恢復生活秩序，投入生產。諾曼人還引進了系統耕作、莊園管理等許多新的農事技術，有效提升土地的生產能力。諾曼人還與當地的貴族階層通婚⑲，使得新移民與既有社會能迅速融為一體。

諾曼人為愛爾蘭帶入另外一項重要改變：市鎮。現今愛爾蘭大多數的古老城鎮大都起源於諾曼人統治時期。絕大多數的克爾特人居於鄉間，從事農耕。北歐人進入以後，建立了衛克斯福、瓦特福、都柏林、科克等市鎮，但均屬於屯墾性質，並非長期開發。諾曼人抵達後，迅速將歐洲大陸的生活方式帶入鄉間。先建立莊園、設置作坊，甚至建立城堡、行政中心，也開設工匠商鋪，接著建立教堂，成立修院。定期的市集開始運作，吸引人群，市鎮逐漸出現。紐羅斯 (New Ross)、阿騰利 (Athenry) 等地方還出現了城牆，保護市鎮的居民。正因為這些城鎮都為諾曼人所建，愛爾蘭市鎮多以諾曼語、威爾斯語或是英語為名⑳，鮮少有克爾特語。

市鎮的出現說明商業活動的增加，不僅是境內貿易，國際貿易也相當發達。愛爾蘭藩王並無鑄幣廠，北歐人使用的貨幣都自北歐輸入，數量有限；直到諾曼人統治愛爾蘭以後，才普遍使用錢幣。紐羅斯的興起足以說明愛爾蘭經濟生活的變化：該城位於

---

⑲ 強弓本人及其部屬多與克爾特貴族通婚。

⑳ 例如哥丁 (Golding)、佛斯特 (Forster)、紐頓 (Newton) 等。

稜斯特的諾爾 (Nore) 及巴羅 (Barrow) 兩河的交會處，由「強弓」克萊爾之女婿馬歇爾在十三世紀初所建，作為其莊園對外交通的港口，除了橋樑外，還建立了英格蘭風格的教堂。差不多同時期的資料顯示，該城有五百多處店家、莊園或其他建築，出產的小麥、羊毛、皮革等物品經由紐羅斯運往威爾斯銷售，商業規模甚至可與瓦特福競爭。

諾曼人也激起新的宗教熱情。根據 1155 年教宗〈讚美敕諭〉的說法，愛爾蘭地區教會相當腐化，不受羅馬節制。諾曼人進入愛爾蘭以後，許多傳教團體如道明會 (Dominicans)、方濟會 (Franciscans) 及奧古斯丁會 (Augustinians) 的教士亦隨之進入愛爾蘭，他們充滿熱忱，隨著諾曼人的腳步，將基督教義與律法傳播到愛爾蘭，各地都有新的教堂、修院出現。教士有時更進入到諾曼人控制範圍以外的地區，受到信徒的歡迎。

這個時期，英格蘭與歐洲大陸都開始修建大型的主教座堂 (Cathedral)，德倫 (Durham)、坎特伯里 (Canterbury)、盧昂 (Rouen) 等都是著名的例子。愛爾蘭雖然限於人力物力，沒有類似的大教堂，但諾曼人也在愛爾蘭興建一些風格類似，規模較小的主教座堂。都柏林的派崔克大教堂 (St. Patrick's)，里畝瑞克的瑪麗教堂 (St. Mary's) 等都屬於此時期的建築。克萊爾也安葬在他一手重建的都柏林基督大教堂。

第四節　英法戰爭與愛爾蘭

十三世紀初，英格蘭國王要爭奪法蘭西國王的王位；法國國王則希望排除英格蘭勢力，雙方衝突不斷，引發長期戰爭。由於英王的注意力集中在對法關係上，對愛爾蘭的控制並不積極。但英格蘭王必須確實掌握愛爾蘭，避免其與法國合作，又必須在愛爾蘭徵稅，以補足財用，因此英格蘭的政治發展對愛爾蘭也造成一定的影響，例如 1215 年簽署的〈大憲章〉便於 1216 年起通用於愛爾蘭。

英法戰爭期間，愛爾蘭的封建領主甚至聯絡挪威君主，企圖合力驅逐英格蘭勢力，雖然沒有成功，但也迫使英王同意愛爾蘭成立議會，給予愛爾蘭人較多的政治權力。

十三世紀中期以後，諾曼人移民愛爾蘭的速度逐漸減緩，人數也減少。這種情況與英格蘭政府缺乏對愛爾蘭的統治政策，治理態度消極有關。除了對法戰爭，當時英格蘭也正與蘇格蘭及威爾斯作戰，消耗大量人力物力，倫敦必須從愛爾蘭抽調諾曼人參戰。留在愛爾蘭的諾曼人則多與當地人通婚，接受克爾特文化。

1258 年，北蒙斯特托蒙德 (Thomond) 王之子泰格．歐布萊恩 (Tadhg O’Brien) 與康納賀特王之子菲林．歐康納 (Feilim O’Connor) 曾聯合率軍前往厄斯特，宣布當地歐尼爾家族成員布來恩．歐尼爾 (Brian O’Neill) 為愛爾蘭王，但隨即被當地人推翻。1263 年間，許多愛爾蘭部落長又計畫請挪威國王哈孔 (Haakon

Haakonsson, 1204–1263) 出任愛爾蘭國王，此事雖然未成，卻意義重大：克爾特各部落開始推舉自己的國王以對抗外來侵略。愛爾蘭許多藩王也開始舉事，欲將諾曼人逐出領地，以 1261 年的卡蘭 (Callan)㉑之戰與 1270 年的艾斯 (Ath an Chip) 之戰最為重要。

1232 年左右，諾曼人控制了開立北部，修建城堡，逐漸建設成地方行政區域，交由當地藩王費茲托瑪士 (FitzThomas) 家族管理。原本的部落領袖麥卡錫 (MacCarthy) 家族被迫遷往西南方，但仍伺機反擊。費茲托瑪士也召集手下各部落組成軍隊，並尋求倫敦的奧援，倫敦派駐當地的司法官德丹 (William de Dene) 亦承諾必要時將以所轄部隊支持。1261 年，雙方在卡蘭發生衝突。儘管費茲托瑪士有諾曼人相助，仍不敵克爾特軍隊，費茲托瑪士與其子被殺。此後諾曼人的勢力只能維持在開立北部，麥卡錫與歐蘇立文 (O'Sullivan) 兩個家族則控有愛爾蘭西南部。

艾斯之戰也有同樣的意義。瓦特·德柏 (Walter de Burgh, c. 1230–1271) 於 1243 年繼其父為康納賀特領主㉒，1264 年被英格蘭王封為厄斯特伯爵 (Earl of Ulster)。在英格蘭司法官達福特 (Ralph d'Ufford) 的支持下，出兵占領了史萊歌 (Sligo) 與羅斯康蒙 (Roscommon)。1270 年，德柏與達福特要前往羅斯康蒙時，在艾斯遭到克爾特軍隊的攻擊，損失慘重。據《愛爾蘭紀事》形容，

㉑ 卡蘭原為強弓的女婿馬歇爾於 1207 年所建，得名於高王卡爾 (Niall Caille)。

㉒ 1167 年亨利二世入侵愛爾蘭後，將此地封給諾曼來的德柏家族。

諾曼軍隊丟盔棄甲，克爾特軍隊則獲得空前勝利。歐康納 (Aedh O’Connors) 家族此後以羅斯康蒙為中心統治康納賀特，稱為「康納賀特蓋爾王」(kings of the Gael of Connacht)。

第五節　諾曼時期的社會與文化

愛爾蘭的「氏族政治」由來已久，是各地社會組織及政治發展的重要環節。氏族能歷經千百年而不中斷，主要關鍵為「儲君制」(tanistry) 的有效運作。統治者會事先冊立繼承者，或為子嗣，或為親族，以確保氏族傳承，也避免了統治者一旦去世，後繼無人時引發爭奪。每個氏族都有其行之有年的規範，各地氏族的規模、運作方式也不固定，有時由氏族長領導，有時也會透過組織議會的方式集體領導。

中古愛爾蘭社會中，有許多專門行業，如法務、醫師、詩人等，他們多為世襲，社會地位較高，也可免除軍事勞役。地方領主會指定專人，管理該地的工匠，稱做「歐拉福」(ollave)，例如法律歐拉福、醫藥歐拉福。某些家族可能長期控制特定行業，例如蒙斯特地方的瑪閣拉斯 (Margraths) 家族便一直是著名的史官及詩人。詩人是這些專門行業中較為重要的一種，愛爾蘭社會一直重視詩人，他們吟唱一些諷刺時事的詩句，能發人深省。詩人的助手稱為「巴德」(bard)，負責撰寫腳本、協助演出。

這一時期，很多愛爾蘭僧侶收集史事，加以整理，留下許多史實。這些紀事多以愛爾蘭語寫成，另外也包含拉丁文的記載。

這些紀事將原始資料逐句抄錄整理，不僅對歷史研究有重要意義，也是後人研究克爾特語發展的重要資料。1489 年前，有一位居於厄斯特羅恩湖區倍爾島 (island of Belle Isle on Lough Erne) 修院的僧侶盧一寧 (Ruaidhri Ó Luinín)，將 431 到 1540 年間的重要大事整理成冊，稱為《厄斯特紀事》，日後陸續有人增補，1540 年以後才定型。《厄斯特紀事》一書，也成為日後歷史學者研究愛爾蘭中古史不可或缺的資料。

其後又有其他作者以《厄斯特紀事》為基礎，寫下《四王紀事》(*The Annals of the Four Masters*)。這批資料現存於都柏林的三一學院之中，但牛津大學的波得雷圖書館 (Bodleian Library) 也藏有一份當時人的抄本，可以補足三一學院原版的疏漏之處。1893 年，麥卡錫 (MacCarthy) 將這套資料譯成英語，幫助學界使用這些檔案；1983 年又有兩位學者重譯，更有利於學界運用這些資料。

《康納賀特紀事》 (*The Annals of Connacht*) 則是根據三位文士所留下的文件資料整理而成，記載 1224 到 1544 年之三百多年間的史事，包括了康納賀特歐康納王克羅得去世前後的事件，對十三、十四世紀間康納賀特的記載鉅細靡遺，十六世紀以後的記錄雖不完整，仍是研究愛爾蘭中古時期歷史的重要材料。

第四章 | *Chapter 4*

中古後期的發展

> 英格蘭人與愛爾蘭人或其他人之間，不得有感情、結合、生育兒女或有其他情愛關係。無論平時或戰時，均不得售予任何愛爾蘭人馬匹、武器，戰時更不能出售任何形式的糧食。如有違反，將以叛國罪起訴，處以死刑。
>
> 〈吉爾鏗尼法〉(*Statutes of Kilkenny*) 第二條

十三世紀以後，諾曼人將政治組織、法律制度、商業規範等制度引進愛爾蘭，開創愛爾蘭史的新局面；史家習慣以「中古時期英格蘭殖民地」(Medieval English Colony) 來標示十三、十四世紀愛爾蘭社會的重要特徵。在此時期，英格蘭人仍信奉羅馬公教，與愛爾蘭並無二致；當歐陸傳來一些新的文化氣息時，多先經過倫敦，才漸次傳到都柏林。比起十六世紀以後的宗教爭議，當時英愛之間並無特別重大的衝突事件，但英格蘭王室與法蘭西的衝突，卻對愛爾蘭社會有明顯影響。

第一節　愛爾蘭的海外傳教活動

一、蘇格蘭

六世紀以後，許多來自厄斯特的克爾特人移居蘇格蘭西部，他們首先在艾歐納建立殖民地。563 年，愛爾蘭的傳教士也開始抵達蘇格蘭傳教，七世紀以後，傳教工作擴展到盎格魯薩克森人居住的地區，當時英格蘭為多國林立狀態，許多國王陸續接受基督信仰。635 年，愛登主教 (Bishop Aidan) 在英格蘭北部建立了林迪斯方 (Lindisfarne) 教區，愛爾蘭傳教士在此地的工作可說是相當成功，大部分的英格蘭居民已改信基督。655 年以後，英格蘭所有的君主均已受洗，教務也日漸繁重。

當時的不列顛有分別來自愛爾蘭及羅馬兩地的傳教士活動，傳教系統與教義也分成愛爾蘭派 (Ionan)❶及羅馬派 (Roman)，雖然各有重心，但兩派的傳教士同時在諾森布里亞 (Northumbria) 境內工作，不時引起教義或儀式的爭議。例如七世紀中葉，諾森布里亞國王埃得溫（Edwin，586–633，616–633 在位）採行羅馬教宗葛雷哥理 (Gregory, 540–604) 制訂的新曆法；但繼任的國王歐斯瓦（Oswald，604–642，634–642 在位）則支持愛爾蘭派，尤其

❶ 這些愛爾蘭傳教士先在蘇格蘭的艾歐納建立傳教基地，再向各地傳教，故亦稱艾歐納派。

對愛登主教極為信任，希望主教率領愛爾蘭教士擴大傳教工作。歐斯瓦死後，其弟歐斯威 (Oswiu, 612–670) 繼位，也支持愛爾蘭教派的活動，但歐斯威之妻及近臣則受到羅馬教士的影響，對教義與儀式與愛爾蘭派的規範不同，如復活節起始的計算即為一例。

基督教的曆法原以猶太人的逾越節 (Passover) 為基礎，猶太的新年始於泥桑 (Nisan) 月，根據葛雷哥理曆法，泥桑的新年落於三月中旬。泥桑之第十四天，原為猶太人的「初生齋戒日」(Fast of the Firstborn)，基督徒便以初生齋戒日為復活節。假如復活節的時間根據猶太新年後的第十四天計算，則有可能是星期日，與基督徒相信的復活節為星期五不同。當時歐洲許多猶太人的作法是：如果復活節落於安息日，則提前到泥桑月第十二日，基督徒也逐漸採用這種計算方式。630 年時，愛爾蘭的基督徒亦已經接受羅馬教會將復活節調整到一個非星期日的作法。

但一直到 660 年時，來自蘇格蘭的愛爾蘭教派信徒仍使用原有的計算方式，認為即使復活節為星期日仍可慶祝。羅馬教派則不同意，視此舉為「錯誤」，堅持要將復活節調整到星期五，成為兩個教派衝突的重要原因。這類衝突並非孤例，七世紀初，在高盧地區已經有類似問題發生。

就在此時，愛爾蘭教派的林迪斯方主教柯爾曼 (Colmán of Lindisfarne, 605–675)❷被選為諾森布里亞主教，主張採用愛爾蘭

---

❷ 柯爾曼從 661 年起，出任林迪斯方的主教，664 年，因為惠特比宗教會議的衝突，他辭去主教工作，回到愛爾蘭的高威地方，另外建立一所

派曆法，雙方衝突加劇。為解決此衝突，歐斯威國王於 664 年在惠特比 (Whitby) 修道院召開宗教會議❸，經過反覆辯證後，歐斯威決定，羅馬因有上帝交付的鑰匙，儀式應以羅馬教會為準。愛爾蘭傳教士不願接受此項決議，乃放棄諾森布里亞教區，撤回蘇格蘭的艾歐納，諾森布里亞自此成為羅馬公教的範圍。

蘇格蘭最北的歐克尼島 (Orkney)、雪特蘭島 (Shetland) 等島嶼，從六世紀起便有愛爾蘭傳教士活動；冰島也有許多愛爾蘭傳教士的足跡。根據冰島的傳說，諾曼人在九世紀時便前往冰島定居，同時也有愛爾蘭教士前往冰島傳教，但並無真正可信的證據。《冰島文書》(*Book of the Icelanders*)❹中，則記載了十二世紀初愛爾蘭教士在當地工作的情況，此外，當地教會保存的一些法器如小神龕等，也可證明愛爾蘭傳教士在這些地方的活動❺。

修道院。

❸ 現存有兩部書籍保存相關內容。一本為瑞朋 (Stephen of Ripon) 所寫的《威福利德的一生》(*The Life of Wilfrid*)，另一本為貝德 (Bede, c. 673–735) 所寫的《盎格魯教會史》(*Historia Ecclesiastica gentis Anglorum*)。

❹ 《冰島文書》作者應為十二世紀初期的一位傳教士波吉爾森 (AriÞorgilsson)，該書原有兩種版本，現存一種。作者蒐集各種資料，記錄冰島早期的歷史。

❺ 這些傳教士被稱為「巴帕」(Papar)，愛爾蘭語為 “Pap”，有父親、教士之意。

二、可倫波

圖 11：可倫波

許多愛爾蘭傳教士亦前往法蘭克王國活動，可倫波 (Columban) 便是一個重要的例證。可倫波生於愛爾蘭彌斯郡，受過良好教育。他原名 Colum Ban，為愛爾蘭語「俊美的可倫」之意。正因長相俊美，可倫波年輕時即苦於眾多女性的誘惑，後來向一位修女院住持尋求開示，住持向他解釋許多經書中的例證，並建議他「逃亡」，於是可倫波出家修道。四十歲時，他受到啟發，決議前往「外地」傳道。他與十多位同伴一起出發，先經英格蘭，於 585 年抵達法蘭西，因為態度謙和，學識淵博，許多人願意與他接近，並皈依基督教。

可倫波的宣教團又前往勃根地 (Burgundy)，同樣受到相當禮遇，停留一段時間後，可倫波決意深入不毛，前往羅馬帝國的邊區宣道，抵達了今日德、法、瑞士邊境一帶。可倫波與同伴生活儉樸，熱心傳教，也迅速贏得當地居民的信賴，成果顯著。可倫波經常遠離凡囂，獨居於荒郊野外，透露一些神祕氣質，更加吸引群眾的興趣。他在這些地區停留近二十年，追隨者日增，原有房舍已經無法容納，信徒乃要求他建立新的修道院。590 年時，該地已有兩座修院，第三座也正在動工。可倫波制訂管理規則，也規範男女修道者與信徒間的行為，並將宗教儀式制度化。他也將愛爾蘭的傳統與習俗融入這些教會的規範中，引起法蘭克地區教會的注意，其中尤以曆法的計算及修院中男女禁令最引起爭議。故於 602 年引起法蘭克地區的主教聯合公開批判。

可倫波雖不以為然，但也不願與這些主教衝突，於是離開該地，繼續前往波登湖區 (Bodensee) 傳道。612 年，法蘭克地區主教繼續向教宗邦尼法斯四世 (Boniface IV, 550–615) 控訴可倫波，教宗乃召可倫波前往米蘭答辯。經溝通後，可倫波獲得教宗及隆巴底王 (Lombardy) 阿吉錄福（Agilulf，590–616 在位）❻的支持。阿吉錄福還邀請他在巴比歐 (Bobbio) 地區傳教，並協助他建立修院。此後可倫波等人得以在義大利地區活動，後來也於該地過世。

三、修登修道院

羅馬人原本稱愛爾蘭為「西本尼亞」(Hibernia)，有時也稱為「斯科夏」(Scotia)，愛爾蘭人則稱做 “Scotti”，古代日耳曼語則借用拉丁文概念，故稱愛爾蘭人為「修登」(Schotten)。當愛爾蘭教士在中歐各地傳教，建立修院之時，許多地方人士便稱這些修院為「修登修道院」(Schottenkloster)。

歐陸地區最早的修登修道院出現於五世紀末，當時，愛爾蘭

---

❻ 同時具有杜林 (Turin) 公爵及隆巴底王身分，603 年，在其妻影響下，改奉羅馬公教，並要求其人民一同改信。

教士福理多林 (Fridolin) 在巴登 (Baden) 地方傳教，因而在塞京恩 (Säckingen) 成立一個修院。稍晚，康斯坦茲 (Konstanz) 也成立一座愛爾蘭修院。六世紀以後，這類的修院就如雨後春筍般在各地出現。這些修院訓練教士、傳播教義，傳教士的活動涵蓋整個歐洲中部地區，對日耳曼人基督教化有重要貢獻，對歐洲歷史也有相當深遠的影響。

七世紀中的惠特比會議之後，愛爾蘭傳教士在英格蘭北部的傳教工作受挫，愛爾蘭教士乃轉往法蘭克地區積極發展教務。查理曼 (Charlemagne, 744–814) 時期，修登教士也隨著查理曼帝國勢力向東推進，而逐漸往斯拉夫社會發展。八世紀以後，愛爾蘭傳教團體在亞爾薩斯、巴伐利亞等地活動漸增，傳教士不斷開發新教區，建立教會，基督教逐漸廣植人心。

到了十一世紀中期，愛爾蘭本篤會 (Benedictines) 又掀起一波傳教熱潮，許多教士不斷前往德意志地區，愛爾蘭傳道組織乃於各地興建專供愛爾蘭及蘇格蘭修士使用的「修登修道院」。例如 1070 年時，馬利亞努司 (Marianus Scotus, 1028–1082) 首先抵達雷根斯堡 (Regensburg) 傳教，因無遮風避雨之處，只能居於城牆邊上，稍後，其他愛爾蘭僧侶也聚集於該處，房舍的需求日增，因此尋求當地領主的支持。1090 年，這些教士獲得興建修院的許可，開始大興土木，直到 1111 年前後，修道院落成，但不久即顯湫隘，又於 1156 年間重建，至今仍稱「修登修道院」。1072 年，愛爾蘭教士在拉提斯邦 (Ratisboin) 興建修院，也受到當地領主支持，發展迅速，拉提斯邦並成為教會向周邊地區擴張的基礎，許多修登修道院便是以之為中心，例如 1134 年的維茲堡 (Würzburg)、 1140 年的紐倫堡 (Nuremberg)、 1158 年的維也納 (Wien)、1168 年的美名恩 (Memmingen)，這些修道院至今仍是重要古蹟。

800 年，法蘭克王國的查理曼接受羅馬教宗加冕，稱為「羅馬人的皇帝」之後，羅馬教廷在中歐的政治影響日增，逐漸取代了愛爾蘭教士。至十四世紀以後，愛爾蘭因缺乏人手，不再指派教士前往這些地方，也結束了數百年來的傳教活動。原本由修登體系支持的修道院，多因缺乏經費而面臨極大的困難。

第二節　十三世紀的愛爾蘭

一、十三世紀的情形

諾曼人進入愛爾蘭以後，一些逐漸愛爾蘭化的貴族被稱為「諾曼愛爾蘭人」 (Hiberno-Norman)❼。他們認同愛爾蘭文化，接受愛爾蘭的生活習俗，甚至改說愛爾蘭語，對於居留在英格蘭的諾曼人並無好感。諾曼宮廷中許多要員大量移居愛爾蘭，不僅將諾曼人的文化及生活習慣帶進愛爾蘭，愛爾蘭也因此出現一些新的姓氏，諸如：德柏 (de Burgh)❽、費茲傑羅 (FitzGerald)❾等，都

---

❼ Hiberno 意指「愛爾蘭相關」事物。

❽ 德 (de) 源自法語，多為封建領主的稱號。

是源自法語的諾曼姓氏。

另有許多定居在愛爾蘭的諾曼官員也成為愛爾蘭歷史中的重要人物，潘布魯克伯爵威廉．馬歇爾便是一例。

威廉．馬歇爾出身低階的諾曼貴族，家境並不富裕，但其父約翰．費茲吉爾伯特 (John FitzGilbert the Marshal, 1105–1165) 曾經參與英王史蒂芬與瑪提爾達間的戰事，表現傑出，屢獲封賞，社會地位也逐漸提升，成為國王親軍的元帥 (Marshall)，威廉乃襲此官名，稱為「威廉．馬歇爾」。威廉英勇善戰，服務於國王亨利二世麾下，被亨利稱為「史上最勇敢的騎士」(the greatest knight that ever lived)。亨利死後，威廉又隨著國王理查一世南征北討。1189 年，理查安排他娶「強弓」克萊爾的女兒❿，繼承許多愛爾蘭的土地及財富，也繼承克萊爾的爵位。馬歇爾喜愛愛爾蘭的風景人情，有意終老於斯，故修繕其宅邸，建設一座極大的莊園。

1199 年，約翰王登基，馬歇爾又奉召服務於約翰的宮廷；但馬歇爾同時具有諾曼貴族的身分，也必須向法國國王菲利普二世 (Philip II, 1165–1223) 宣誓效忠。約翰此時正與菲利普作戰，對其親信必須向菲利普效忠之事頗為不悅，馬歇爾為此於 1207 年退隱

---

❾ 費茲傑羅為一克爾特諾曼王室，從十三世紀起就是愛爾蘭的貴族，名字起源於諾曼語，費茲 (Fitz) 為「某某之子」之意，這也是現代法語 fils（兒子）的來源。

❿ 馬歇爾原已結婚，妻子過世後，理查才安排此項婚事，當時他已經四十三歲。伊莎貝爾克萊爾只有十七歲，據說是當時全英格蘭第二有錢的女子。

愛爾蘭，居住於稜斯特的莊園中⓫。他利用卡蘭附近的水運之便，興建一座城堡，逐漸發展成重要的商業中心。

除了一些諾曼人在此活動外，也有許多英格蘭的行政官員被派往愛爾蘭擔任各種職務。這些官員為了行政方便、居住安全起見，多會選定一個地區，先建立防禦工事，構築一個統治階級的專用社區。因為這些行政中心多聯木為柵，習稱為「柵欄」。十二世紀，英格蘭成為愛爾蘭名義上的領主，英格蘭王室派遣總督治理，並在愛爾蘭東部海岸一塊平坦肥沃的低地建立行政管理中心「柵欄」；由於柵欄位於港灣，船隻往來便利，商業也相當發達。柵欄之外有一些簡單的防禦工事，包括十二呎深的壕溝、路障及圍籬等，事實上並沒有太大的防禦功能，主要目的還是在於防止宵小偷竊牲口。圍籬內還有一個小小的瞭望塔，旁邊一座營房，施放的信號燈最遠可以通到拓拉 (Tallaght) 的崗哨。拓拉是牲口集中之處，經常成為愛爾蘭人攻擊的目標。管理階級生活在柵欄之中，奉行英格蘭的法律體系與法典，與在此活動的商人自成一個社會，生活方式與步調跟倫敦的情況相去不遠，只是身處愛爾蘭，免不了有遭當地人攻擊之虞。

⓫ 1212 年，約翰王又命馬歇爾率軍攻擊威爾斯，並要他繼續在王室的軍中服務。1216 年，約翰去世，其子亨利三世即位，年僅九歲，乃由馬歇爾攝政，權傾一時，但馬歇爾忠心不二，直到 1219 年油盡燈枯為止，死後葬於倫敦。

二、教會、律法與文化發展

中古時期的教會法 (Canon law)⓬不僅適用於宗教領域，也用以規範世俗事務。十一世紀以後，歐洲許多國君希望擺脫教會束縛，首先必須要挑戰教會法，英王亨利二世便是一例。亨利對教會法侵害王權早已不滿，亟思反制。1166 年，亨利主導制訂了《克拉倫敦法典》(*The Assize of Clarendon*)，用以強化王權。這部法典主要內容包括：由國王任命法官，建立由王室管轄的法庭；國王成立行政部門，管理與國家相關的事務；國王不受教會法約束，擁有獨立的司法權。此外，他還修改許多中古時期的傳統，例如「神意裁判法」(ordeal) 或是「決鬥法」(trial by combat)；1178 年，又派遣宮廷中的五名專職法官前往各地的巡迴法庭，處理法律問題或民間訴訟，推廣共同的國家法律，並首度以全國為範圍統一司法制度，建立新的法治概念，亨利也因而獲得「法律之獅」(Lion of Justice) 的稱號。

愛德華一世 (Edward I, 1239–1307) 更進一步改變英格蘭的政府組織及管理，將各級政府有效地置於王權控制之下。他於 1275 年下令清查戶口，編定新的《百卷文書》(*The Hundred Rolls*)⓭，

⓬ 教會法原是教會內部法規，為節制各個教會所用；不論希臘正教或是羅馬公教，均有一套法律體系。教會法通常以基督教神學為思想基礎，吸收了若干羅馬法原則而成。

⓭ 類似 1066 年以後諾曼人清查英格蘭人口時所編的《末日書》(*Domesday Book*)。

作為徵稅的依據。他也重新整理法典，頒布新的詔令，對英格蘭法律制度影響甚大，故有「立法者愛德華」(Edward the Lawgiver) 或「英格蘭的查士丁尼」(the English Justinian) 的稱號。

十三世紀起，諾曼人將這些英格蘭的法律制度在愛爾蘭境內實施，此外也引進了新的行政體系。這個時期的官方文書多以拉丁文或法文書寫，顯示諾曼文化的影響；財政收支的管理、劃分等重要概念至今猶存；地方行政單位的劃分，州 (shire) 與州的行政官 (Sheriff)、司法官 (Coroner)⓮等的設置，也多可以回溯到這個時期。都柏林市的議會組織、各種特許狀及都市權利的運作也以倫敦為依據，並推廣到愛爾蘭其他的城市。

愛爾蘭的教會原本獨立於羅馬公教之外，道明會與方濟會等團體也在愛爾蘭成立學校，講授哲理、神學，也教授邏輯、醫學。當時愛爾蘭的上層社會多為諾曼人，平時以法文為主要語言，對法國文化情有獨鍾，風行草偃，將法國文化介紹到愛爾蘭，使得十三世紀以後的愛爾蘭發展出以法國文化為藍本的宮廷文化、騎士文學，並影響了克爾特語之文學創作。

第三節　動盪的十四世紀

十四世紀的歐洲並不平靜，黑死病的流行造成各地人口大量

⓮ Coroner 為諾曼人在英格蘭新設職業，確保國王治權有效運作。後逐漸演變成法醫，但各地的實際功能不完全相同。

死亡；而法蘭西與英格蘭王室為了爭奪法蘭西的主導權，發生長期衝突，這兩個重大事件，也對愛爾蘭造成極大的影響。

一、百年戰爭

英格蘭約翰王在位期間，法國國王菲利普二世實力漸增，法國境內許多領主願意與之合作，對抗約翰王；在多次衝突中，約翰軍隊均因補給不易而遭敗績，陸續喪失許多領地。1214 年，菲利普聯合教宗英諾森三世 (Innocent III, 1161–1216)，對抗神聖羅馬帝國的奧圖四世 (Otto IV, 1175–1218)，以及與其聯盟的一些法蘭德斯領主的軍隊。雙方戰於法蘭德斯的布溫 (Bouvines)，法王獲勝，取得安茹 (Anjou)、布列塔尼、曼恩 (Maine)、諾曼地等原屬諾曼王室的領地，對約翰王造成極大衝擊，英王在法國所能控制的地區則愈發有限。

其後的亨利三世 (Henry III, 1207–1272)、愛德華一世 (Edward I, 1239–1307) 統治期間，多專注於在蘇格蘭及威爾斯的擴張。愛德華一世於 1284 年征服威爾斯，立新生的兒子為「威爾斯親王」(Prince of Wales)⑮。他也積極對蘇格蘭用兵，但並未成功鎮壓蘇格蘭人，並於 1307 年死於蘇格蘭邊境上的伯格 (Burgh-by-Sands)⑯。正因為這幾位君主積極對蘇格蘭等地用兵，泰半時間無

---

⑮ 此後該稱號一直用於英格蘭王位繼承人。

⑯ 其墓誌銘上寫著「蘇格蘭之鎚」(Scottorum malleus, Hammer of the Scots)。

法兼顧法國。至十四世紀才又為了法國領地與法國王室發生衝突，因而導致英王與法王間的「百年戰爭」(The Hundred Years' War)。

「百年戰爭」的起源，是法蘭西國王企圖進一步沒收英王在法蘭西境內的領地，引起雙方衝突；勃根地領主⑰則欲擴張在萊茵河下游的勢力，因而加入戰局，使得情勢更加複雜。從 1337 年爆發第一次衝突到 1453 年言和為止，戰事斷續地進行一百多年，也決定此後歐洲發展的方向。英法百年戰爭可以分成幾個不同的時期，第一個階段以英格蘭王愛德華三世 (Edward III, 1312–1377)⑱為主，也稱為「愛德華戰爭」(Edwardian War) 時期。愛德華三世原為法蘭西卡佩 (Capet) 王室最後一位國王查理四世 (Charles IV, 1294–1328) 的外甥，自認有權繼承法蘭西王位。但菲利普六世 (Philip VI, 1293–1350) 於 1337 年即位為法蘭西王，並且禁止羊毛出口，愛德華三世認為其繼承權以及英格蘭在法蘭德斯的商業利益均遭侵害，立刻下令進攻法國。開戰不久，歐洲各地開始受到大型瘟疫的衝擊，雙方停戰十年左右。1360 年，愛德華

---

⑰ 勃根地原為克爾特人與羅馬人所居之地，四世紀時，羅馬帝國將之交由日耳曼的勃根地族居住，勃根地人在此建立政權。六世紀中，法蘭克人攻下此地。後勃根地分為東西兩部，東部為勃根地郡 (County of Burgundy)，西部為勃根地公國 (Duchy of Burgundy)。勃根地公國勢力逐漸強大，經常與法國境內其他諸侯聯合，與國王爭奪法國政治之主導權。

⑱ 愛德華之母為查理四世之妹，1328 年查理去世，無嗣。愛德華主張其繼承權，但法蘭西決定以查理四世的堂兄菲利普繼承。

三世與法王約翰二世 (John II, 1319–1364) 簽訂了〈布列塔尼條約〉(*Treaty of Brétigny*)⑲，暫時結束衝突。

二、黑死病

英法戰爭的主戰場在法國，軍隊不守紀律、打家劫舍時有所聞，許多人因此無家可歸。此外，軍隊頻繁的活動往往破壞農耕，損傷農地，不僅造成饑饉，也傳播疾病，無論傷寒、痢疾或是霍亂，往往隨著大批人口移動而散播；加上 1347 年左右「黑死病」（Black Death 或 Black Plague）流行，造成許多生命的損失。

黑死病約在 1340 年代蔓延到歐洲，患者的皮膚會因皮下出血而變黑，故稱之為「黑死病」。史家估計，1347 年後的這波疫情中，歐洲大約有三分之一到一半的人口死於黑死病或相關疾病，此後黑死病又有多次流行，但規模較小，並未造成大規模的傷害，但仍反覆出現，直到 1700 年以後才逐漸平息。

黑死病不僅造成人口及社會結構改變，更動搖人們對既有價值的想法，開始懷疑基督教義。許多人還將瘟疫發作與流行歸咎於猶太人、穆斯林等少數族群或其他弱勢團體。文藝復興時期的義大利作家薄伽丘 (Giovanni Boccaccio, 1313–1375) 所寫的《十日談》(*The Decameron*)，留下許多人們逃避瘟疫、及時行樂心態的見證。

---

⑲　〈布列塔尼條約〉結束英法百年戰爭中第一期的戰事，此為英格蘭在法國勢力最高的時期。

1348年，黑死病侵襲英格蘭，先在沿海地區肆虐，當時重要的通商港口布里斯托首當其衝，根據十四世紀布里斯托的市政日誌，全城人口死亡逾半，議會五十二名議員中，有十五人死於這波疫情；坎特伯里大主教 (Archbishop of Canterbury) 死後，新任的大主教相繼死亡，其餘各地的情形也相當類似。黑死病接著向內陸傳布，許多地方幾乎全城死於黑死病，患者鮮少能活過四天，不論貧富都受到波及，四、五十名死者同時舉行一場安魂彌撒，葬在同一坑中。只有極少數的貴族因與病媒隔絕，才能倖存。

倫敦地區的疫情也相當嚴重，證據顯示當地同時流行腺性鼠疫與肺性鼠疫。西敏寺大教堂南側一塊大黑石板下面葬著當時的院長及一起死亡的二十七名僧侶。這波疫情持續三年，到1350年左右，黑死病才慢慢消失，但倫敦已損失大約有三分之一以上的人口。

黑死病在愛爾蘭也造成極大損失，但因為各地記錄不多，資料不足，無法有較全面地瞭解。若只根據留存的記錄，也能看出當時愛爾蘭災情極為嚴重。吉爾鏗尼 (Kilkenny) 的方濟會修道士約翰．克林 (John Clyn)[20]記載：

> 瘟疫橫掃村鎮、城市、城堡，所有的居民都死光了，很少

---

[20] 約翰的生卒年不詳，大約生於1300年以前，為方濟會修士，受過良好教育，研究醫術，1336至1348年間，在吉爾鏗尼教會中停留，並留下許多私人筆記，有時稱為《愛爾蘭年鑑》(*The Annals of Ireland*)，其中有許多關於瘟疫的資料。

> 有人倖存。這種惡疾威力如此強大，碰到屍體的人也立刻死亡，因此病人與教士經常一起被扛到墓穴。大家如此害怕，很少有人敢到追悼會慰問死者家屬，或埋葬死者。許多人身上出現膿包、潰瘍，他們的腿、胳臂都潰爛了。其他的人死於瘋狂、吐血。一家人中，通常都是全體死亡，丈夫、妻子、子女、僕人都走上同一條路，死亡之路。
>
> 我在死人堆中，等待死亡來臨，願意將我聽到的、見到的，忠實記錄下來，不希望這些事件被歷史遺忘。我還留下一些羊皮紙，希望任何逃過惡疾，倖存的人，能繼續我的記錄工作。㉑

約翰不久後也死亡，這份紀錄則成為瞭解當時瘟疫流行的最好證據。根據研究，族群混居、人口集中的城鎮受創最深。由於大部分的英格蘭及諾曼人習慣居住在繁華之處，較容易受疾病侵襲；而散居鄉間的一般克爾特居民，感染機會可能相對較低。

三、查理戰爭

1369 年，在法王查理五世 (Charles V, 1338–1380) 主導下，英法之間的戰事再度爆發，史家稱這段時期的戰爭為「查理戰爭」(The Caroline War)。1369 年 5 月，查理五世要求英格蘭王儲前往

㉑ T. W. Moody (ed.), *The Course of Irish History* (Dubilin: Mercier, 1984), pp. 150–151.

巴黎，以法國封建領主的身分，對法王宣誓效忠，遭到拒絕。查理宣布討伐，計畫取回〈布列塔尼條約〉中的失土。法國在戰事初期占了上風，但查理五世去世，繼承人查理六世 (Charles VI, 1368–1422) 卻無法保持戰果，被迫與英王理查二世 (Richard II, 1367–1400)㉒議和，雙方於 1389 年締結和約，維持了二十餘年的和平。

理查二世於 1377 年即位，年僅十歲，由三人小組輔政，但叔父約翰．岡特 (John of Gaunt, 1340–1399) 干預頗多，理查已經有許多不滿。1381 年，英格蘭發生「農民起事」(Peasants' Revolt)，理查時年十四，親自與農民領袖泰樂 (Wat Tyler, 1341–1381) 談判，成功解決此事，令人刮目相看。親政之後，他遣散輔政小組，任用自己的親信㉓，將羊毛商人之子得拉波 (Michael de la Pole, 1330–1389) 封為貴族，擔任財政大臣，負責徵斂；又排除勢力強大，足以影響朝政的貴族，引起許多權貴的不滿。理查處理對外關係時，極力避免戰爭，許多人將他與其曾祖父愛德華二世 (Edward II, 1284–1327) 相提並論，認為他缺乏勇氣。有些貴族反對理查對法國的和平政策，認為和平協定影響了他們的封建權益，於是開始組織團體，自稱「請願領主」(Lords Appellant)。

理查一向熱中「君權神授」理論，認為自己治理國家的威權

㉒ 理查二世為愛德華三世之孫，其父為著名的「黑王子」愛德華，死於法蘭西戰場中。理查的個人品味引起許多爭議，例如他喜好美食，堅持使用湯匙，率先使用手帕，改變王宮的相關裝潢，收藏藝術品等。

㉓ 理查可能也與其中幾位有同性戀關係。

不容質疑，要求臣民稱他為「陛下」(majesty, highness)，鎮日獨自戴著王冠，侍者不准正視，凡挑戰其威權者，必將受到嚴厲的處置。1388 年的「無情國會」(the Merciless Parliament) 決議將理查身邊的策士以「叛國」罪起訴，八人遭處死，其餘放逐；理查本人則被剝奪權力，由國會建議的輔政者主持政務。此後理查才稍稍收斂，同意改變政策，國會乃於 1389 年恢復其政權。1392 年，理查要向倫敦市政府貸款，遭拒，他立刻剝奪倫敦市的部分自由權，引發對立。他又不斷擴大宮廷建築，裝飾王宮，由於所費不貲，他原先允諾的降稅措施亦未能兌現；1390 到 1398 年間，理查還四度向國會提出徵收特別稅的要求，國會雖然勉強同意，但雙方惡感日深，衝突一觸即發。愛爾蘭也有反抗理查的軍事行動，引起理查大怒，要親自征討愛爾蘭。

第四節　英法百年戰爭時期的愛爾蘭

諾曼人征服愛爾蘭以後，建立起各級政府組織，但並未能完全控制愛爾蘭，許多愛爾蘭的部落組織仍繼續存在，各地的「藩王」仍有舉足輕重的地位。十三世紀中，許多克爾特部落利用諾曼人勢力漸弱的時機，開始以武力攻擊諾曼人的領地，並希望在政治上推翻英格蘭的勢力。

1315 年，愛爾蘭各部又決定邀請蘇格蘭王羅伯一世 (Robert I, 1274–1329) 的弟弟布魯士 (Edward Bruce, 1280–1318) 出任愛爾蘭高王。布魯士於是率眾進入愛爾蘭，1316 年被加冕成為「高王」。愛爾蘭許多克爾特部族立即響應，一起攻打英格蘭的據點，此舉立刻招來英格蘭軍隊的武裝鎮壓。1318年，布魯士在缶甲(Faughart)之戰中戰死，高王事件落幕。愛爾蘭各地也還有許多趁勢而起的部落長，造成一時轟動，例如都柏林及其鄰近地區的克爾特部落長也利用高王事件，趁機奪回被諾曼人侵占的土地。這些事件多攸關部落長的個人利益，未必與「民族」意識有關。但每當英格蘭統治者控制力稍弱時，克爾特人便利用時機起事，倒是屢見不鮮。

英法百年戰爭打到如火如荼之時，倫敦政府特別增加在愛爾蘭的稅收，引起許多地方部落的反抗。他們攻擊英格蘭的行政中心及居民，與英格蘭的「農民起事」本質相同；英格蘭亦曾經派遣蘇格蘭軍隊到愛爾蘭，希望強化防務，鎮壓民變，但總是疲於奔命，效果有限。

英格蘭原本還希望透過諾曼統治家族的力量，強化對愛爾蘭的控制，但許多諾曼人不斷克爾特化，反而削弱了英格蘭在愛爾蘭的控制力，1333到1338年間的德柏戰爭(de Burgh Civil War)，便是一例。德柏家族原為諾曼人，威廉德柏(William de Burgh, 1157–1206)在1175年隨亨利二世抵達愛爾蘭，因戰功彪炳，亨利以厄斯特為其封地，建為厄斯特伯爵[24]，其後便在愛爾蘭生根、

---

[24] 這個爵位始建於1205年，威廉德柏本人可能未曾控制過土地。根據《四王紀事》記載，威廉德柏曾掠奪康納賀特，後世史家認為作者可能將威廉德柏與他人混淆。

發展。1333 年，德柏伯爵三世去世，繼承人尚在襁褓，引發繼承權之爭奪，德柏家族因而分裂，家族中力量較大的成員各自領導一批追隨者，散居各地，並逐漸克爾特化，不時與英格蘭王室對抗。其他的諾曼領主如德伯明罕 (de Bermingham)、費茲傑羅、巴特勒 (Butler) 等家族，也開始向克爾特部落長稱臣。為此，英格蘭王愛德華三世之子雷歐諾 (Lionel of Antwerp, 1338–1368) 曾經企圖制訂法律阻止諾曼貴族繼續克爾特化。

雷歐諾生於安特衛普 (Antwerp)，從小便與厄斯特地區德柏伯爵之女伊莉莎白德柏 (Elizabeth de Burgh, 1332–1363) 訂親。因厄斯特伯爵早死，而伊莉莎白又居於英格蘭，愛德華三世乃以其子雷歐諾繼承，自 1347 年起改稱厄斯特伯爵㉕。雷歐諾也曾效力軍中，參與英法戰爭。愛德華三世原想立他為蘇格蘭王未果，乃於 1361 年讓他與妻子回到愛爾蘭，封為克拉倫斯公爵 (Duke of Clarence)，致力於在愛爾蘭建立有效的控制體系，成為愛爾蘭之實際統治者。1366 年，雷歐諾在吉爾鏗尼召開議會，通過〈吉爾鏗尼法〉㉖。

〈吉爾鏗尼法〉一開始便指出：英格蘭占領了愛爾蘭之後，有很長的一段時間都使用英格蘭人的語言 (應為中古法語)，騎馬或服裝也都是英式的，統治者或被統治者，也都以英格蘭法律為準。但是現在許多在愛爾蘭的英格蘭人背棄了英格蘭的語言、習

㉕ 實際上，伊莉莎白與雷歐諾至 1352 年才成婚。

㉖ 本法以古法語書寫，說明當時英格蘭深受法國文化影響。

慣和騎馬的方式、法律與風俗，不管是管理自己也好，管理愛爾蘭人也好，都使用愛爾蘭敵人的法律，英格蘭法律已逐漸喪失不用；甚至與愛爾蘭人通婚、結盟。

〈吉爾鏗尼法〉因此規定：禁止英格蘭人與愛爾蘭人通婚、強制使用英格蘭法，如有違反，視同叛徒。其他法條更規定英格蘭人必須使用英格蘭式姓名，遵循英格蘭習慣、服飾或語言。而英格蘭人間的糾紛，必須以英格蘭法律解決；並禁止愛爾蘭人進入英格蘭人的教堂。這些規定，正反映出十四世紀中葉愛爾蘭的社會狀況。

雷歐諾所擬定的法條因缺乏負責執行的行政機構，因此未有任何成效，雷歐諾本人則因此法律所引起的爭議與強烈反彈，被迫於次年離開愛爾蘭。諾曼人則繼續融入愛爾蘭文化之中。倫敦政府當然不願漠視此事，尤其當雷歐諾被愛爾蘭人逐出之後，愛德華三世便調兵遣將，計畫懲罰愛爾蘭人。但此時英格蘭正與法蘭西交戰，不僅兵力不足，財政亦有困難，無法持續征討。

當英格蘭與法蘭西於 1389 年簽訂停戰協議之後，理查二世曾企圖解決愛爾蘭的問題。他於 1394 年率領一支強大的兵力抵達愛爾蘭，立刻控制了稜斯特，強迫當地的部落長馬可莫羅 (Art MacMurrough, 1357–1417) 撤出，其他的愛爾蘭部落長也紛紛表示臣服。理查相信愛爾蘭人之所以反抗英格蘭，多半起因於諾曼貴族或地主舉止不當所致，因此願意正視愛爾蘭人的訴求，對於未曾參與反抗行動的愛爾蘭領主也沒有任何限制。事平之後，理查回到英格蘭，卻必須面對英格蘭境內的貴族叛亂，愛爾蘭地區反抗英格蘭統治的事件也再度爆發。理查二世並無子嗣，原指定馬區 (March) 伯爵，雷歐諾之外孫羅傑．毛第默 (Roger Mortimer, 1374–1398) 為第一順位繼承人，但羅傑．毛第默卻死在愛爾蘭戰場上。理查二世於是在 1399 年再度出兵愛爾蘭，誓言嚴懲起事者。

但此時英格蘭的政治情況已經大有改變，蘭卡斯特家族 (House of Lancaster) 的亨利 (Henry Bolingbroke, 1366–1413) 獲得法國國王的援助，利用理查遠征愛爾蘭之時機，率兵返回英格蘭，於約克郡登陸。亨利很快便席捲英格蘭東部及南部，各地也紛紛反對一向不得人心的理查，貴族多支持亨利繼位為王，並獲國會同意，即位為英格蘭王亨利四世 (Henry IV)。理查則遭逮捕，關入倫敦塔，遭到起訴，理查二世死於 1400 年[27]，也結束了十四世紀的紛擾。繼之而起的蘭卡斯特家族陷於不斷的內爭之中，英格蘭根本無暇他顧，在愛爾蘭的統治權也不斷受到挑戰，號令僅侷限於柵欄之中。柵欄外的克爾特部落則與英格蘭人及諾曼人繼續融合，共存同榮。

---

[27] 可能是遭餓死。

第五章 | *Chapter 5*

從玫瑰戰爭到宗教分裂

看！伊瑪山谷的劍氣　照耀在英格蘭柵欄上
看！蓋爾人的小兄弟　在歐伯恩的旗幟下　成了一群鬥雞
你會讓一隻薩克森公雞　在愛爾蘭的石頭上啼？
飛起來，教他們一點規矩　從塔撒家到克倫模
薩克森人的血流成了一條河
偉大的是羅理歐摩　他把鄉巴佬送進地獄

愛爾蘭民謠〈跟我到卡羅〉(*Follow Me Up to Carlow*)❶

英王愛德華三世的後裔，蘭卡斯特 (House of Lancaster) 與約克 (House of York) 兩個家族❷為了爭奪王位而進行長達三十二

---

❶ 1580 年，第二次戴斯蒙之亂時，三千名英格蘭士兵死於格稜碼流之戰 (Battle of Glenmalure)。當時人用風笛演奏，振奮人心。十九世紀時，愛爾蘭人重新改編了這首民謠〈跟我到卡羅〉，流傳甚廣。

❷ 蘭卡斯特家族以北部和西部為基礎，以紅玫瑰為家徽；約克家族以南部和東部的約克郡為基礎，以白玫瑰為家徽。故兩家族的戰爭稱為玫

年的內戰，史稱「玫瑰戰爭」(Wars of the Roses, 1455–1487)。長期的兵連禍結，導致貴族階級大量傷亡，也消耗許多國力，其後的都鐸 (Tudor) 王朝才得以擴大君權，建立中央集權的政治體制。

英格蘭王室原本信奉羅馬公教，亨利八世 (Henry VIII, 1491–1547) 還受教宗嘉勉為「護教者」(Defender)，卻因為婚姻問題與教宗決裂，自建英格蘭國教派 (Church of England)，並要求其臣民改宗。但英格蘭境內仍有許多人誓死維護公教信仰。其女瑪莉一世 (Mary I, 1516–1558) 繼位後，更企圖恢復公教，造成腥風血雨。伊莉莎白一世（Elizabeth I，1533–1603，1558–1603 在位）在位期間，英格蘭境內大規模的宗教衝突才稍微平息，但大英的其他地區仍是風波不斷。愛爾蘭人一直堅持公教信仰，因而受到各種歧視，宗教也成為愛爾蘭地區社會動亂的最主要原因。

第一節　玫瑰戰爭

亨利四世（Henry IV，1367–1413，1399–1413 在位）推翻理查二世，繼位為王，蘭卡斯特王朝的歷史於焉展開。亨利四世卒於 1413 年，其子繼位，是為亨利五世（Henry V，1387–1422，1413–1422 在位），他在英法百年戰爭中展現的軍事才能，頗獲民心，也強化了蘭卡斯特家族的統治。但亨利五世享壽不永，於 1422 年英年早逝，由其尚在襁褓中的兒子繼位，是為亨利六世

瑰戰爭。

（Henry VI，1421–1471，1422–1461 及 1470–1471 兩度在位）。亨利六世年幼，其母又為法國國王查理六世之女凱薩琳 (Catherine of Valois, 1401–1437)，英格蘭上下擔心年幼的國王會受到法國影響，遂以國王的叔父韓福瑞 (Humphrey, Duke of Gloucester, 1390–1447) 為首，組織一個攝政團，避免其母參與政事。但國會對韓福瑞也不信任，政務推行並不容易。

一、亨利六世

亨利六世無能、昏庸且有間發性精神疾病，精神狀態並不穩定，1437 年時曾經短暫執政，引起許多民怨。到 1450 年，又因精神疾病發作無法視事，國會中重要領袖已有意將他廢黜。十四世紀末，理查二世曾立愛德華三世次子雷歐諾之孫羅傑．毛第默為繼承人，羅傑．毛第默死在愛爾蘭後，後代子孫仍繼續要求王位繼承權。約克家族自認為理查二世之後，主張繼承王位，引起國會中不同陣營疑慮，對立氣氛逐漸升高，內戰一觸即發。

二、約克公爵

1453 年，亨利六世無法親政，由約克公爵理查 (Richard Plantagenet, 3rd Duke of York, 1411–1460) 攝政。理查之父母系均出自於愛德華三世：其母為愛德華三世次子雷歐諾的女兒，父親為劍橋伯爵理查 (Richard of Conisburgh, 3rd Earl of Cambridge, 1475–1415) 是愛德華三世之孫❸。1415 年，劍橋伯爵理查因參與對抗亨利五世的陰謀，遭亨利五世處死，並未留下任何遺產。理

查之叔父愛德華 (Edward of Norwich, 1373–1415) 為約克公爵，也捲入對抗亨利五世的陰謀，亦於 1415 年戰死，死後家產一度遭國王查封，後來才交由理查繼承，成為約克公爵，有財有勢。

1426 年，他被蘭卡斯特王室封為貴族，並派往法國參戰。他不僅迅速穩定戰事，並在占領區建立良好秩序，表現優異。英格蘭不斷與勃根地協議，希望利用法國王室力量衰弱之際，擴大占領區，理查便一直留在當地主持軍務，聲譽鵲起。

1439 年理查回到倫敦時已成為重要的政治領袖，政府卻不完全信任他，也未加重用。1440 年，英格蘭與法國的和議破裂，他又奉派回到法國戰場指揮作戰，直到 1445 年戰事告一段落，理查乃回到倫敦。因理查具有厄斯特伯爵的身分，也熟悉愛爾蘭事務，於是被派往愛爾蘭擔任總督，任期十年。理查認為這是國王企圖翦除其勢力的作法，一直不願成行，一直拖到 1449 年以後才上任。隨後，理查又藉口財政不足，無法維持在愛爾蘭的控制，請求回到倫敦。

1450 年時，英格蘭政局非常混亂，國王的許多重要大臣、顧問遭到謀殺；肯特 (Kent) 與薩色司 (Sussex) 等地發生亂事，叛軍甚至占領倫敦等重要城市；而法軍也攻下了諾曼地全境，當地許多軍民必須撤回英格蘭。理查則於此時從愛爾蘭抵達倫敦，他還沿途招募軍隊，聲勢益形浩大。理查所率之軍隊隨後與亨利六世軍隊遭遇，占了上風，亨利六世被迫同意理查保有原來的職務及

---

❸ 愛德華三世之次子蘭理 (Edmund Langley, 1341–1402) 之子。

權力。但亨利六世稍後反悔，解除理查攝政之職，要求他立刻返回愛爾蘭。

但英格蘭的內部動亂不斷升高，海盜侵擾也越來越猖獗，王后瑪格利特 (Magaret of Anjou, 1430–1482) 開始在英格蘭實施徵兵制，民怨高漲。理查乃於 1459 年自愛爾蘭率兵，從加萊 (Calais) 突襲英格蘭海岸，並在肯特等地建立據點，向北進軍。1460 年 7 月的北安普敦戰役 (Battle of Northampton) 中，亨利六世兵敗被俘，解往倫敦。理查接著向國會提出繼承王位的主張。國會中多數議員仍主張亨利續任國王，但也提出〈調解法〉(*Act of Accord*)，認定約克家族應當繼承亨利的王朝，並同意剝奪亨利之子的繼承權，理查則繼續擔任攝政。瑪格利特王后不願接受〈調解法〉的決議，乃從蘇格蘭借到一支人馬，並集合了追隨蘭卡斯特家族的軍隊，在約克公爵的領地騷亂。約克公爵輕敵冒進，被瑪格利特擊潰，理查及其次子愛德蒙 (Edmund, 1443–1460) 遭梟首示眾，頭顱被懸掛在約克城，還被戴上一頂紙製王冠。理查的長子愛德華時年十九，成為約克派首領。

愛德華在沃威克伯爵理查內維爾 (Richard Neville, Earl of Warwick, 1428–1471) 的協助之下，打敗蘭卡斯特家族，控制倫敦城，自立為王，稱「愛德華四世」(Edward IV，1442–1483，1461–1470 及 1471–1483 兩度在位)。理查內維爾自認為輔助有功，企圖控制愛德華，強迫他與歐洲強權聯姻，愛德華並不同意，私下娶伊莉莎白伍薇爾 (Elizabeth Woodville, 1437–1492) 為妻。理查內維爾頗不悅，乃與愛德華之弟喬治 (George Plantagenet,

1449–1478) 聯合起來反對愛德華。亨利六世與其后利用此機會，與理查內維爾聯合。愛德華不敵，被迫出亡，亨利六世復位。

愛德華前往勃根地， 尋求其連襟勃根地公爵查理 (Charles, Duke of Burgundy, 1433–1477) 之奧援。勃根地正與法國作戰，亟需英格蘭之友誼，乃同意幫助愛德華。愛德華返回英格蘭後，原只要求恢復約克領地，徐圖爭取支持，力量逐漸強大，先打敗理查內維爾，再對抗蘭卡斯特勢力。1471 年，愛德華重入倫敦，將亨利六世等人盡行處死，重登王座。

此後， 英格蘭暫時恢復和平， 但愛德華的統治不獲民心，1483 年愛德華死後，原本應由其子愛德華繼承，但大權操於理查三世 (Richard III, 1452–1485) 之手，始終未能加冕， 甚至被拘禁於倫敦塔中。理查並於 1483 年加冕為王，但同樣民怨四起，並引起英格蘭貴族公憤，促使蘭卡斯特和約克家族展開合作，以蘭卡斯特家族的亨利 · 都鐸 (Henry Tudor) 為首，舉兵聲討。1485 年 8 月，理查三世在激戰中陣亡，結束了約克家族的統治，也結束了「玫瑰戰爭」，亨利登基為亨利七世 （Henry VII， 1457–1509， 1485–1509 在位)。

第二節　愛爾蘭的發展

1171 年起，英格蘭的諾曼政權便以「愛爾蘭主」的名義統治愛爾蘭，並派遣一位總督 (Lord Lieutenant of Ireland) 常駐愛爾蘭，英格蘭國王則鮮少前往愛爾蘭，也未積極規劃如何統治愛爾蘭，只派遣一位貴族前往，擔任愛爾蘭的「大法官」(Judiciar)，執掌司法權。在理查二世親征愛爾蘭之前的一百餘年間，從沒有英格蘭王踏上愛爾蘭的土地；理查二世之後，愛爾蘭人又有一百多年的時間沒有見過他們的領主。

十五世紀初，英格蘭王室不斷將人力物力投入對法國的戰事之中，也提高愛爾蘭的稅收以支應戰事所需，使得愛爾蘭人心生不滿。1428 年，愛爾蘭的史溫大主教 (Archbishop Swayne) 記載：「當這些總督來到愛爾蘭時，他們的士兵靠農民過活，軍糧、秣草全不付錢，總督的官員強徵民間的物資，從來不肯付錢，幾年下來，欠了兩萬鎊」❹，衝突事件也因此發生。

當時英格蘭並未能有效統治愛爾蘭全境，統治區之外，愛爾蘭許多部落長仍主導地方事務的發展，或對英格蘭王室效忠，或效忠較大的領主，但多施行自己的法律及習慣。從南到北，愛爾蘭可以分成三個較大的勢力集團：奧盟 (Ormonde) 地方的奧盟伯爵 (Earl of Ormonde)❺、戴斯蒙 (Desmond) 地方的戴斯蒙伯爵 (Earl of Desmond)，以及吉爾戴地方的吉爾戴伯爵 (Earl of Kildare)❻。

這些伯爵都是諾曼後裔，吉爾戴伯爵原為 1316 年時為愛德華二世所封；莫理斯‧費茲傑羅 (Maurice FitzGerald, 1100–1176) 隨

---

❹ D. A. Chart (ed.), *The Register of John Swayne*, 1935, p.108.

❺ 為巴特勒家族控制。

❻ 兩地領主均來自費茲傑羅家族。

「強弓」克萊爾抵達愛爾蘭，立有戰功，定居愛爾蘭後，原被封為戴斯蒙男爵，逐漸克爾特化後成為地方重要勢力，控有蒙斯特地區，十五世紀以後成為戴斯蒙伯爵❼；詹姆士．巴特勒 (James Butler, ?–1337) 則於 1328 年受封為奧盟伯爵，也發展成為地方重要勢力，割據一方。1450 年時，這幾位強有力的諸侯勢力足以左右其他克爾特部落長，並主導愛爾蘭的政治發展。

一、愛爾蘭的戰爭

玫瑰戰爭爆發以後，愛爾蘭也捲入戰爭，諾曼貴族可以分成支持約克及支持蘭卡斯特兩派。當約克公爵理查從愛爾蘭出發，前往英格蘭爭奪王位時，兩派人士也在愛爾蘭發生衝突。1461 年 3 月 29 日，英格蘭交戰雙方在約克附近決戰，幾經交鋒之後，蘭卡斯特軍敗退，瑪格利特與亨利六世出亡蘇格蘭。愛爾蘭的蘭卡斯特派貴族約翰．巴特勒 (John Butler, 6th Earl of Ormonde, c. 1449–1478) 趁機起兵，占領瓦特福。1462 年，約克派的戴斯蒙公爵湯瑪斯．費茲傑羅 (Thomas FitzGerald, ?–1468) 出兵攻擊，在皮爾鎮 (Pilltown) 擊潰奧盟，湯瑪斯．費茲傑羅也從此成為愛爾蘭的強人。

1461 年自立為王的愛德華四世任命湯瑪斯．費茲傑羅為愛爾蘭總督。因為愛德華曾經在愛爾蘭居留，清楚當地情況，因此

❼ 最後一任的戴斯蒙伯爵因反對亨利八世的宗教政策，數度叛亂，後戰敗，於 1538 年被殺。

一再告誡湯瑪斯．費茲傑羅，希望這些諾曼貴族保持英格蘭傳統，不要繼續仿效克爾特人，也不可遵奉克爾特文化、採行克爾特法律。湯瑪斯．費茲傑羅也頗有作為，在治理愛爾蘭的四年期間，英格蘭王權能延伸到許多原本無法影響的地區。

但湯瑪斯．費茲傑羅與愛爾蘭人仍保持親近的關係，不僅寬容克爾特文化，自己也身體力行，柵欄內的英格蘭裔居民對此頗有怨言。彌斯大主教雪伍德 (William Sherwood, ?–1482) 也表示反對，進而指控他侵吞公帑，建立私人軍隊。

1463 年，愛爾蘭議會再度召開，會中通過許多法令，進一步放寬愛爾蘭與英格蘭兩個族群間的限制，兩個族群間互動頗有改善。為此，科克地方也願意派遣議員參加這個會議，承認愛爾蘭議會的政治功能，也願意奉行英格蘭的號令，顯示愛爾蘭的政治逐漸上軌道。

正因如此，諾曼貴族的克爾特化有越來越普遍的趨勢，1466 年，湯瑪斯．費茲傑羅與歐法利郡 (Offaly) 的公爵法利（O'Connor Faly，1458–1474 在位）作戰被俘時，他身上的服裝與他的土著部落長盟友幾乎無法區別，足以說明諾曼人的克爾特化情況。愛德華四世對這種情況相當不以為然，唯恐湯瑪斯．費茲傑羅與克爾特土著過於親近，一旦成了氣候，有尾大不掉之虞，終將成為英格蘭的心腹之患。愛德華乃於 1467 年派遣窩賽斯特 (Worcester) 伯爵提普托福特 (John Tiptoft, 1427–1470) 前往愛爾蘭，取代湯瑪斯．費茲傑羅。提普托福特是一位博學的貴族，但也是個相當殘酷的將領，甚至有「英格蘭屠夫」(the Butcher of

England) 的綽號。他抵達愛爾蘭不久，便以叛國罪起訴湯瑪斯．費茲傑羅及吉爾戴伯爵，湯瑪斯．費茲傑羅前往英格蘭人的政治中心爪訶達 (Drogheda) 答辯時，遭到當局逮捕，旋被斬首，立刻引起愛爾蘭人的疑慮與議論。

當時愛德華四世的政治權力尚不穩固，諸多行事卻引起不滿，英格蘭及愛爾蘭兩地的貴族乃紛紛起兵對抗，局面顯得岌岌可危。提普托福特並沒有足夠的兵力可以鎮壓暴亂的群眾，乃採取各個擊破的策略，首先與吉爾戴地方達成協議，願意盡可能善待稜斯特地區的愛爾蘭人。當他爭取到吉爾戴支持以後，愛爾蘭的情況才稍見平息。但當提普托福特以為船過無痕，返回英格蘭時，卻因政治情勢轉變，反於 1470 年遭到處死❽。

提普托福特的失敗說明英格蘭在愛爾蘭的政府缺乏長期經營的理念，沒有足夠的建設，並未給當地人帶來任何利益，也讓各自為政的土著維持長久以來的傳統。英格蘭政府也意識到，如欲控制愛爾蘭，必須投入大量的人力、物力，但此時玫瑰戰爭使得英格蘭政府疲於奔命，無力改變現狀，只有任由情況繼續惡化。

二、愛爾蘭之社會與文化

黑死病的疫情舒緩之後，歐洲各地的人口結構都發生重大的變化，人口比較稠密的市鎮，損失相對大些；鄉間的人口結構尚

❽ 他被處死的消息傳出，萬人空巷，都要爭睹「屠夫」被處死的景象，甚至有人計畫動用私刑報復，行刑被迫延後一天。

能保持完整，恢復的速度也快些。十五世紀初，愛爾蘭鄉間的人口大致已恢復到瘟疫發生前的水準，甚至有多餘的勞力可以進入原本普遍使用法語或英語的市鎮。城鎮中湧進大批克爾特語族群之後，克爾特語便有復興的趨勢；完全使用英語的統治階級必須退回「柵欄」中生活。而不居住在柵欄內的諾曼人又開始學習克爾特語，融入愛爾蘭人的生活之中。

愛爾蘭在十五世紀中尚無大學，十四世紀初，教宗曾在都柏林成立一個以基督教義為主的研究機構，也招收學生。但並未有類似巴黎、劍橋一般的「新制」大學。愛爾蘭地區的學生如欲深造，必須前往英格蘭的牛津或是劍橋。但愛爾蘭學生在這些城鎮

圖 12：都柏林三一學院　1592 年以後，伊莉莎白准許都柏林這所古老學術機構轉型為「三一學院」。

中適應不良，因服裝、語言不同，經常被視為「野蠻」。1422 年時，英格蘭國會甚至通過法律禁止「野蠻愛爾蘭人」(Wild Irishmen) 在牛津大學鬧事，限制他們進入大學的資格與人數，也禁止他們自己單獨居住，必須與英格蘭人共同生活，方便管理；一般愛爾蘭人如欲移往英格蘭，也面臨許多歧視。戴斯蒙伯爵因此計畫在爪訶達設立一所大學，要仿效牛津及劍橋的制度，在各個領域中訓練自己的學者，只是這個計畫未能實現。1464 年，右賀 (Youghal) 地方終於仿效牛津的制度，成立一所「聖母學院」(College of Blessed Virgin)，成為愛爾蘭大學的原型。

三、亨利七世與愛爾蘭

亨利七世屬於蘭卡斯特家族，為威爾斯都鐸家族愛德蒙．都鐸 (Edmund Tudor, 1431–1456) 的遺腹子，母親瑪格麗特 (Margaret Beaufort, 1443–1509) 來自波福公爵家族，自稱是愛德華四世叔父約翰．岡特私生女的後代❾。亨利從小在叔父貝德福 (Bedford) 公爵雅斯培．都鐸 (Jasper Tudor, 1431–1495) 家中長大。當約克派的愛德華四世即位後，蘭卡斯特派被迫出亡，亨利乃隨其家人前往法國布列塔尼。由於岡特之妻凱薩琳 (Katherine Swynford, 1350–1403) 的血統使得都鐸家族得以競爭王位，只是血緣疏遠，王位繼承順位不高。玫瑰戰爭期間，大多數的英格蘭

❾ 岡特原與凱薩琳育有四名「非婚生」子女，兩人結婚後，岡特特以書面文字保障其子女之繼承權。

貴族或遭處死，或流亡海外，不知所終，亨利繼承順位提前，才得以競逐王位。瑪格麗特於其夫死後，曾改嫁約克派的史坦利 (Thomas Stanley, 1435–1504)，仍積極為其子亨利爭取繼承英格蘭王位之可能。1483 年時，瑪格麗特向布列塔尼領主借貸活動經費及裝備、人員，帶兵前往英格蘭，不幸失敗，亨利再度逃往法國。法國國王對他十分支持，於 1485 年再度起兵，並成功獲得王位。

亨利七世繼位之後，設法分化貴族勢力，禁止貴族擁有私人武力。又於 1486 年在西敏寺迎娶約克家族的伊莉莎白 (Elizabeth of York, 1466–1503)，促成約克與蘭卡斯特家族的聯合，進一步鞏固王權，英格蘭長期的內亂也逐漸停止。亨利進行許多改革，建立較穩定的租稅制度，現代英格蘭的規模亦逐漸出現。

玫瑰戰爭結束之後，亨利七世命其在法國流亡時的密友波音寧 (Edward Poynings, 1459–1521) 出任愛爾蘭總督，希望波音寧在愛爾蘭建立英格蘭式的政治制度，以便倫敦行政體系能直接控制，避免約克家族再有控制愛爾蘭的機會。波音寧於 1494 年在愛爾蘭召開議會，進行政治協商，完成〈波音寧法〉(*Poyning' Law*)，規定愛爾蘭議會直接由西敏寺國會管轄，都鐸王室得以控制愛爾蘭，愛爾蘭人的政治權力進一步受到限制❿。

---

❿ 這條法律造成日後許多問題，愛爾蘭的政治運動中，一個重要的目標便是取消〈波音寧法〉，將愛爾蘭議會獨立於英格蘭以外，直到 1782 年，這個問題才有改善。

第三節　宗教分裂

一、十六世紀初的愛爾蘭

1500 年時，英格蘭控制愛爾蘭海沿岸地區，東部沿海從威克樓 (Wicklow) 到瑙達克 (Dundalk) 一帶多被英格蘭來的土地貴族及農民占據，當地克爾特藩王被迫遷徙他鄉，另謀出路，既有的社會結構及政治秩序亦因此改變。克爾特居民與英格蘭「柵欄」內人民的衝突時有所聞；在「柵欄」以外，克爾特人與諾曼人仍依封建秩序生活。在許多英格蘭人無法控制的區域，愛爾蘭領主仍保有統治地位，例如巴特勒、費茲傑羅、伯克 (Burke) 等幾個高度克爾特化的大領主都享有相當程度的政治自由，擁有軍隊，並施行自己的法律與制度，成為克爾特語言與文化的守護者。

這一時期中，愛爾蘭人民的生活相對穩定、富裕，英格蘭人在愛爾蘭北部及中部地區放棄的土地又回到克爾特人手中。厄斯特中部的歐尼爾 (O'Niall) 家族、其西鄰的歐唐納 (O'Donnell) 家族、威克樓郡的歐圖 (O'Toole) 及歐伯恩 (O'Byrne) 家族、衛克斯福的卡瓦納 (Kavanagh) 等家族、科克郡的麥卡錫、歐蘇立文家族等，都是控制許多土地的部落長。英格蘭人特稱這些人為「陛下的愛爾蘭敵人」(His Majesty's Irish enemies)。就法律角度而言，這些克爾特人並不承認英格蘭的統治。

二、宗教分裂與愛爾蘭的發展

羅馬公教從十一世紀以後，逐漸成為西歐地區政治上的領導者，經常因為稅收與司法管轄權的問題與各地封建領主發生衝突。一些作風強勢的教宗甚至介入各國事務，引起許多不滿。英王亨利二世起，便與教宗衝突不斷，約翰王時也是如此；十四世紀以後，法蘭西國王也曾與教宗兵戎相見。由於教宗對於神聖羅馬帝國皇帝的選舉有舉足輕重的地位，因此對於德意志地區的控制比較有效。

到了十六世紀初，情況開始有所改變，德意志地區的傳教士馬丁路德 (Martin Luther, 1483–1546) 於 1517 年對教會財政及司法措施提出質疑，迅速引起德意志諸多君主的認同。路德與教宗決裂之後，從公教體系中分裂出來，自創教派，翻譯經典，是為「路德教派」，對北歐地區影響甚深；法蘭西人喀爾文 (John Calvin, 1509–1564) 繼續針對教義進行改革，成為「喀爾文教派」，對瑞士、蘇格蘭等地有相當影響。此時的英格蘭仍然信奉羅馬公教，但十六世紀中，因為亨利八世的婚姻問題，英格蘭也脫離羅馬教宗，成立「英格蘭國教派」，一時之間，宗教衝突不斷，也影響往後數百年的英、愛關係。

三、亨利八世

亨利八世為亨利七世之三子，母親為約克家族的伊莉莎白。其兄亞瑟 (Arthur, 1486–1502) 原應繼承王位，亨利七世也為亞瑟訂下亞拉岡公主凱薩琳 (Catherine of Aragon, 1485–1536) 為妻。但亞瑟突然於 1502 年因病去世，亨利必須繼承其兄所有的位置，也包括迎娶寡嫂凱薩琳。此舉因與教會法牴觸，必須先取得教宗的特許， 教宗也在亞拉岡國王費迪南二世 (Ferdinand II of Aragon, 1452–1516) 的催促下，發布詔令，同意兩人成婚。1509 年，亨利七世去世，十七歲的亨利八世即位，並與凱薩琳結婚。

亨利八世原為信仰虔誠的羅馬公教信徒，頗受教廷倚重。其妻凱薩琳雖曾生育三名男嬰，均早夭，故膝下無子，亨利八世希望教宗同意他離婚。但凱薩琳之外甥為神聖羅馬帝國皇帝卡爾五世（Karl V，1500–1558，1519–1556 在位，在西班牙領地的統治則於 1516 年開始）， 教宗擔心同意離婚將引起與卡爾五世的不快，故一直採取拖延策略。這時德意志地區正發生宗教分裂的風潮，亨利在臣下鼓動下，憤而與教廷決裂，創立英格蘭國教派，親自出任教會領袖。亨利的繼承人愛德華六世 (Edward VI, 1537–1553) 更完全廢止羅馬公教的規約， 將宗教分裂的情況再推進一步。其鄰近地區如威爾斯、蘇格蘭也相繼改宗，只有愛爾蘭仍維持羅馬公教的傳統。

此時大批英格蘭及蘇格蘭的抗議教派 (Protestantism) 移民湧入愛爾蘭，也建立了愛爾蘭歷史的兩個基調：以倫敦為中心的殖民統治；羅馬公教與抗議教派的長期對立。也在此一時期，愛爾蘭由部落組織演變成國家政府的統治形式，與歐陸的發展接近。這段歷史大致以 1536 年英王亨利八世放逐費茲傑羅王室為起點，到 1691 年愛爾蘭最後一支羅馬公教勢力在里畝瑞克向英軍投降為止。此後，大英的英格蘭國教派勢力便完全控制了愛爾蘭。

第四節　十六世紀後半葉的英、愛衝突

一、亨利八世時期

十六世紀中，亨利八世大舉興兵，征服愛爾蘭，學界對其確切動機至今仍有爭議，但多認為與吉爾戴的費茲傑羅家族於十六世紀以後，逐漸成為倫敦政府的隱憂有重大關連。費茲傑羅家族原與英格蘭政權結盟，十五世紀起成為愛爾蘭的重要地方勢力，也還服從都鐸王室號令。亨利八世時，費茲傑羅家族因宗教問題，漸生異心，1497 年時，還介入英格蘭政爭，引起都鐸王室極大不悅。亨利八世為免變生肘腋，乃決意將愛爾蘭直接納入倫敦政府的管轄之下。

湯瑪士．費茲傑羅 (Thomas FitzGerald, 1513–1537)⓫「慣稱為」第十世吉爾戴伯爵 (10th Earl of Kildare)，曾在英格蘭居留一段時間，對倫敦事務相當熟悉。1534 年，其父傑拉德．費茲傑羅 (Gerald FitzGerald, 1487–1534) 奉召前往倫敦，由其代行其職。當年 6 月，出現了吉爾戴伯爵在倫敦被處死，英王也將對湯瑪士．費茲傑羅不利的謠傳，他立刻會同其幾個叔父在都柏林商量對策。6 月 11 日，湯瑪士．費茲傑羅率領一百四十名騎士進入都柏林市

⓫　在愛爾蘭史上也稱之為「絲巾湯瑪士」(Silken Thomas)。

區，宣布不再效忠愛爾蘭主亨利八世。

7 月間，湯瑪士．費茲傑羅開始攻擊英格蘭行政中心所在的都柏林堡 (Dublin Castle)⓬，反遭英格蘭軍隊包圍，他將前來調停的大主教處死，讓教士階級相當不滿。此時，湯瑪士．費茲傑羅的父親病死於倫敦，他本應繼位為十世伯爵，但英格蘭王並未正式同意此事。湯瑪士．費茲傑羅撤回其吉爾戴的根據地梅努斯 (Maynooth)，另圖發展。1535 年，英軍趁其不在梅努斯城內，買通守衛，攻陷城堡。湯瑪士．費茲傑羅逃往他處，招兵買馬，但終究無法與英軍對抗，被迫投降，並要求亨利赦免。英軍統帥史克芬頓 (Sir William Skeffington, 1465–1535) 為避免戰事拖延，同意保障其個人生命，將他送往倫敦，囚禁於倫敦塔中，最後仍被亨利處死。

亨利八世於 1541 年率軍進入愛爾蘭，並派兵前往愛爾蘭各地，軟硬兼施，迫使一些獨立的領主投降，平服愛爾蘭境內大小領主。亨利八世又統一其轄地之政治組織，廢除一些領主頭銜及管轄權，建立愛爾蘭王國 (Kingdom of Ireland)。

從十二世紀起，英格蘭王兼任愛爾蘭主，名義上是為「代教宗照料愛爾蘭事務」，愛爾蘭仍為教宗的屬地。英格蘭與教宗決裂後，亨利八世於 1542 年主導愛爾蘭國會通過〈愛爾蘭王冠法〉(*The Crown of Ireland Act 1542*)，宣布亨利八世及其繼承人為愛爾

⓬ 都柏林堡原為木造建築，1228 年，愛爾蘭長官為加強防衛，改以石頭建立防衛工事，逐漸成為大英在愛爾蘭統治的象徵。

蘭國王 (King of Ireland)，建立愛爾蘭與英格蘭的「君合」關係 (Personal Union)⓭。愛爾蘭日常事務交由「愛爾蘭大臣」(Lord Deputy of Ireland) 管理，愛爾蘭大臣底下則設有愛爾蘭樞密院 (Irish Privy Council) 協助處理政務，建立一個中央行政體系。

本法在亨利死後，還引發一些問題：西班牙王菲利普二世 (Philip II, 1527–1598)⓮，根據〈愛爾蘭王冠法〉主張其有愛爾蘭王位的繼承權，教宗保祿四世（Paulus IV，1476–1559，1555–1559 任教宗）因與英格蘭關係不佳，也同意此項請求，並於 1555 年宣布西班牙國王菲利普二世為愛爾蘭王。瑪莉女王於 1558 年死後，菲利普二世自然無法認為自己為愛爾蘭王。

愛爾蘭早已有一個兩院制議會，貴族組成的上院及平民組成的下院共同議事。這個議會的功能有限，根據 1494 年〈波音寧法〉的規定，所有法案需經英格蘭樞密院 (Privy Council) 同意才能進入議會討論。愛爾蘭議會的議員均為諾曼人，克爾特族裔通常沒有參與的權利，也無需求。到了亨利八世統治時期，愛爾蘭改由英格蘭王統治，政治地位稍有改善，但愛爾蘭議會並非如英格蘭國會一樣，具有「議會民主」功能，實際政權仍操在國王指派的「愛爾蘭大臣」手中，議會也只有在愛爾蘭大臣需要通過徵稅法時才召開。

⓭ 愛爾蘭共和國成立之後，已經於 1962 年廢止這條法律，但北愛爾蘭仍承認該法的效力。

⓮ 為亨利八世的女婿，瑪莉女王的丈夫。

二、伊莉莎白一世時期

伊莉莎白一世時期，愛爾蘭已大致臣服，但仍發生幾次反抗英格蘭的大規模衝突事件，其中以 1569 到 1573 年，以及 1579 到 1583 年間蒙斯特地區戴斯蒙家族幾次反叛事件影響最大。戴斯蒙家族因為抗拒英軍進入其領地，與英軍發生長期衝突；英軍則以阻斷糧食補給的方式，迫使戴斯蒙家族放棄抵抗。衝突之際，蒙斯特地區大約損失了三分之二的人口。

伊莉莎白還要進一步強迫愛爾蘭人信奉英格蘭國教派，再度引起各領主對大英的不滿與反抗。1594 年到 1603 年間，泰隆的領主修．歐尼洱 (Hugh O'Neill, 1550–1616) 首先舉兵，戰火蔓延長達九年，故稱為「九年戰爭」(The Nine Years War)⓯。

修．歐尼洱為泰隆領主，控制厄斯特中部，原本在柵欄區中長大，接受英格蘭的教育，一直被視為忠誠的大英子民。1562 年，其兄被殺，英格蘭方面同意他繼承其兄所遺下的產業及爵位，曾引起其他有權繼承者的不滿。1580 年，戴斯蒙地方的部落長起兵反抗英格蘭時，他還站在英格蘭王室一邊。1585 年時，他繼承了祖父泰隆伯爵 (Earl of Tyrone) 的身分，成為名流，經常在都柏林參與各種政、商活動。1587 年，英格蘭政府又將他祖父的封地交由其繼承，百般優待，修．歐尼洱乃成為厄斯特地方最強大的部落主。一直信奉羅馬公教的修．歐尼洱原本與大英政府還能相

⓯ 主角為泰隆領主，所以也稱為「泰隆叛變」(Tyrone's Rebellion)。

安，但伊莉莎白在愛爾蘭推動英格蘭國教派信仰後，關係生變。修．歐尼洱悄悄裝備了一支強大的軍隊，又從蘇格蘭及西班牙等地取得可觀的火器，自認為足以與英格蘭對抗，也逐漸生出不臣之心。

1591 年，修．歐尼洱的手下歐堂納 (Hugh O'Donnel) 代表他前往同屬公教陣營的西班牙，與菲利普二世接觸，希望能聯合起兵，對抗英格蘭；西班牙同意給予財務支持，讓他裝備一支八千人的部隊。1595 年起，修．歐尼洱加速擴張，開始編組農民，以增加兵源。

1590 年代，愛爾蘭大臣費茲威廉 (Sir William FitzWilliam, 1526–1599) 已經注意到厄斯特的狀況，並奉命妥善處理。費茲威廉建議伊莉莎白派遣一名郡守 (Sheriff) 常駐厄斯特，大英政府乃於 1590 年時先以白之諾 (Henry Bagenal)⓰為統帥，率軍駐紮在紐里 (Newry)。但費茲威廉操守不佳，引起民怨，其鐵腕政策更讓各地領主恐慌。1591 年，莫納罕 (Monaghan) 領主麥克馬洪 (MacMahon) 因為拒絕服從郡守，被費茲威廉打敗，處以絞刑，土地也遭沒官。

英格蘭為防止歐尼洱家族與歐堂納家族過於親近，乃綁架歐堂納家族繼承人修．歐堂納 (Hugh Roe O'Donnell, 1572–1602)，將之囚禁於都柏林。1592 年，歐堂納逃出監禁之所，進而起兵攻

⓰ 歐尼洱原與白之諾的妹妹私通，誘其逃家但又加以冷落。白之諾之妹不數年即死，引起白之諾家族不快。

擊英格蘭在厄斯特的據點，因此爆發「九年戰爭」。厄斯特地勢險要，山勢連綿，還有大片森林圍繞，易守難攻，大英政府必須控制紐里及史萊歌才能前進厄斯特。歐尼洱原本願意幫助英格蘭，希望伊莉莎白能將厄斯特歸其管轄，但伊莉莎白知道此舉只是養癰為患，拒絕所請。歐尼洱瞭解伊莉莎白有意以白之諾出任厄斯特地方總管後，認為已無避戰之可能，乃於 1595 年與歐堂納結盟，共同反英。

都柏林的大英政府官員不瞭解厄斯特情勢的發展，反應不及，當都柏林派兵前往厄斯特時，已經無法解決。歐尼洱的軍隊以優勢火力擊退英軍，1598 年的夜樓福 (Yellow Ford) 之戰是英軍在愛爾蘭所遭遇的最大挫敗，兩千名英軍遭殲滅，白之諾也陣亡。歐尼洱立刻大封各種爵位予其支持者，大有裂土封侯之勢。但幾個主要城市中的居民仍支持大英政府，歐尼洱也沒有足夠能力攻打這些具有防禦工事的城池。

伊莉莎白於 1599 年派遣愛塞克斯 (Essex) 伯爵戴維魯 (Robert Devereux, 1566–1601) 率領一萬七千名部隊前往增援。他接受愛爾蘭議會的建議，採取穩紮穩打的策略，先在南部安營紮寨。初期戰事並不順利，不僅所有先遣部隊遭遇敗績，各種疾病也相繼爆發，削弱英軍的戰鬥力。他只好與歐尼洱達成停戰協定，卻遭倫敦政敵的批評，因此先行返回倫敦，甚至計畫叛變，伊莉莎白於是將其處死，另以芒糾易男爵 (8th Baron Mountjoy) 布朗特 (Charles Blount, 1563–1606) 代之。

布朗特指揮得宜，起用兩名老將⓱，在兩年之後弭平蒙斯特的亂事。1601 年，西班牙艦隊戰敗，愛爾蘭的外援盡失，歐尼洱所部於 1603 年投降。當時英格蘭已經改朝換代，新王詹姆士一世（James I，1566–1625，1603–1625 在位）開始在都柏林建立新的指揮中樞，號令全國，也實施新的法律制度，歐尼洱也於 1607 年逃離愛爾蘭，此後再無大規模動亂。

⓱ George Carew 及 Arthur Chichester。

第 II 篇

近代、現代時期

第六章 | *Chapter 6*

十七世紀的愛爾蘭

> 愛爾蘭王國內的羅馬公教信徒在符合愛爾蘭法律的前提下，可以享有信奉其宗教的權利。與查理二世統治時期一樣。一旦情況許可，愛爾蘭統治者將同意愛爾蘭公教信徒在愛爾蘭國內召開國會，也將努力使愛爾蘭公教信徒在宗教事務上獲得更大的保障，使他們免於干擾。
>
> 〈里畝瑞克條約〉(*Treaty of Limerick*) 第一條
>
> 1691 年 10 月 3 日簽訂❶

在伊莉莎白統治下，英格蘭將全愛爾蘭置於其管轄之下，英格蘭的制度也施行於愛爾蘭。1603 年起，英格蘭強迫愛爾蘭人民改奉英格蘭國教派，但愛爾蘭人多不願改宗。稍晚，英格蘭內部因宗教衝突，引發清教徒革命，造成英格蘭內部的巨大政治變動，

---

❶ Doucument od Ireland, "The Treaty of Limerick, 1691," http://www.ucc.ie/celt/published/E703001–010/index.html

信奉「抗議教派」的國會領袖推翻王室，造成極大流血衝突，當軍事強人克倫威爾 (Oliver Cromwell, 1599–1658) 控制政局後，又發動新一波軍事行動，並先後率軍進入愛爾蘭及蘇格蘭，引發極大民怨。1650 年以後，愛爾蘭全境為克倫威爾軍隊控制，許多土地遭來自英格蘭的領主占領。

十七世紀時，英格蘭國教派的信徒在大英政府的扶助下，陸續移居厄斯特，在愛爾蘭北部的地區中心貝爾法斯特 (Belfast) 發展工商業。這些英格蘭國教派信徒對政治權利相當重視，成為統治階級的核心，但與當地居民關係不佳，衝突時有所聞。

第一節　殖民活動與宗教問題

一、殖　民

十六世紀中期到十七世紀初期，英格蘭政府推動大規模的殖民計畫，將蘇格蘭及英格蘭的農民遷徙至愛爾蘭各地屯墾。亨利八世又在愛爾蘭沒收土地，分配給由不列顛各地前往愛爾蘭的「移民者」(colonists)❷，無論克爾特部落長或是早期諾曼移民都受其害。亨利八世以後的君主如瑪莉、伊莉莎白也都採行同樣的政策。到了斯圖亞特王室時，詹姆士一世及查理一世（Charles I，1625–1649 在位）時期，移民行動更加速進行。1650 年代，克倫威爾進

❷ 有時又稱為「墾殖者」(planters)。

一步將成千上萬的國會軍隊安置在愛爾蘭，對愛爾蘭的人口及信仰結構有重大影響。

亨利八世時期，大英政府原計畫將一些農業移民安置於愛爾蘭，並將一些新的耕種技術及組織技巧引入愛爾蘭。對愛爾蘭的農業經濟頗有助益。但亨利與教宗發生衝突後，英格蘭政府採取許多懲罰性措施，不僅沒收參與反政府活動的公教信徒之土地，還屠殺許多土著，再將其土地分配給英格蘭移民。例如 1556 年時，歐摩爾 (O'Moore) 與歐康諾 (O'Connor) 兩個部落經常起事，對都柏林的「柵欄」造成極大威脅，愛爾蘭大臣 (Lord Lieutenant of Ireland)❸遂下令鎮壓，兩個家族遭屠殺殆盡，他們的土地也被沒收，分配給英格蘭移民。歐摩爾與歐康諾的殘部只得退入山區，但此後四十餘年間，他們仍以游擊方式騷擾新移民，使其不敢在此定居，英格蘭的移民政策並不成功。

「九年戰爭」之前，厄斯特原為克爾特人的居住地，社會組織完整，文化程度頗高。但歐尼洱 (O'Neill) 與歐堂納 (O'Donnell) 家族投降之後，大英派駐厄斯特的官員原本打算將他們的土地分配給曾經協助大英政府的「義民」，但 1608 年發生了另一起動亂，厄斯特當局的計畫才被迫停止。

除了英格蘭人外，蘇格蘭移民也大量湧進愛爾蘭。當蘇格蘭

---

❸ 愛爾蘭大臣為國王在愛爾蘭的代理，不同時期有不同的稱呼，比如早期的 Judiciar, Lord Deputy，一般稱為 Viceroy，為法文 vice roi，副國王之意。

王於 1603 年入繼為英格蘭王後，蘇格蘭人便在詹姆士一世的鼓勵下，移往厄斯特的阿瑪、倫敦德里 (Londonderry)❹、瑙尼高 (Donegal) 及泰隆等地。大英政府不僅提供土地，還給予各項方便，協助移民耕種。至 1641 年時，厄斯特的英格蘭及蘇格蘭移民人數已達八萬，他們獲得大英政府的各種補助，厄斯特當局也在愛爾蘭北部建立許多英格蘭式的村落，林地遭夷平後，畫出阡陌，耕種方式迥異於愛爾蘭的風格；移民陸續建立城鎮，設立工廠，厄斯特的地貌及景觀迅速改變，與英格蘭極為類似。

克爾特裔居民的傳統生活方式則受到極大影響，原有社會網絡遭阻斷，聚落間因缺乏道路及公共建設，逐漸孤立，商業活動趨於停滯，文化交流也隨之減少。

二、羅馬公教事務的發展

大英忽視愛爾蘭羅馬公教徒權利之際，鄰近的法國、西班牙等公教國家，或出於政治考慮，或基於宗教信仰，對愛爾蘭事務相當關切；教廷亦不斷派遣教士前往，重新補實各主教區懸缺已久的教職，並大力支持修會 (orders) 的活動，鼓勵當地民眾保持信仰；並在愛爾蘭成立許多學校，提供各種教育機會，許多愛爾蘭青年到歐洲大陸接受神職人員訓練，也多在學成之後返鄉服務。

1625 年，厄斯特中心區阿瑪的大主教去世，法蘭西與西班牙為保持其對愛爾蘭的影響，相繼介入繼任人選的爭奪，事情似乎

---

❹ 一般愛爾蘭人習慣稱之為德里 (Derry)。

反與大英無關。最後，西班牙支持的人選出線，成為愛爾蘭地區羅馬公教的最高領導，而愛爾蘭的公教信徒也願意與西班牙結盟，希望能獲其支持以對抗英格蘭，大英政府的宗教政策所引發的民怨，於此可見一斑。

愛爾蘭的克爾特居民不斷因為宗教因素受到大英政府歧視。十七世紀時，大英政府制訂許多不利於非英格蘭國教派信徒的法律，包括不准擔任公職、不得從軍等等。這種法律雖然一體適用於非英格蘭國教派信徒，但主要的受害者仍是羅馬公教信徒。

三、〈檢覈法〉

亨利八世因為婚姻問題與羅馬教廷發生衝突，自建英格蘭國教派，但並未修改教義或儀式，也一直珍惜教宗頒贈的「護教者」榮銜。愛德華六世以後，英格蘭國教派才逐漸接受路德與喀爾文教派的教義。到伊莉莎白時期，英格蘭國教派則進一步接受抗議教派的觀念，教義與儀式才與羅馬公教分歧。英格蘭國教派接受路德的「回到經典」(sola scriptura) 的理論，認為基督教經典中無法找到聖餐禮中化體論 (Transubstantiation) 的具體說明， 足見化體論的說法牴觸經典，並有鼓勵迷信之虞，違反了「聖禮」的基本性質。他們不贊成「化體論」，只是一直對此教義歧見並未有明確的措施，到了克倫威爾時期才有硬性規範。

詹姆士一世時，大英國會開始制訂宗教檢覈的規定 (*Test Act*, 1673)，要求英格蘭的官員必須服膺英格蘭國教派信仰，以排除羅馬公教信徒擔任政府公職，進而削弱羅馬公教會的影響力。到了

查理二世 (Charles II, 1630–1685) 時期，國會再度修正〈檢覈法〉，規定領英格蘭國教派「聖體」(Eucharist) 成為擔任公職的先決條件。1661 年，英格蘭國會更進一步制訂〈政府法〉(*Corporation Act*)，規定受職者必須宣誓願意「接受最高領導」(Oath of Supremacy)，稍後又明定接受公職後一年內必須根據英格蘭教會的儀式，行「領聖體禮」。

1672 年，英格蘭國會又通過一條〈預防服從教宗的反對者之危險法〉(*An act for preventing dangers which may happen from popish recusants*)，在 1673 年修訂後，規定所有接受大英政府文武官職的人員必須在三個月內宣誓效忠英格蘭國教派，並公開宣布反對「化體論」❺。〈檢覈法〉原不適用於貴族，但大英國會又於 1678 年要求所有貴族及下議院議員也必須公開宣示否定化體論，不接受「聖徒」(Apostle) 概念，並不得參與羅馬公教的彌撒❻。

此舉等於剝奪公教徒服公職的權利，使得社會上兩種不同信仰的族群益加隔閡，無法轉變成一個與大英同質的社會。雖然蘇格蘭移民大多為長老教會信徒，但仍與英格蘭國教派有別，雙方

---

❺ 這份誓詞的文字是：「我，姓名，茲宣布，不管是在受職之際或之後，我都相信在『最後晚餐』中，在麵包與酒中，都無化體存在，任何人都不可能。」(I, N, do declare that I do believe that there is not any transubstantiation in the sacrament of the Lord's Supper, or in the elements of the bread and wine, at or after the consecration thereof by any person whatsoever.)

❻ 這些〈檢覈法〉到 1829 年才撤銷。

也少有混合的情況。十七世紀以後的愛爾蘭，便處於這樣分裂、各行其是的狀態中。

第二節　克倫威爾與愛爾蘭

一、克倫威爾鎮壓

大部分的愛爾蘭上層階級原多為英格蘭後裔，因長期生活在愛爾蘭，宗教態度並未隨英格蘭之立場而轉變，仍多信奉羅馬公教。這些人未必有反對英格蘭政權的想法，他們也多希望能與大英政府合作，以保有在愛爾蘭社會中的優勢；其他克爾特裔族群長期將宗教與其文化結合，堅信羅馬公教，多不願改宗；大英政府入主後，愛爾蘭居民也一再表明宗教立場。在愛爾蘭地主願意接受政府加稅的前提下，國王詹姆士一世及查理一世也同意愛爾蘭子民「宗教寬容」的請求。

但〈檢覈法〉卻使愛爾蘭的公教信徒被排除於政治活動之外，政府不斷提高稅收，卻未見「宗教寬容」的政策實施，更令愛爾蘭人不滿。此外，新移民大量湧入，他們並無「信仰問題」，迅速獲得政治主導權，且不斷擴張勢力，侵奪了愛爾蘭土地貴族的利益，也引起愛爾蘭上層社會的不安。1630 年代，英格蘭派駐愛爾蘭的官員溫特沃斯 (Thomas Wentworth, 1593–1641) 還提出繼續沒收土地的建議。愛爾蘭各地領主忍無可忍，終於在 1641 年爆發長達十一年的「愛爾蘭聯盟之戰」(The Irish Confederate Wars)。

1641 年，厄斯特首先發生反抗大英政府的衝突，厄斯特的菲林・歐尼爾 (Phelim O'Neill) 最早揭竿而起，克爾特裔居民開始屠殺當地的蘇格蘭與英格蘭的抗議教派移民，數千人遇害。此事傳到愛爾蘭各地後，迅速成為風潮，各地均有反政府活動。屠殺事件發生之初，倫敦政府正忙於應付內戰，並無餘力可以前往愛爾蘭處理，風潮因而擴大。各地反抗軍甚至組成一個「愛爾蘭公教聯盟」 (The Confederate Catholics of Ireland)，要聯合包含克爾特人與世居愛爾蘭的「老英格蘭人」共同對抗大英政府。聯盟的聲勢浩大，在 1649 年已控制愛爾蘭大部分地區。

英格蘭內戰期間的保王派視此為良機，紛紛前往愛爾蘭集結，並與愛爾蘭的公教徒簽訂結盟協議，聯盟則宣示效忠國王查理一世，與倫敦的共和政府對立，甚至派遣軍隊前往蘇格蘭，與當地的保王黨軍隊並肩作戰。

1649 年 3 月，「殘餘國會」 (Rump Parliament)❼指派克倫威爾❽率兵鎮壓。克倫威爾的宗教態度堅定，異常憎恨羅馬公教，

---

❼ 英格蘭國會與國王發生衝突之後，由普萊德 (Thomas Pride, ?–1658) 領導國會議員。這個國會人數逐漸減少，史稱「殘餘國會」。

❽ 其出生於英格蘭劍橋郡的杭廷頓 (Huntingdon)，因繼承其叔父遺產躋身士紳行列，並且改宗清教派 (Puritanism)。英格蘭因為信仰問題引發內戰時，他加入由國會議員組成的「圓顱派」(Roundheads) 陣營，對抗國王。以其組織及策劃能力，很快成為軍事領袖，也被暱稱為「老鐵騎」(Old Ironsides)。他也是簽署查理一世死刑執行令的議員之一。1653 年 4 月，他以武力解散國會，後自命為英格蘭、愛爾蘭及蘇格蘭的「護國

認為公教徒否定經書，支持教會威權，歐洲大陸有許多抗議教派信徒遭到他們迫害、殘殺。1641 年「愛爾蘭反抗」(Irish Rebellion) 時，許多蘇格蘭及英格蘭的抗議教派信徒也曾遭當地人集體屠殺，這個事件對克倫威爾衝擊甚大。因為政治與信仰的對立，克倫威爾對愛爾蘭敵意甚深，在後來的鎮壓行動中，手段也異常殘酷。

英格蘭軍隊原本只能控制都柏林及倫敦德里的少數據點，直到克倫威爾在愛爾蘭的軍事行動奏效，逐漸控制了愛爾蘭東部及北部。在 1649 年 9 月的爪訶達一役中，克倫威爾的部隊屠殺了三千五百位平民、兩千七百個保王派軍人及城中所有能拿武器的成人，教士也未能倖免；10 月份的衛克斯福戰役中，兩千名愛爾蘭士兵、一千五百名平民被集體屠殺，城中大部分房屋遭縱火焚毀。此後幾場戰役中，類似的殺戮不斷發生。

克倫威爾於 1652 年公布〈愛爾蘭處置法〉(*Act for the Settlement of Ireland 1652*)❾，規定所有公教徒的土地均遭沒收，分配給抗議教派移民及國會所派遣的軍隊。此外，公教信徒不准參與國會，不准居於城中，不准與抗議教派信徒通婚。雖然這些

主」(Lord Protector)，直到過世。1660 年，王室復辟，他遭到鞭屍的命運，屍骸被挖出，鎖以鐵鍊再斬首。

❾ https://www.british-history.ac.uk/no-series/acts-ordinances-interregnum/pp598-603, 原址已裁撤，請參 British History Online, "August 1652: An Act for the Setling of Ireland," https://www.british-history.ac.uk/no-series/acts-ordinances-interregnum/pp598-603

法律並未徹底實施，但也造成兩派信徒間長期的隔閡。他又派人與南部抗議教派中的保王分子協商，說服他們轉而支持大英國會派。在此同時，查理二世在蘇格蘭登陸並獲人民支持的消息傳來，克倫威爾立刻決定自愛爾蘭撤出，轉往攻擊蘇格蘭，留下愛列敦 (Henry Ireton, 1611–1651) ⑩ 及路樓 (Edmund Ludlow, 1617–1692) 兩名將領，繼續鎮壓愛爾蘭。1652 年，愛爾蘭部隊放棄最後一個據點高威 (Galway)，餘部也在 1653 年 4 月全部投降。

克倫威爾控制愛爾蘭期間，禁止羅馬公教活動，許多教士或遭逮捕，或遭殺害，也有一萬兩千名愛爾蘭人被賣到英格蘭新近占領的百慕達 (Bermuda) 等海外殖民地為奴。為了對付不肯投降的游擊戰士，英軍採取「焦土」策略，大批農田被毀，造成愛爾蘭境內長時期的饑饉。這場戰爭造成五、六十萬愛爾蘭人口死亡，約為當時人口總數的三分之一，或死於屠殺，或死於饑饉及時疫。克倫威爾的征服一直是愛爾蘭人民的痛苦記憶。

二、持續鎮壓普郎企特

英格蘭王室復辟後，查理二世試圖彌補愛爾蘭的災難，於 1662 年制訂新的法律，將部分土地交回公教信徒手中。但是大部分公教信徒仍大感失望，因為克倫威爾的政策使抗議教派信徒在愛爾蘭立足；而英格蘭方面又因查理二世未追究愛爾蘭人屠殺抗議教派信徒的事件，而認為政府對愛爾蘭過於寬大。

---

⑩ 為克倫威爾之女婿，驍勇善戰，也異常殘酷，1651 年病死於愛爾蘭。

圖 13：普郎企特

英格蘭政府持續在愛爾蘭迫害羅馬公教信徒，普郎企特 (Oliver Plunkett, 1629–1681) 一案，最足以說明。普郎企特為盎格魯薩克森移民的後裔，家境富裕，從小在都柏林的修道院中隨其堂兄唸書。他接受完整的修院養成教育，並於 1645 年前往羅馬求學。他在羅馬停留期間，愛爾蘭聯盟已與大英發生嚴重衝突，等到他在 1654 年完成學業，受職為教士時，克倫威爾已經占領愛爾蘭全境，並禁止羅馬公教的活動或儀式，許多傳教士亦遭殺害。普郎企特只好留在羅馬教授神學，並在教廷的傳信部 (Propaganda Fide) 工作。

克倫威爾事件平息之後，普郎企特回到愛爾蘭，展開重建教會的工作，1669 年，普郎企特被任命為阿瑪大主教，領導全愛爾蘭教會，並於 1670 年 3 月回到愛爾蘭。此時，清教徒革命已經落幕，詹姆士復辟，政治逐漸安定，普郎企特的首要工作便是建立學校，恢復教育；他還成立一所耶穌會學校，培養教士。但 1673 年，大英政府又制訂了〈檢覈法〉，教會學校遭到夷平，普郎企特必須躲藏起來以避免被政府追捕。1678 年，兩名英格蘭國教派的教士歐慈 (Titus Oates, 1649–1705) 與唐 (Israel Tonge, 1621–1680) 偽稱他們發現了「教宗陰謀」(Popish Plot)，旨在謀殺查理二世，以信奉公教的詹姆士取代。輝格黨 (Whigs) 立刻在下議院通過〈排除法案〉 (*Exclusion Bill*)，禁止詹姆士繼位，只是上議院並未同意，法案雖未通過，卻已引起軒然大波。

愛爾蘭地區再度引發一波反羅馬公教的風潮，都柏林的大主教彼得．塔波 (Peter Talbot, 1620–1680) 被捕， 普郎企特再度躲藏。普郎企特於 1679 年底被捕，罪名是不當收稅及企圖引法軍攻打愛爾蘭，但兩項指控均無實證，最後他仍被送往倫敦，幾經審判，才因「推動羅馬公教」而於 1681 年被以「叛國」的罪名處死⓫。他死後，大英政府的暴行引起各界議論，愛爾蘭人追念至深，視他為羅馬公教的「烈士」代表。1970 年代，普郎企特獲教廷封聖。

⓫ 行刑過程極為殘忍，先吊死，屍體再經浸水，然後分屍。

第三節　詹姆士二世與愛爾蘭

一、詹姆士二世

詹姆士二世 (James II, 1633–1701) 是查理一世之子，1644 年受封為約克公爵。英國內戰發生後，他暫避在保王派的根據地牛津。1646 年，牛津被攻下，詹姆士被捕，監禁在聖詹姆斯宮中，1648 年獲得縱放，逃往海牙 (Den Haag)。1649 年，查理一世被共和分子處死，詹姆士的哥哥查理二世也被擊敗，被迫逃亡。詹姆士輾轉逃至法國，加入法國軍隊。1658 年克倫威爾死後，由其子理查．克倫威爾 (Richard Cromwell, 1626–1712) 繼任護國主，但理查．克倫威爾的才具不足，政權於 1659 年瓦解。其手下將領喬治蒙克 (George Monck, 1608–1670) 控制局面之後，於 1660 年邀請查理二世重返英國，其弟詹姆士亦隨同返國⓬。

詹姆士在法流亡期間受羅馬公教影響，於 1668 年前後，祕密改信公教，但在公開場合中仍繼續參與英格蘭國教會的活動，與抗議教派信徒尚能保持良好的關係。1676 年，詹姆士決定改信羅馬公教，他態度極為堅決⓭，引起英格蘭國教派的恐懼。查理二

⓬ 詹姆士返國後被任命為海軍大臣。1664 年，英軍攻下尼德蘭的北美洲殖民地「新阿姆斯特丹」後，改名為紐約 (New York)，即是以他（約克公爵）為名。

⓭ 詹姆士拒絕〈檢覈法〉的規定，因此被迫放棄海軍大臣的職務。

世娶葡萄牙公主凱薩琳 (Catherine Henrietta of Braganza, 1638–1705)，並無子嗣⓮，詹姆士仍有繼位之可能。英格蘭上下擔心羅馬公教勢力捲土重來，造成社會紛擾；查理二世亦公開反對詹姆士改宗，並要求詹姆士的兩個女兒⓯必須接受抗議教派的教義。但 1673 年，詹姆士計畫迎娶義大利貴族瑪莉 (Mary of Modena, 1658–1718) 為妻，查理仍予同意。只是許多英格蘭人更加擔心，認為這位信奉公教的約克公爵夫人將會成為教宗代理人，對英格蘭不利。

1677 年，詹姆士萬般不情願地將女兒瑪莉 (Mary, 1662–1694) 嫁給抗議教派信徒尼德蘭的奧倫奇領主威廉三世 (William of Orange, 1650–1702)。但英格蘭人仍擔心詹姆士可能繼承王位，甚至有英格蘭國教派的教士公然宣稱教宗將製造暗殺事件，讓詹姆士繼位，使得英格蘭陷入極度恐慌。除了國會提議立法禁止詹姆士繼位外，也有人主張讓查理的私生子繼位。查理眼見這樣的法案有可能通過，只好宣布解散國會，於 1680 年至 1681 年間改選新國會⓰。最後，法案雖未通過，但詹姆士被迫改任較不重要的官職，奉派前往比利時，接著又到蘇格蘭擔任行政長官，漸漸淡出英格蘭的政治舞臺。

1683 年，英格蘭政府破獲「黑麥啤酒館陰謀案」(Rye House

⓮ 查理雖有許多情婦，非婚生子女十二人，但這些子女無繼承權。

⓯ 此時詹姆士只有兩個女兒，如接受抗議教派信仰，則問題不大。

⓰ 這次的憲政問題，促成英格蘭兩黨制度的發展：支持法案的輝格派及反對法案的托利派 (Tories)。

Plot)⓱，密謀者計畫謀殺查理與詹姆士，讓大英的政治回歸「清教徒革命」時期建立共和政府的理想。此事一出，反讓許多人憂心，若是清教徒政權復辟，情況將更不堪設想。民眾兩害相權，反而願意回過頭來支持查理與詹姆士。國會雖然擔心公教徒可能再度繼位為王，但也無法將詹姆士排除於王位繼承人的名單之外。

1685 年，查理二世臨死前，也改信羅馬公教。詹姆士繼位之初，雖不願與國會妥協，但頗勤於政務。此期間，英格蘭陸續發生幾次叛亂事件⓲，但詹姆士還能與國會保持和諧關係，曾表示願意不再追究過去恩怨；國會則通過法律，同意國王可以徵收噸稅、磅稅及關稅，以提高王室收入⓳。財政狀況改善，王室經費充足之後，反而讓詹姆士決心推行有關寬容公教的政策。

根據英格蘭傳統，除非戰時，軍隊不會駐紮倫敦。但詹姆士為了避免發生叛亂，加強了安全措施，並在城中駐軍，引起倫敦臣民不安，且經常發生軍民衝突；另一方面，國會更擔心詹姆士任命公教人士指揮軍隊，違反了〈檢覈法〉的相關規定。詹姆士與國會的關係，逐漸產生罅隙。1685 年 11 月，詹姆士下令國會

⓱ 輝格黨人得知查理國王和詹姆士要參加賽馬，事先瞭解路線後，選定一所「黑麥」酒館，埋伏人員，要刺殺國王及詹姆士。但賽馬場突然發生大火，國王和詹姆士提前回到倫敦，輝格黨密謀因而敗露。

⓲ 登基不久，查理國王的私生子蒙茅斯 (Monmouth) 便要興兵作亂，並獲得蘇格蘭幾位貴族支持，蒙茅斯還自稱國王，只是兵力有限，很快被敉平，蒙茅斯也遭處死。

⓳ 1684 至 1685 年間，英格蘭王室稅收達到一百三十七萬鎊。

休會，其在位期間，不得再行召開會議。

1686 年，宗教衝突益發嚴重，詹姆士不顧〈檢覈法〉的限制，讓公教徒擔任部分政府公職，又在宮中接見教宗代表，這是十六世紀末瑪莉女王之後，第一次有羅馬的使節進入英格蘭王宮。這些舉動引起英格蘭國教派信徒的不滿。1687 年，詹姆士主張信仰寬容，強調「良知自由」，宣布其寬容政策 (Declaration of Indulgence)⓴，並以國王有權延宕法律為由，否決了許多法律中對羅馬公教或其他非英格蘭國教派信徒的政治限制。當坎特伯里大主教與其他六名主教㉑請求國王重新思考宗教政策時，詹姆士以「煽動、毀謗」之罪名下令將之逮捕。當羅馬公教信徒歡欣鼓舞之際，英格蘭國教派已經私下運作，要反制詹姆士的各種作為。

二、光榮革命 (Glorius Revolution)

詹姆士前後兩度結婚，並有情婦，生育許多子女，男嬰多早夭，1680 年代尚無合法子嗣，他與第一任王后所生兩個女兒自小接受英格蘭國教派教育，一旦繼位，還能維持英格蘭國教派信仰，大英朝野對此也頗寄予厚望。當詹姆士不斷因宗教問題，與國會衝突時，幾位重要的政治領袖開始與詹姆士的長女，嫁到尼德蘭的瑪莉及其丈夫奧倫奇家族的威廉接觸，溝通繼承事宜。就在此時，詹姆士之后瑪莉誕育一名男嬰詹姆士 (James, 1688–1766)，詹

⓴ 亦稱為〈良心自由宣言〉(*The Declaration for the Liberty of Conscience*)。

㉑ 英國史上稱為「七主教」(The Seven Bishops)。

姆士遵循羅馬公教儀式施以洗禮，讓英格蘭國教派的信徒感到不安，決意反抗。

1688 年 6 月，一群英格蘭貴族代表邀請威廉帶領軍隊前來英格蘭，威廉也決意出兵。詹姆士自認其兵力足以應付，而謝絕法王路易十四 (Louis XIV, 1638–1715) 的幫助，以免引狼入室。威廉的軍隊於 9 月登陸，許多英格蘭將領紛紛倒戈，連詹姆士的另一名女兒安妮 (Anne, 1665–1714) 也加入威廉陣營。詹姆士變得六神無主，即使兵力優越，也不願意攻打來犯的威廉，反將王璽丟入泰晤士河中。詹姆士後遭逮捕，並交由尼德蘭軍隊看管於肯特。1688 年底，威廉故意將其縱放。

詹姆士既然無法統治，威廉於 1689 年召開國會商討善後事宜。國會不願罷黜國王，但以國王丟掉王璽，潛逃國外為由，認為其已自行退位，因此宣布詹姆士的女兒瑪莉為女王，與其夫威廉共治。蘇格蘭國會也依此模式，於 1689 年 4 月 11 日宣布接受瑪莉與威廉為王。

大英國會又提出〈權利法案〉(*Bill of Rights*)[22]，指控詹姆士二世濫權停止〈檢覈法〉效力、起訴七主教、建立常備軍及濫施酷刑等罪行；此外，該法也規定不能再有羅馬公教信徒登基為王，王室成員亦不得與公教徒結婚。

---

[22] 該法案後經國會同意，成為正式法律 (Act of Parliament)，但習慣上仍以〈權利法案〉稱之。

三、詹姆士之戰

詹姆士逃出威廉軍隊的監禁，前往法國時，路易十四給予相當的軍隊及金錢援助，特別招募六千名士兵，成立一個愛爾蘭軍團 (Irish Brigade)。1689 年 3 月 12 日，詹姆士率領六千名法國軍隊抵達愛爾蘭金賽爾 (Kinsale)，希望以此為反攻基地，與其女兒及女婿作戰，愛爾蘭史上稱為「詹姆士之戰」(Jacobite War) 或是「兩國王之戰」(The War of the Two Kings)。這場戰爭鼓勵了蘇格蘭及英格蘭的親詹姆士派，蘇格蘭的瑙第 (Dundee) 伯爵也起事反抗大英政府。威廉在愛爾蘭則有兩次重要的勝利：倫敦德里之戰與波音之戰，至今仍是北愛統一派人士熱烈慶祝的重大事件。

1. 倫敦德里之戰

詹姆士二世雖不受英格蘭人歡迎，但愛爾蘭的羅馬公教信徒對他卻甚有好感。在玫瑰戰爭後期，愛爾蘭人支持斯圖亞特家族，希望能因此獲得宗教方面的寬容及政治上較大的自主權。

但是 1650 年代，當斯圖亞特家族未能獲勝，反由都鐸王室獲得政權之後，愛爾蘭人民則必須面對英格蘭政府沒收土地、立法迫害等報復行動。其後查理二世復位也未能改變既有的事實。但 1680 年代，詹姆士卻有效地改善了羅馬公教信徒的處境，他將所有歧視愛爾蘭人的法律盡行廢除，任命公教徒理查・塔波 (Richard Talbot, 1st Earl of Tyrconnell, 1630–1691) 為愛爾蘭大臣，並准許愛爾蘭人加入軍隊、出任公職和擔任議員，也有許多愛爾蘭人希望能在詹姆士的統治下重新取回土地。

詹姆士也瞭解愛爾蘭人的態度，因此當國會發動革命時，詹姆士便計畫逃往愛爾蘭，希望能在當地招兵買馬，以圖東山再起。愛爾蘭大臣塔波也加強防務、招募公教士兵，確保軍隊效忠詹姆士。儘管詹姆士黨軍隊多是農民臨時組織而成，裝備不佳，訓練不足，但在指揮官漢彌爾頓 (Richard Hamilton) 的統帥下，也打過幾場勝仗，他們曾擊退了威廉方面的一支民兵，占領厄斯特東部。

英格蘭及蘇格蘭移民集中的厄斯特，是塔波無法完全控制的地區。1688 年 11 月左右，由英格蘭國教派的軍隊駐守厄斯特北部的倫敦德里，又組織了一支約一千二百人的軍隊㉓，由安垂伯爵 (Earl of Antrim) 麥唐樂 (Alexander Macdonnell, 1615–1699) 指揮。1688 年 12 月 7 日，占有人數優勢的詹姆士黨部隊抵達倫敦德里時，該城守軍已緊閉城門，準備長期抵抗。

1689 年 3 月，詹姆士的軍隊開始向都柏林移動，受到當地居民歡迎，並展開與英格蘭政府的對抗，愛爾蘭的羅馬公教派信徒因此士氣大振。5 月 7 日，詹姆士參加愛爾蘭國會，並同意英格蘭國會無權通過有關愛爾蘭法律的決議；此外，他還同意沒收威廉支持者之土地，以補償克倫威爾以後公教徒的損失。此一議會被後世愛爾蘭民族主義者稱為「愛國者國會」(Patriot Parliament)。

1689 年 7 月 28 日，英格蘭將領熊伯格 (Marshal Frederick Schomberg, 1615–1690) 指揮的大英艦隊突破愛爾蘭軍隊的封鎖，為倫敦德里解圍。威廉方面也從厄斯特西端的恩尼斯其倫城

㉓ 士兵多來自蘇格蘭高地，被稱為「紅腿子」(Redshanks)。

(Enniskillen) 招募一些抗議教派信徒，組成一支非正規武力，專門突襲詹姆士黨人控制的城鎮。詹姆士陣營被迫在都柏林組成一支由麥卡錫指揮的軍隊，專門對付恩尼斯其倫來的軍隊。就在倫敦德里城解圍之日，麥卡錫軍隊與恩尼斯其倫方面交戰，但一接陣便潰不成軍，死傷慘重。此後，詹姆士一方只得撤出厄斯特，在瑙達克集結紮營。

1689 年 8 月，熊伯格率軍在巴力宏 (Ballyholme) 登陸，占領卡利佛格司 (Carrickfergus)，一路通行無阻，抵達瑙達克。詹姆士派遣塔波阻擋其繼續向都柏林挺進，雙方僵持數週，但並未開戰。此時已值深秋，天氣濕冷，最後雙方達成協議，偃旗息鼓，各自尋求避寒處所。

其間，威廉方面的軍隊因爆發時疫，損失數千人，無法作戰，而愛爾蘭人組成的突擊隊㉔又不斷攻擊，加上糧食短缺，情況相當危急。但詹姆士的軍隊也同樣面臨缺乏食物的問題，平民百姓的生活亦受到影響。

2. 波音之戰

威廉因為熊伯格遲遲未有進展，決定親自出馬，先在英格蘭、尼德蘭及日耳曼等地招募了三萬六千名軍隊，並組成一支包含三百艘大小船隻的艦隊，於 1690 年 6 月 14 日在貝爾法斯特登陸，迅速向都柏林推進，雙方人馬在紐里附近遭遇。詹姆士的軍隊退到波音河的南岸，靠近爪訶達一帶。7 月 1 日㉕，威廉開始發動

㉔ 史稱 rapparees。

圖 14：波音之戰

攻勢，詹姆士軍隊被迫撤退，損失雖然不大，但詹姆士大受影響，遺棄追隨者，率領一小部分親信逃往法國，官兵士氣全失，紛紛逃亡，殘部則繼續撤退到里畝瑞克，威廉兵不血刃，便輕易地占領了都柏林。消息傳到蘇格蘭，也讓蘇格蘭的詹姆士部隊軍心渙散，放棄抵抗，這一方面的戰鬥也劃下句點。

威廉進城之後公布了相當嚴苛的和平條件：只赦免士兵，官員及公教派地主都未獲得赦免。使得原本願意放下武器的詹姆士軍隊唯有繼續戰鬥，才能取得較有利地位，與威廉討論他們的身家性命及財產安全。愛爾蘭部隊退到里畝瑞克之後，繼續負隅頑

㉕ 因為曆法改變，史家考證應為 7 月 12 日。

抗，他們充分利用地形優勢，加強防務，更期望法國能給予支援。威廉於 1690 年末返回倫敦，將軍務交給尼德蘭將領金克爾 (Godert de Ginkell, 1630–1703) 負責。金克爾乃採取迂迴路線，分路進攻詹姆士軍隊的兩個重要據點高威及里畝瑞克，造成慘重的傷亡。詹姆士手下的愛爾蘭軍隊被迫於 1691 年 9 月 23 日投降。

1691 年 10 月 3 日，雙方陣營由威廉一方的金克爾及這支愛爾蘭軍隊的司令官杜松 (D'Usson) 與得替司 (de Tesse) 討論後，在「條約石」 (Treaty Stone) 上簽訂〈里畝瑞克條約〉，內容共有二十九條㉖，包括：

軍事部分：詹姆士派的軍人可以選擇：⑴前往法國，繼續在詹姆士麾下的愛爾蘭軍團服役；⑵也可以在威廉三世的軍隊中服役，大約一千人接受這樣的安排；⑶選擇返鄉，兩千人得以解甲歸田。

平民部分：應保障戰敗方的權利，這些平民只要願意宣誓效忠威廉與瑪莉，就不得沒收其財產；信奉公教的貴族仍保有配劍的權利。

當時威廉三世為了歐陸事務，需要與教宗合作，故希望能在愛爾蘭維持和平，因此原則上同意寬容羅馬公教，並無疑義。但教宗又於 1693 年宣布承認詹姆士為愛爾蘭國王，引起愛爾蘭國會及威廉的不悅，並未批准〈里畝瑞克條約〉中有關平民的部分。

㉖ 條約全文見：Doucument od Ireland, "The Treaty of Limerick, 1691," http://www.ucc.ie/celt/published/E703001-010/index.html

圖 15：簽訂〈里畝瑞克條約〉的條約石　這塊石頭原為騎士使用的上馬凳，後改此名，現保存於里畝瑞克市中心。

1695 年起，國會甚至制訂一連串法律壓迫公教信徒，限制其財產繼承權，公教派信徒擁有土地的比例也由 1691 年的 14% 降到十八世紀以後的 5%。除了少數曾宣誓效忠威廉及瑪莉者受到保障以外，其餘愛爾蘭廣大群眾都受國會制訂的「刑事法」(the Penal Laws) 歧視。

四、〈里畝瑞克條約〉後的愛爾蘭

威廉三世的勝利有兩個重要的意義：除了完全排除詹姆士二世再以武力爭奪英格蘭、蘇格蘭及愛爾蘭的可能性之外，也確立了抗議教派在愛爾蘭的統治地位。十九世紀以前，愛爾蘭國會一直是由英格蘭國教派支配，愛爾蘭廣大的羅馬公教群眾，甚至連厄斯特蘇格蘭的長老會信徒，都被有系統地排除在政府體制之外[27]。也因此，波音之戰後的一百年間，愛爾蘭人在情感上一直都自認為是詹姆士黨人，認為詹姆士及斯圖亞特王室才是「正統」，因為只有他們肯公平對待愛爾蘭，給予自治權利並恢復其土地所有權。自治與土地所有權正是往後愛爾蘭歷史發展中最重要的兩個議題。

當時，數以千計的愛爾蘭人為了支持詹姆士，特別前往法國加入愛爾蘭軍團，要為斯圖亞特王室效忠。1691 年，大約一萬四千名官兵，帶著一萬名的老弱婦孺，隨著薩斯費爾德 (Patrick Sarsfield, 1660–1693) 元帥先經科克，再轉往法國。民間用「鴻雁飛行」(Flight of the Wild Geese) 說明他們被迫離鄉背井的痛苦。他們到了法國後，歸屬詹姆士二世，但被安插在法國軍中。詹姆士二世死後，這支軍隊也相繼凋零，法國政府將剩下的士兵編入「愛爾蘭軍團」之中。直到十八世紀中期，法國國王還願意支持斯圖亞特，助其「恢復國土」。1745 年，蘇格蘭的詹姆士黨人起事，爆發反英格蘭的「卡樂登之役」(Battle of Culloden)，愛爾蘭軍團也投入戰鬥，說明其精神不死。

抗議教派則將威廉的勝利描繪成宗教的勝利、公民自由的勝利。他們相信波音之戰的勝利是他們安全的保障，否則公教徒可

---

[27] 這些規範總稱為〈刑事法〉，相關討論見第七章。

能會發動大屠殺，將他們逐出愛爾蘭。正因如此，每年的 7 月 12 日，厄斯特的抗議教派信徒仍要舉辦遊行等活動以資紀念。

第七章 | *Chapter 7*

十八世紀愛爾蘭的政治發展

> 眾所周知，最近王國境內的叛亂事件多由教宗派遣之總主教、主教、耶穌會士或其他羅馬教會相關的神職人員所策劃、組織及實施。因為王國境內現住有大量上述的總主教、主教、耶穌會士及僧侶，他們集會、結社，反抗法律，王國臣民被迫供養他們，使國境內的公共安全及和平均受到威脅。
>
> 〈禁止教宗派分子在國內行使教會裁判權並驅逐所有教宗之神職人員離開國境法〉❶

大英國會於 1701 年制訂的〈解決法〉(*The Act of Settlement of 1701*) 規定，若安妮公主或威廉國王沒有繼承人時，王位將由

❶ 即〈驅逐法〉，見：http://local.law.umn.edu/irishlaw/9WIIIc1p339.htm, 原址已裁撤，請參 University of Minnesota, "*LAWS IN IRELAND FOR THE SUPPRESSION OF POPERY commonly known as the PENAL LAWS*," https://librarycollections.law.umn.edu/irishlaws/clergy.html

漢諾威的蘇菲亞選侯夫人 (Electress Sophia of Hanover, 1630–1714)❷及其後代繼承。瑪莉女王先於 1694 年過世，威廉三世則後於 1702 年過世，兩人並無子嗣，王位由詹姆士的次女安妮（Queen Anne，1665–1714，1702–1714 在位）繼承。安妮嫁給丹麥國王之弟喬治王子 (Prince George, 1653–1708)，曾產下五子，但多夭折，獨子也在十一歲時死亡，而安妮又是王室唯一的繼承人，英格蘭王室出現了繼承危機❸。1714 年，安妮女王去世，王位由漢諾威公爵喬治一世（George I，1660–1727，1714–1727 在位）繼承，開始了「漢諾威王室」(House of Hanover) 的統治。

十八世紀以後，愛爾蘭的歷史發展有了新的主軸。從〈里畝瑞克條約〉之後，愛爾蘭人已無力再對抗大英政府的統治，大英政府則開始透過一連串的立法，進一步限制愛爾蘭人的政治權利，不僅是羅馬公教信徒，就連其他抗議教派信徒的後代也受到歧視，只有英格蘭國教派信徒居於社會中的優勢地位。十七世紀末，愛爾蘭人口中大約有四分之一信奉抗議教派，四分之三人口為公教信徒，卻由占總人口 13% 的英格蘭國教派信徒控制政權，頗不公義。因為這樣的政治權力結構，日後愛爾蘭政治發展過程中，宗教與政治衝突層出不窮。

---

❷ 蘇菲亞為普法爾茨 (Pfalz) 選侯費理得利希五世 (Friedrich V) 之女，其母伊莉莎白斯圖亞特 (Elizabeth Stuart) 為蘇格蘭王詹姆士六世之女，英格蘭王查理一世之姊姊，為安妮女王最近之血親，故有王位繼承權。

❸ 詹姆士二世被廢黜後流亡法國，時時伺機計畫返英，他還有一子詹姆士 (James Francis Edward Stuart, 1688–1766)，亦不斷主張王位繼承權。

第一節　〈權利法案〉及其影響

一、〈權利法案〉

早在 1689 年，大英帝國議會曾向王位指定繼承人威廉提出〈權利法案〉，威廉三世接受後正式立法，稱為〈宣布臣民權利與自由及解決王位繼承之法律〉(*An Act Declaring the Rights and Liberties of the Subject and Settling the Succession of the Crown*)，成為英格蘭憲政史上一份重要的文件，也是紐西蘭、加拿大等國法律的基礎。1689 年 4 月，蘇格蘭國會也根據本法的精神，制訂了〈權利請求法〉(*The Claim of Right Act*)。這些法律保障了國會在立法、財政等領域的發言權。

但是愛爾蘭並無類似的「權利請求法」，大英政府反而不斷制訂新法，限制公教徒的宗教、財產或土地繼承權。1704 年以後，愛爾蘭議會也制訂一連串法律，剝奪長老教派 (Presbyterians) 的許多政治權利，諸如不准參與公職、不得攜帶武器、禁止從事若干行業❹。這些法律統稱為「刑事法」，十八世紀的大部分時間中，刑事法主要內容之實施成了愛爾蘭舉國矚目的重要焦點。

英格蘭國會也在 1689 年通過〈寬容法〉(*Act of Toleration*)，

---

❹ 大英政府原本鼓勵蘇格蘭人移民愛爾蘭，他們在厄斯特地區建立許多屯墾區，有逐漸掌控該地之趨勢，令英格蘭國教派信徒感到憂心。

給予浸信派 (Baptists)、貴格派 (Quakers)、公理派 (Congregationalists) 等抗議教派的信徒政治寬容，排除其擔任公職的障礙，並允許他們擁有聚會場所、訓練教師、教士。但羅馬公教信徒仍被排除在外，依舊不能任公職、進大學，聚會時必須登記，且不能在私人住所舉行，教士也必須申請執照，以便管理。

二、愛爾蘭之反羅馬公教相關立法

1695 年，愛爾蘭國會通過的〈教育法〉(*The Education Act*) 也是「反公教立法」中的一個環節，正式名稱為〈限制海外教育法〉(*An Act to restrain Foreign Education*)。立法的理由是許多愛爾蘭人將子女送到西班牙、法國等地接受羅馬公教系統的教育，他們長期在國外生活，代表外國的利益，忘記其對英王的義務，甚至不接受大英管轄，因此有必要立法禁止愛爾蘭人將子女送往國外受教育。

另一個影響深遠的是早在 1665 年便已通過的〈五哩法〉(*Five Mile Act*)❺，該法的主要目的為強制大英臣民接受英格蘭國教派信仰。法律規定教士一旦被禁止活動後，除非宣誓不再對抗國王，不再企圖改變政府及教會的統治，否則不得居住於原教區五哩（八公里）之內。原本這條法律主要是在英格蘭實施，十七

---

❺ 全名為〈限制非英格蘭國教派信徒在政府機構居住的法律〉(*An Act for restraining Non-Conformists from inhabiting in Corporations*)，又稱為〈牛津法〉(*Oxford Act*)。

世紀末起也在愛爾蘭地區廣泛應用。

此外，愛爾蘭議會也於 1697 年通過〈驅逐法〉(*Banishment Act*)❻，將愛爾蘭境內所有羅馬公教之主教驅逐出境，以保障「愛爾蘭教會」(Church of Ireland) 的「國教」(State Church) 地位。為了要進一步壓制愛爾蘭的公教信仰，大英國會又於 1704 年通過〈登記法〉(*Registration Act*)❼，規定所有羅馬公教傳教士必須向當地官員登記，繳納兩份五十鎊的押金，用以保證其行為良好，並限制教士必須在其登記之地居住。如果公教教士願意改宗「愛爾蘭教會」，不僅可免除押金，還能獲得二十鎊的獎勵津貼❽。

1715 年，蘇格蘭發生了一起詹姆士王餘黨起事的社會騷亂，大英政府派兵鎮壓之餘，又制訂〈禁止武器法〉(*Disarming Act*)❾，於 1716 年 1 月實施，並適用於愛爾蘭。根據本法，愛爾蘭人民非經許可，不得擁有、使用、攜帶武器刀劍或其相關物品。

---

❻ 法律全名為〈禁止教宗派分子在國內行使教會裁判權並驅逐所有教宗之神職人員離開國境法〉(*An Act for banishing all Papists exercising any Ecclesiastical Jurisdiction, and all Regulars of the Popish Clergy out of this Kingdom*)。

❼ 全名為〈教宗神職人員登記法〉(*An Act for registering the Popish Clergy*)。

❽ 這份津貼由其原居地的居民負擔。

❾ 全名為〈有效保障蘇格蘭高地安全法〉(*An act for the more effectual securing the peace of the highlands in Scotland*)。

第二節　英、蘇合併後對愛爾蘭的影響

1707 年，大英內政有一項重要發展：蘇格蘭與英格蘭合併為不列顛王國 (Kingdom of Great Britain)。1603 年，蘇格蘭的斯圖亞特王室入主英格蘭為王後，兩國便同奉一個君主。由於蘇格蘭人多信奉同屬抗議教派陣營的長老教派，雖與英格蘭時有衝突，但關係仍較為緊密，兩國國會亦於十七世紀中幾度嘗試在法理上將兩國合併❿。安妮女王在位時，為了強化對蘇格蘭的統治，於 1706 年開始推動兩國合併，雙方國會在 1707 年完成〈合併法〉(*The Acts of Union*) 的立法工作，並簽訂了〈合併條約〉(*Treaty of Union*)，規定蘇格蘭及英格蘭兩國聯合，稱為「不列顛王國」，1707 年 5 月 1 日，合併生效。兩國國君同為一人，原有的國會合併為大英國會 (Parliament of Great Britain)，並以原「英格蘭國會」的所在地倫敦的西敏寺為大英國會的會址。此時愛爾蘭國王則由英王以英格蘭王的身分兼攝，形成另一種君合關係。

愛爾蘭名義上為獨立王國，但實際上是不列顛王國的附庸，由大英政府派遣駐愛爾蘭大臣管理，對倫敦負責；愛爾蘭國會僅有立法之功能。羅馬公教信徒既不能選舉，也沒有被選舉權，國會全控制在英格蘭國教派信徒手中，民意基礎有限。1494 年的〈波音寧法〉規定：愛爾蘭的立法權附屬於大英國會之下，愛爾

---

❿ 分別於 1606、1667 及 1689 年，推動合併，均未能成功。

蘭國會制訂的所有法案須經大英國會同意才能生效。相較之下，大英的北美殖民地人民反而享有較多的政治權利，其富饒的土地也吸引大批移民。自十八世紀初起，許多愛爾蘭人紛紛移往北美洲，尤其是愛爾蘭境內的長老教會等抗議教派信徒，自認在愛爾蘭為少數族群，容易受到公教徒排擠，移民意願更強。

十八世紀以後，歐洲各國為追求商業利益，紛紛組織專賣公司從事海外貿易，商業競爭愈發激烈，大英政府為配合英格蘭商人階級的需求，開始一連串的立法，如〈航海法〉(*Navigation Act*)、〈糖蜜法〉(*Sugar and Molasses Act*) 等，限定貿易、強徵關稅，這些法律限制了愛爾蘭與英格蘭商人的競爭，對愛爾蘭的商業發展極為不利。

1776 年，大英帝國的北美殖民地發動反抗倫敦的軍事行動，引起愛爾蘭人民的注意，他們雖沒有脫離帝國、尋求獨立的想法，但對倫敦政府加諸於愛爾蘭的商業限制相當不滿。許多微妙的民族情緒開始醞釀，愛爾蘭輿論民情也相當支持北美人民的行動。此時歐洲各國對大英不斷擴張也感疑懼，頗思利用機會挑戰大英在世界各地的主導權。大英政府因不願腹背受敵，才開始意識到必須改變其愛爾蘭政策，回應愛爾蘭人的政治要求。1782 年，在愛爾蘭政治領袖如葛拉登 (Henry Grattan, 1746–1820) 等人抗爭下，愛爾蘭國會開始獲得較大的立法權。

而 1789 年的法國革命也為愛爾蘭人民帶來許多新的想法。1678 年通過的〈檢覈法〉將羅馬公教信徒排除於重要公職之外，但是時代潮流改變，代議制度逐漸成為西歐地區的政治常軌，許多愛爾蘭人也希望進入倫敦的議會爭取自己的權利，更希望愛爾蘭議會能擁有獨立的立法權。這些議題逐漸發酵，成為十八世紀末以後愛爾蘭人所關注的焦點。

一、葛拉登的改革訴求

十八世紀中期以後，愛爾蘭許多政治領袖奮鬥的目標便是爭取設立一個獨立運作的愛爾蘭議會，將原本受到大英帝國控制而無法自治的愛爾蘭解放出來。但當時主要領導者葛拉登的目標只在於議會獨立，並未思考「解放羅馬公教徒」的議題。後來，葛拉登才與其他議員合作，推動立法，讓公教徒獲得選舉權，至於被選舉權的開放尚需兩個世代的努力。

葛拉登原本就讀於都柏林的三一學院，主修文學及法律，成績非常優異，對古代希臘、羅馬的辯論技巧和修辭學尤有心得。葛拉登自 1772 年起擔任律師，在好友福拉得 (Henry Flood, 1732–1791) 的影響之下投身政治，並受到查爾蒙伯爵 (Charlemont, 1728–1799) 的資助，於 1775 年當選愛爾蘭議會議員，成為愛爾蘭議員的領袖。

此時愛爾蘭議會並無行政權，愛爾蘭最高行政長官仍由倫敦直接任命，不受議會監督，而且愛爾蘭議會議員的選舉有各種限制，有三分之二的議員名額由小選舉區產生，這些席次多由地主階級控制；其他選民只能從有限的選區中投票選出議員。此外，愛爾蘭係由少數英格蘭國教派信徒掌控政治及經濟活動，羅馬公教信徒沒有被選舉權，廣大愛爾蘭民眾無法選出自己的代表，爭

圖 16：1780 年愛爾蘭下議院議員開會，葛拉登鼓吹議會要擁有立法權。（Francis Wheatley 繪）

取權益。

葛拉登認為，愛爾蘭效忠大英帝國與擁有自主的立法權並不衝突，但如果愛爾蘭人沒有普遍選舉與被選舉權，大英帝國仍可藉著劃分選區與限制選民等手段控制愛爾蘭議會，則愛爾蘭即便擁有議會，也未必有實質的意義。因此，改變立法結構是唯一的解決之道，他一直為爭取愛爾蘭議會獨立而奔走。

大英政府也因北美洲獨立的影響，對代議民主制度的體認較多，願意放寬有關選舉權的限制。1782 年，大英政府先廢止了〈波音寧法〉，愛爾蘭的公教信徒也開始有選舉權，雖尚無被選舉權，但這已是愛爾蘭民權運動過程中的一個重要里程碑，愛爾蘭史特稱之為〈1782 年憲法〉(*The Constitution of 1782*)。該法通過後，愛爾蘭公教徒可以投票選出願意照顧公教徒利益的議員，對愛爾蘭的議員選舉造成極大的影響。

葛拉登希望與大英帝國維持良好關係，在愛爾蘭議會中支持許多政府法案，便於施政，以換取政府制訂對愛爾蘭較為有利的政策⓫。此外，他也願意與大英首相庇特 (William Pitt, 1708–1778) 合作，推動大英帝國與愛爾蘭維持自由貿易關係，但受到大英境內許多商人階級強烈反對而無法如願。

1792 年，葛拉登向國會提出改善羅馬公教信徒待遇的法案；1794 年，又與龐松比 (George Ponsonby, 1755–1817) 合作提出一個法案，希望能改善公教徒政治權利、降低選舉人財產限制，最終以愛爾蘭自治為目的。這種想法獲得輝格黨議員的支持，庇特乃於 1794 年任命支持葛拉登想法的費茲威廉 (William FitzWilliam, 1748–1833) 出任愛爾蘭大臣，主持相關政策的規劃，益發使眾人相信，愛爾蘭的公教徒即將獲得與英格蘭國教派信徒相同的政治權利，但事情並非如此順利。當時大英國王喬治三世 (George III, 1738–1820)⓬並不支持解放公教徒，內閣只得停止進行相關作業。1795 年 2 月，費茲威廉被召回倫敦，改善政治權利一事也隨之劃下句點。但葛拉登本人仍保持一貫支持倫敦政府的基調，倒是愛爾蘭社會在失望之餘，開始瀰漫著騷動的氣氛。葛拉登憂心時政，乃於 1797 年 5 月宣布退休，並在公開信中抨擊政

⓫ 例如他支持政府對愛爾蘭教士的任命有否決權，也同意政府採取手段，鎮壓暴力。

⓬ 1760 年起繼位為王，在位六十年。

府有關解放政策的相關措施。此後幾年中，葛拉登並未再積極參與政治。

1805 年，葛拉登復出，並重新獲選為大英國會的議員，他的意見仍受到國會的重視 。 首相福克斯 (Charles James Fox, 1749–1806) 及格倫威爾 (William Wyndham Grenville, 1759–1834) 都希望延攬他入閣，未果。

十九世紀初，法國在拿破崙 (Napoléon Bonaparte, 1769–1821) 的主導下，不斷對外征戰，大英政府擔心愛爾蘭公教徒會與法國過度接近，因此主張羅馬公教在大英境內任命主教時，王室應有最後的否決權。此政策一出，百姓錯愕，立刻引起輿論批評。葛拉登雖然希望解放公教徒，但他仍以社會安全為首要考量，表示支持大英政府的決定，也引起其支持者極度不滿。此時愛爾蘭出現一些新的國會議員，葛拉登慢慢走入幕後。

1789 年以後，許多愛爾蘭人受到法國大革命風潮的影響，主張自由與平等為與生俱來的權力，追求政治自由的呼聲越來越高。此時愛爾蘭內部的宗教歧異已不似以往尖銳，但大部分愛爾蘭人都有一個建立議會政治、獲得政治自由的共同目標。北愛爾蘭許多長老教會信徒也主張共和制，願與部分公教徒合作，組織「聯合愛爾蘭人會」(the Society of United Irishmen)，提出效法法國民權思想的主張。然而 1798 年的起事卻將原本兩個教派合作的空間破壞殆盡，公教與抗議教派信徒再度壁壘分明。1799 年，愛爾蘭議會再度表決解放羅馬公教徒的法案，依然未獲通過⓭。

二、1798 年愛爾蘭起事⓮

十八世紀末，歐洲民主風潮興起，人民風起雲湧地推翻了專制王權，鼓勵了許多愛爾蘭人；自由與平等的訴求，更給愛爾蘭意見領袖很大的啟發。在法國大革命期間，大英政府徵召志願軍防守愛爾蘭，以免法軍入侵；許多愛爾蘭人也加入志願軍，保家衛國。這些人一方面受到葛拉登等人鼓吹愛國思想的影響，另一方面則接受平等思想信念，希望大英政府能准許愛爾蘭有更自主的議會，不僅要能投票選舉，還要有被選舉的資格；軍人也關心公教信徒是否可以擔任軍官等問題。

大英政府不願就解除對羅馬公教信徒限制之事表示意見，但認為可以討論改革愛爾蘭議會的選舉辦法與功能。貝爾法斯特地區首先對此議題表示意見，於 1791 年的「聯合愛爾蘭人會」中，包含羅馬公教、長老會等教派信徒，聯合愛爾蘭人會發展迅速，會員人數快速增加，至 1797 年時已經超過十萬人，並與羅馬公教的一些組織結盟，其中包括主張農民權利的「守衛者」(Defenders)⓯。他們提出解放公教徒、改革愛爾蘭議會等要求，

⓭ 葛拉登此時已處於退休狀態，也不再孚膺眾望；統治階級則因他要求解放的立場而對他極不信任。他不再參與上院，在三一學院中的畫像也遭移除。

⓮ 英格蘭史家習慣稱之為「叛亂」(Rebellion)，愛爾蘭史家則稱為「起事」(Rising)。

⓯ 守衛者出現於 1784 年，當北愛爾蘭的麻紡織工業不斷發展，需要更多

但這些訴求並未獲得大英政府的善意回應。

1793 年，法國大革命的形勢變得越發激烈，法王路易十六 (Louis XVI, 1754–1793) 遭處死，大英政府隨即對法國宣戰；愛爾蘭也於此時出現了「與大英斷絕關係」的呼聲，當時聯合愛爾蘭人會還打算與法國合作，等到法軍登陸愛爾蘭，再裡應外合，對抗大英政府。1796 年，一支約有一萬五千人的法國軍隊抵達愛爾蘭南部，卻受風浪所阻，無法按照預期計畫行事。大英政府則採取大規模的恐怖手段鎮壓愛爾蘭與法國合作的作為，燒毀民房、濫殺無辜，厄斯特的情況尤其慘烈。北愛爾蘭的地方行政官員甚至鼓勵厄斯特的民間組織「奧倫奇會」(Orange Order) 起而對抗聯合愛爾蘭人會，以瓦解民間的反政府力量。此時卻有更多人加入聯合愛爾蘭人會，繼續鼓動革命。愛德華·費茲傑羅 (Edward FitzGerald, 1763–1798) 便是一鮮明的例子。

愛德華·費茲傑羅為出生於都柏林的愛爾蘭貴族，年幼時受到良好教育，1779 年曾加入大英軍隊前往美洲作戰，1783 年回到愛爾蘭。經由兄長安排，愛德華·費茲傑羅被選為愛爾蘭國會議員，與葛拉登合作，共同為改善愛爾蘭人的政治處境奮鬥。愛德華·費茲傑羅對法國大革命抱持同情的態度，並於 1792 年前往巴黎，進一步接受平等概念，主張廢除一切世襲頭銜，並率先拋棄自

土地種植亞麻，紡織業者欲改變土地利用時，便與農民發生衝突。厄斯特阿瑪地方的羅馬公教信徒為防範抗議教派信徒的騷擾而組成農民組織。1795 年，雙方曾經發生大規模衝突，許多羅馬公教信徒被迫他遷，守衛者組織也因此擴張到他處。

圖 17：愛德華．費茲傑羅

己的貴族身分，也因此被逐出軍隊。愛德華．費茲傑羅隨後回到愛爾蘭，繼續擔任國會議員，公開支持聯合愛爾蘭人會，甚至身體力行，於 1796 年加入該組織。當時局勢發展越來越不利於和平改革，想要藉由國會進行改革似已不太可能，聯合愛爾蘭人會已開始出現以武裝革命建立一個「愛爾蘭共和政體」的想法。

當時，愛德華．費茲傑羅與幾位愛爾蘭反政府領袖在巴黎尋求法國出兵相助，也曾前往漢堡 (Hamburg) 與德意志各國的政治人物討論當前局勢，並策劃聯合國際社會的力量，以爭取愛爾蘭的政治自由。這時已經有革命分子計畫先攻取都柏林，再往鄰近各郡擴張，但倫敦政府早在行動之前偵知此事，並已獲得所有行動的情報，乃於 1798 年 3 月 30 日下令戒嚴，派軍增援各地，革命分子於倉促間發動軍事行動，卻被逐一消滅。

愛德華．費茲傑羅具有軍事專長，又與許多地方武力有聯繫，自然引起大英政府注意。此時已有諸多反政府組織遭破獲，但因愛德華．費茲傑羅既是貴族，又曾經擔任軍官的身分特殊，大英政府不願公開逮捕，乃向其家人提出警告，希望他能立刻離開愛爾蘭，以免尷尬。愛德華．費茲傑羅獲此警告後，拒絕背棄盟友，並堅持參與起事，與其他同志一起躲避追捕，大英政府乃懸賞一千英鎊逮捕愛德華．費茲傑羅。主事者眼見大英不斷偵測、破獲其組織，於是將行動倉促地提前至 5 月 23 日，但他們的所有行蹤均在大英警方的掌控之下。5 月 18 日，大批軍警包圍愛德華．費茲傑羅的住處，將其逮捕。愛德華．費茲傑羅在拒捕時為槍所傷，又遭毒打，但他拒絕就醫，不久便死於獄中。

到了 6 月間，大部分騷亂已遭敉平。8 月 22 日，法國軍隊才抵達愛爾蘭西北部的梅幽 (Mayo)，五千名當地起事軍迅速與之會合，並宣布建立一個「康納賀特共和國」(Republic of Connaught)，但無法取得補給及武器，於 9 月 8 日被英軍擊潰。法軍投降後，立刻被大英政府遣送出境，以之與法國交換英軍戰俘；被俘的愛爾蘭人則遭到屠殺。10 月 12 日，另一批約有三千人的法國軍隊抵達愛爾蘭，尚未登陸就被大英海軍包圍，只能投降。此後，只剩下少數軍隊以游擊方式對抗大英政府，已然無法發生任何作用。

三、〈1800 年合併法〉

在「愛爾蘭起事」落幕後，大英政府必須認真面對當時歐洲的政治風潮及自由、平等的概念，並重新面對愛爾蘭的民意；且北美洲獨立的殷鑑不遠，倫敦若未能適時處理，必遺後患。當時主政者認為：1789 年法國大革命以後，解放羅馬公教的呼聲不斷，審度當時情勢，國會勢必改革；選舉辦法一旦改變，羅馬公教信徒即可被選為國會議員，也將取得多數席次，屆時，愛爾蘭可能走向獨立，甚至與法國聯盟，則大英處境堪慮。但若將兩國合併，即可立即有效解決此一政治隱憂。於是大英開始仿效蘇格蘭前例，推動英愛合併，相信或可順勢改善愛爾蘭問題，滿足愛爾蘭人民要求，遂有〈1800 年合併法〉(*Act of Union 1800*) 之產生。

1790 年代以前，非英格蘭國教派信徒不得被選為議員⓰，愛爾蘭議會由抗議教派信徒控制，因此愛爾蘭國會被稱為「抗議教派主導」(Protestant Ascendancy)，在此前提下的合併，對愛爾蘭公教信徒顯然不利，許多愛爾蘭人因此反對與大英合併。大英方面於 1799 年提出的合併主張便遭愛爾蘭拒絕。當時英格蘭國王喬治三世多次心智失常，無法視事，每由其子喬治攝政⓱。但英格蘭國王兼具愛爾蘭國王身分，大英國會要推動「攝政法案」，也必須獲得愛爾蘭國會的合作。

當時各方對合併與否的意見不一，倫敦政府利用封爵等賄賂手段，誘使反對者改變態度，合併法案因而順利通過。但愛爾蘭議會對大英的恨意未消，國會第一次投票時未能通過，幾經磋商及動員後，才在第二次投票中通過合併法⓲。

〈1800 年合併法〉在英格蘭的正式名稱為〈1800 年與愛爾蘭聯合法〉(*Union with Ireland Act 1800*)，大英帝國與愛爾蘭兩地的

⓰ 直到 1829 年〈羅馬公教解放法〉通過之後，羅馬公教信徒才能參與國會議員的選舉。

⓱ 英格蘭政府最後於 1811 年通過「攝政法」，由喬治之子正式攝政。1820 年繼位，是為喬治四世。

⓲ 第一次投票為一百零九票反對，一百零四票贊成。第二次投票時，出席者增多，結果為一百五十八票贊成，一百一十五票反對。

議會分別訂立合併法，進行合併事宜，並於 1801 年元旦正式生效。〈1800 年合併法〉之後，英格蘭、蘇格蘭與愛爾蘭三個地方共同組成「聯合王國」(the United Kingdom)。早在 1542 年通過的〈愛爾蘭王冠法〉中，承認英王亨利八世為愛爾蘭王，形成一種「君合」的狀態。1603 年，英格蘭又與蘇格蘭建立君合關係，但英格蘭並未廢止〈愛爾蘭王冠法〉，就法律而言，君合關係仍屬有效。愛爾蘭直到 1983 年及 2005 年分別通過兩次〈法律狀態修正法〉(*Statute Law Revision Act 1983*) 之後，才撤廢了合併法。

合併法中的許多規定與 1707 年英格蘭和蘇格蘭的〈合併法〉類似：例如新國會仍以倫敦的西敏寺為會址；愛爾蘭可以選出一百席的下院議員，三十二名上院議員⓳；兩國關稅及稅務統一，愛爾蘭可以徵收英格蘭貨物之稅，但英格蘭不徵愛爾蘭貨物稅；合併法同時承諾將允許羅馬公教徒進入大英國會。但是喬治三世認為讓愛爾蘭公教徒進入國會違反其加冕誓言，故加以阻撓，直到 1829 年，大英國會中才出現第一位愛爾蘭裔的羅馬公教議員。

第三節　拿破崙戰爭後的愛爾蘭

十九世紀初期，拿破崙橫掃歐洲，大英帝國也捲入這場「拿破崙戰爭」之中，戰爭議題吸引大英帝國所有人的目光，在內政

⓳ 二十八名為世襲貴族，為終生職，四名英格蘭國教派的神職人員，每會期改選。

上顯得相對平靜。不列顛王國與愛爾蘭合併以後，愛爾蘭人在法律上的處境雖然稍有改善，但羅馬公教徒仍受到諸多限制。戰後歐洲的政治有了重大改變，許多知識分子紛紛鼓吹自由民權，認為人生而平等，應當具有同樣的權利，不受宗教信仰或財富的限制。1820 年代，西歐國家出現了主張「君主立憲」的風潮，學界政界紛紛要求國君制訂憲法，國君擔心事態擴大，不斷壓制，遂有 1830 年的革命風潮。大英帝國同樣面臨國內平民要求政治權利的聲浪，乃著手進行憲政改革，選舉人財產限制逐漸放寬；這一時期中，愛爾蘭的公教信徒是否能被選為議員是最重要的議題。1820 年以後，愛爾蘭的政治發展便以丹尼爾．歐康奈 (Daniel O'Connell, 1775–1847) 率領的羅馬公教解放運動 (Catholic Emancipation) 為主軸。

歐康奈原為開立郡的望族，歷代均信奉羅馬公教，在大英的統治下，家族被剝奪許多權益，遭受重大損失，但仍為當地富豪。歐康奈自幼時便由家人為其延聘教師，受到良好教育，稍長，則必須前往法國，才能獲得深造機會[20]。在法求學期間，歐康奈相當勤奮，成績頗佳，但因革命爆發而中斷學業，於 1793 年返鄉。他在法國目睹大革命帶來的動盪與不安，因此畢生反對以暴力達成政治目的。1794 年，歐康奈進入倫敦的林肯因 (Lincoln's Inn)

---

[20] 歐康奈出生於開立郡的卡亨 (Carhen)，原在科克郡的一所寄宿學校就讀，其叔莫里斯還居到法國，願意負擔他的學費。1791 年，丹尼爾及其弟二人被送到列日 (Liège) 的愛爾蘭學院就讀。但丹尼爾超過該校的就讀年齡，所以轉到法國就讀。

學校學習法律，後轉入都柏林的京士因 (King's Inns) 學校繼續學業。在倫敦期間，他閱讀伏爾泰 (Voltaire, 1694–1778)、盧梭 (Rousseau, 1712–1778)、邊沁 (Bentham, 1748–1832)、亞當斯密 (Adam Smith, 1723–1790) 等人的著作，對其日後政治理念的發展有重要影響。

1798 年，歐康奈通過各種考試，成為最早一批獲得律師資格的公教信徒，雖屬難得，但並不影響他的民權觀念，仍積極主張法國大革命所揭櫫的政治理想。歐康奈雖然支持自由主義思想，但對愛爾蘭人的起事行動感到痛心。1805 年起，愛爾蘭政治環境已稍有改變，許多人開始鼓吹羅馬公教信徒的解放活動，要求廢止侵犯公教徒接受教育及參與政治等權利的律法，更反對大英政府對主教的任命行使否決權。歐康奈對這些活動無不積極支持，熱心參與，也組織許多協會籌募資金，以從事解放運動，逐漸成為愛爾蘭的意見領袖，並於 1811 年被推選為新成立的羅馬公教事務組織的主席，從事宣傳公教徒政治權利的活動。

1823 年，歐康奈又成立「羅馬公教協會」(Catholic Association)，提出以非暴力手段廢止「合併法」、「愛爾蘭什一稅」，要求普遍選舉權、國會選舉的祕密投票等政治主張。當時愛爾蘭人可以投票，但不得被選為國會議員，為凸顯這種政策的謬誤，歐康奈開始投入大英國會的選舉。1828 年，他獲選為克雷爾郡 (Clare) 的國會議員，但大英國會拒絕其宣誓就職，引起相當議論，成為重要的公共議題。

大英首相威靈頓 (Field Marshal Arthur Wellesley, 1st Duke of

Wellington, 1769–1852) 與內政大臣皮爾 (Robert Peel, 1788–1850) 雖然反對解放羅馬公教，但擔心一再壓制公教徒將引起社會不安，也擔心此議題繼續燃燒，乃於 1829 年 4 月，在眾多反對聲浪之中緊急通過〈羅馬公教救濟法〉(*Roman Catholic Relief Act*)，解除對羅馬公教信徒的各種限制。歐康奈也因此能夠參與 1830 年的國會大選，並在其故鄉開立郡選區當選。倫敦政府卻擔心愛爾蘭人民會繼續組織起來進行大規模的抗爭活動，乃宣布羅馬公教協會為非法組織，並減縮選區、提高選舉人的財產限制（由四十先令提高為十鎊），企圖藉此削弱公教信徒的力量。

歐康奈逐漸成為愛爾蘭的政治領袖，也成為大英國會下院中的重要人物之一，致力於改革國會、獄政、法制，尤其注意選區改革、秘密投票、自由貿易、廢止奴隸制度、解放猶太人等議題。歐康奈更重要的政治理想是反對〈合併法〉，重建愛爾蘭議會。1832 年，歐康奈與其他三十九名愛爾蘭議員組織了大英帝國下議院中的一個壓力團體，與政府進行各種政治協商。1835 年，他與首相莫爾本 (William Melbourne, 1779–1848)㉑達成共識，同意支持輝格黨的法案，以換取改善愛爾蘭的問題。輝格黨乃提出〈什一稅替代法〉(*Tithe Commutation Act*, 1836) 及〈愛爾蘭都市改革法〉(*Irish Municipal Reform Act*, 1840) 作為回報，但歐康奈仍嫌不

㉑ 莫爾本為倫敦出生的貴族，輝格黨領袖，1830 到 1834 年間任內政大臣，1834 年曾任首相，因故去職；1835 年再度組閣，到 1841 年為止。當時維多利亞女王繼位不久，年紀尚輕，莫爾本對穩定政治有相當程度的貢獻。

足，希望修正〈愛爾蘭貧窮法〉(*The Irish Poor Law Act*)，真正解決愛爾蘭貧民的救濟問題[22]，但為輝格黨所拒，雙方因此決裂。

1840 年 4 月 15 日，「愛爾蘭全國聯合會」(the National Association of Ireland) 成立，歐康奈擔任主席，由其子約翰．歐康奈 (John O'Connell, 1801–1858) 負責相關業務，致力於廢止合併法，因此也稱「撤廢聯盟」(Repeal Association)。聯盟也吸納了「青年愛爾蘭」(Young Ireland) 運動的成員，但這些成員以武力獲得獨立的主張與聯盟並不一致。

1841 年，歐康奈代表都柏林市選區進入國會，並成為十七世紀以來第一位信奉羅馬公教的都柏林市市長。當時輿論均支持聯盟的活動，歐康奈因此宣布 1843 年為「撤廢年」，開始組織大規模的集會，倫敦《泰晤士報》(*The Times*) 則稱之為「怪物的集會」(Monster Meetings)。第一次集會在彌斯郡的崔畝 (Trim) 召開，吸引十萬人參與。在塔拉的集會也有幾十萬人聆聽這位「解放者」的演講。儘管歐康奈保證大規模的集會會維持和平和秩序，但政府仍擔心可能發生脫序行為。當時的大英首相皮爾決定採取行動，先禁止預定於 10 月 8 日在克隆塔福舉行的集會，並以「陰謀」罪名逮捕歐康奈，罰款兩千鎊，判刑一年，並要求他提供五千鎊保證金，擔保七年中行為良好。

1844 年 5 月，歐康奈入獄服刑之前在國會發表演說，並獲得國會反對黨的支持。他在獄中生活條件相當良好，也可以接見訪

---

[22] 1837 年〈愛爾蘭貧窮法〉中規定，愛爾蘭政府得徵收特別稅，作為救濟之用，將經費轉嫁到平民身上。

圖 18：丹尼爾．歐康奈紀念雕像

客。三個月之後，上院推翻法院裁定，歐康奈出獄後又發表為自由而戰的演講，獲得民眾熱烈支持。他雖因心血管疾病健康不佳，仍繼續其撤廢運動，逐漸獲得愛爾蘭社會的回應，但大英國會並沒有任何讓步跡象。當時愛爾蘭已發生饑饉，倫敦方面卻未採取任何措施。1847 年 2 月，他對下院發表演說，提出警告：如果倫敦不立即提供援助，愛爾蘭將會損失四分之一的人口。

此時歐康奈已經七十一歲，心力交瘁之餘，仍希望前往羅馬朝聖，當他抵達巴黎時，受到許多激進人士熱烈歡迎，認為他是歐洲自由民主運動中最成功的領袖。但他並未能完成朝聖之旅，便於 1847 年 5 月 15 日在熱那亞 (Genoa) 去世。根據他的遺囑，將他的心臟葬於羅馬的愛爾蘭學院 (Irish College in Rome) 的紀念碑中，遺體則在 1847 年 8 月葬於愛爾蘭公墓。愛爾蘭人為了追思這位民權鬥士，將都柏林的薩克維爾 (Sackville) 大街改名為歐康奈大街 (O'Connell Street)，都柏林市中心的利非河 (Liffey) 南岸也豎立起一尊雕像，以資紀念。

第八章 | *Chapter 8*

愛爾蘭大饑饉

> 許多運載愛爾蘭移民的船隻上死亡率高得嚇人，原因不一，大英船隻上死亡率遠遠超過其他國家的船隻，則是事實。愛林王后號有 493 名旅客，136 人死於途中，雅文號船上 552 名乘客，有 246 人死亡，唯真號 476 人中，也有 267 人死亡。這種悲慘的景象，大約只有比非洲沿岸擁擠、充滿疾病的運奴船稍微好一些。
>
> 歐魯克神父的記載❶

經過十七世紀的政治與宗教動亂之後，十八世紀是愛爾蘭歷史中相對平穩的時期，社會民生終於得到休養生息的機會。愛爾蘭政府也開始從事公路、港灣、水道系統等基礎建設；麻紡織業

---

❶ John O'Rourke, *The History of the Great Irish Famine of 1847, with Notices of Earlier Irish Famines* (Dublin: James Duffy and Co., Ltd., 1902), p. 396.

逐漸發展，海外貿易也逐漸成長。

此時英格蘭地區的技術進步帶動了工業發展，逐漸引發了「動力革命」，大型生產機具或車輛在蒸汽引擎的帶動下，生產力不斷提高，貿易量也隨之擴大。加上大英帝國不斷在海外占領殖民地，不斷輸入棉花、糖蜜等物資，一時之間，大英成為世界的首善之區。在大英政府的統治之下，愛爾蘭理應能蒙其利，但是愛爾蘭的經濟結構卻面臨幾個重大問題：

愛爾蘭位處歐洲邊陲地帶，並無重要航路經過。長久以來，愛爾蘭的工商物資都須仰賴英格蘭轉口。當英格蘭與歐洲大陸及世界其他地區的海運交通日漸發達之際，絕大多數航線不經愛爾蘭，這種位置自然不利於商業發展；愛爾蘭還缺乏煤礦等天然資源，也限制了工業發展。厄斯特因接近不列顛，還能取得燃煤，其他地區只能以熱力不足的泥炭 (Turf) 為主要燃料。

愛爾蘭農業發達，屬於東歐型經濟特徵。來自英格蘭的土地所有者盡可能維持當地農業生產以供應英格蘭地區的消費，因此不願在其他地方投資，對愛爾蘭的土地利用及經濟發展造成極大限制。到了十九世紀，愛爾蘭生產的穀類及畜牧產品仍多銷往英格蘭，成為英格蘭的農業供應者。愛爾蘭農民則以馬鈴薯為主食，每當馬鈴薯歉收時，便容易造成饑饉。

第一節　饑饉發生的背景

一、工業革命促使經濟型態改變

工業革命於十八世紀後半期首先在英格蘭發生，儘管愛爾蘭就位於這個工業重心的附近，卻只有東部數郡設有幾個麻紡織工廠，從事傳統的亞麻工藝，其餘地區仍以農業為主要經濟型態。

大英工業開始發展之際，土地利用的方式有重大改變，煤田、港灣、公路改變了鄉村景觀，原本歉收的土地被轉做其他用途。愛爾蘭情況也是如此：東部地區的耕地多改種燕麥之類的穀物，銷往英格蘭；北部地區則改種亞麻等纖維作物，以供愛爾蘭麻紡織工業所需。而都柏林也逐漸發展成都會區，人口迅速增加，對糧食的需求也持續擴大。

工業發展仰賴與外界的交換，國際化程度越高，受到國際事件的影響就越大，法國大革命便是一例。1789 年以後，大英與俄國、奧地利及普魯士等國合作，希望壓制法國革命勢力，卻引起法國報復，遂有拿破崙的「大陸封鎖」政策。長時期的經濟封鎖，使愛爾蘭產業受到嚴重打擊，許多農產品因無法外銷，造成價格下跌，工資縮水。直到拿破崙戰爭之後，大英工業發展快速，人口不斷增加，必須仰賴進口穀物才能滿足需求，愛爾蘭的農業經濟才漸有起色，愛爾蘭乃增加小麥等糧食作物的種植面積，並減少對內供應，大量輸出穀物以換取外匯。

農業生產擴大帶動了愛爾蘭的工業，食品加工業率先改變。1806 年，愛爾蘭開始建立大型磨坊，生產專供外銷的麵粉，農業生產技術及鄉間道路系統均有改善。但只有地主及城市中的商人階級受惠，貧農生活非但未見好轉，反因物價上漲而蒙受其害，只能販售更多的燕麥換取現金，對馬鈴薯依賴益甚。食物供應的兩極化更使得窮人面對馬鈴薯歉收時出現無力應付的窘境。

二、農民依賴馬鈴薯為生

馬鈴薯原產於南美洲，並非歐洲的原生物種，大約在 1500 年代，由西班牙冒險家將之引入歐洲，並於 1590 年進入愛爾蘭，從此在愛爾蘭人的生活中扮演重要角色。馬鈴薯富含各種礦物質、維生素及蛋白質，是一種極為營養的食物，但最初引進歐洲時，多作為動物飼料，鮮少有人食用。一般歐洲人的主食仍以穀類作物為主，愛爾蘭農民的傳統食物也是如麵包之類的穀類製品。

十六世紀以後，隨著商業貿易發展，歐洲開始出現一些專門生產經濟作物以供外銷的地區，例如葡萄專作區；也有些商業發達的地區，願意以高價進口東歐等地的穀物。而穀物生產地區的地主將穀物銷售到西歐農業專作區或城市之中，可以獲取較高的利潤，造成種植穀物的農民反而無力購買穀類，被迫改以馬鈴薯為主食。除了如波蘭等東歐地區出現這種現象外，愛爾蘭的情況也是如此。

最初，愛爾蘭只在南部地區少量栽培馬鈴薯，後來農人發現這種植物頗適合愛爾蘭的氣候，對土地的要求不高，生長快，產量也大，是最適合農民的作物，除了食用外還有餘糧可出售以換取現金。十八世紀中，馬鈴薯栽種的區域越來越廣，已成為農民的主食。馬鈴薯的缺點是保存不易，最多僅能儲藏九個月，以致會有幾個月的糧食缺口，必須每年新種。此外，馬鈴薯不適合運輸，只能供產區的人食用，僅有都柏林附近地區的生產才能販售到大城市中。

饑饉一直是農業社會共同的問題，旱澇、病蟲、天候異常都會導致作物歉收，每當穀物短缺時，首當其衝者往往不是城市中的居民，而是辛苦耕耘的農夫。愛爾蘭歷史上，饑饉不斷，例如十八世紀初年，愛爾蘭因為寒害及病蟲害等，引發過三次較大規模饑饉，也引發一批移民風潮，官方記錄甚詳。但因當時農業尚非以出口為主，災害規模也不算大，並未引起太大社會不安。十八世紀中，愛爾蘭人口快速增加，據統計，1800 年時愛爾蘭人口達到五百萬上下，有三分之二以上的人以務農為生。

十九世紀初，愛爾蘭人口發展更為迅速，1821 年人口已增加為六百五十萬；1845 年大饑饉發生之前，愛爾蘭人口更已增加到八百萬。當人口不斷增加，耕地面積有限時，愛爾蘭農民開始向外移民，只是移民的數量有限，仍無法減輕其境內的人口壓力，失業率也不斷升高。佃農受限於耕地面積狹小，又不斷分割，更無改善其經濟情況的可能 ，佃農的身分幾乎成為世襲 。1841 年時，只有 7% 的農民控有超過三十畝的耕地，45% 的農民耕地不超過五畝 ， 有些地區甚至超過 64% 的農民僅擁有小於五畝的耕地。一旦發生任何的農業危機，農民必然無法承受。

1800 年前後，較貧窮的農民已經吃不起穀類食物，必須增加馬鈴薯的攝取量，以滿足對熱量的需求。1700 年，愛爾蘭農民可能每天僅須食用一餐馬鈴薯，到了 1800 年時，一天必須食用兩餐。1830 年時，愛爾蘭農民中大約有 30% 到 35% 的人口完全依賴馬鈴薯為生。為了解決農民的糧食需求，大英的農業專家不斷引進新的馬鈴薯品種，農民依賴馬鈴薯的情況有增無減。

1810 年時，愛爾蘭大部分地區的農民開始種植一種新品種的馬鈴薯 (Lumper Potato)，因其能在更貧瘠的土地生長而廣受歡迎。馬鈴薯不僅可以在地理條件較差的隙地種植，單位生產價值也高於穀物。此外，馬鈴薯的營養價值甚高，如果加上牛乳，足以提供人類日常生活所需的所有養分，如蛋白質、碳水化合物、熱量及礦物質。因此愛爾蘭農民在擴張穀類作物生產時，仍可以依賴馬鈴薯及牛奶維生，並無饑荒之虞。1840 年時，許多地區的農人只食用馬鈴薯，燕麥逐漸從愛爾蘭人的廚房中消失。總體而言，饑饉發生前夕，愛爾蘭有三分之一以上的人民以馬鈴薯為主食，且集中在西部及南部地區。

三、濟貧措施

愛爾蘭經濟主要仰賴農業，由於人口不斷增加，耕作面積有限，農民生活每況愈下，貧窮人口日增，1830 年，愛爾蘭政府必須開始採取作為以掃除貧窮。大英政府很早就制定〈濟貧法〉(*Poor Laws*)，歷任英王也數度修訂。伊莉莎白一世起，大英政府已建立賑濟災民及貧民的制度，直到十八世紀中，運作仍屬正常，許多貧民頗能受惠。但工業革命以後，社會結構改變，英格蘭地區的農民首當其衝，生計受到嚴重影響，〈濟貧法〉卻未能與時俱進，政府無法解決當時人民的生活困境，終於有 1830 年的「史溫事件」(Swing Riots)。

當時，英格蘭的農民與窮苦工人失業、饑饉者頗眾，認為耕耘機等新式機器的出現，造成他們生計困難；稅收制度及作坊管理也是使他們陷於困境的幫兇 。許多農民於 1830 年 8 月起事攻擊作坊 (workhouses)，摧毀耕耘機及農業生產設施，也攻擊富農。他們以「史溫上尉」(Captain Swing) 之名，發散傳單及啟示，故稱為「史溫事件」。這次事件造成英格蘭社會的長期動盪，當時的輝格黨政府於 1834 年修訂〈濟貧法〉(*Poor Law Amendment Act*)，建立許多「公共作坊」(public workhouses)，需要接受救濟者必須進入作坊。

這些法律也應用在愛爾蘭，前後共建立了一百三十所公共作坊，以輔導就業替代救濟貧窮，計畫容納十萬人，強迫勞動，主要為修築公路等大型公共工程。公共作坊的原意是要解決貧窮及社會救濟的問題，政府甚至擔心過多沒有必要的人會入住作坊以享用免費資源，但事實並非如此。

由於公共作坊的設計是將所有人根據性別分開，集中管理，家人無法同居，並不合乎社會情況，也違反既有的家庭觀念，食物等生活條件亦差，因此並不受到歡迎。饑饉發生前，公共作坊入住率約僅四成 ，比起大英帝國其他地方的作坊都要低 。1844 年，公共作坊的居民中已超過或未達就業年齡者達 40%，其中三分之一為病患，成年人寧可選擇移民，也不願進入公共作坊。饑饉發生後，公共作坊原本不良的環境，又因缺乏管理，逐漸成為疾病的溫床。

四、移　民

愛爾蘭的移民問題可能是世界歷史上一個特殊的例子。據 2006 年統計，世界各地具有愛爾蘭血統的約有五千五百萬人，單是美國境內就仍有三千六百萬，大約是愛爾蘭國內人口的十倍。十七世紀起，就有許多愛爾蘭人因為宗教、經濟等因素移往海外。1841 年以前，愛爾蘭並沒有精確的人口統計數字，據推測，1700 年左右愛爾蘭人口約為三百萬，1750 年代約為四百萬，之後進入一個快速成長期，大約以年增 1.6% 的速度成長，1841 年統計時，愛爾蘭人口已經達到八百二十萬。在 1815 到 1845 年間，大約有一百五十萬人移往海外，北美洲吸納了約一百萬人，以加拿大為主要的目標❷，另外移往大英帝國各地的人口並不包含在這個數字中。在饑饉發生的這段期間，橫越大西洋的船隻中，愛爾蘭乘客就占了三分之一，他們多來自北部及東部，貧窮的南部及西部人民鮮有移民的能力。1845 年饑饉發生之後，則創下一波新的移民風潮。

❷ 1825 到 1830 年間，有十二萬八千二百人移民北美，其中 61% 前往加拿大，39% 前往美國；1831 到 1840 的十年間，有四十三萬七千八百人外移，60% 前往加拿大，39% 前往美國，另有 1% 移往澳洲。

第二節　馬鈴薯病害與饑饉

1845 年，愛爾蘭各地出現了「馬鈴薯病害」(potato blight)，一種名為晚疫病菌 (Phytophthora Infestans) 的真菌破壞了馬鈴薯的生長，馬鈴薯的葉子枯萎，塊根變黑、腐爛，發出惡臭。該年全國有三分之一的種植面積無法收成。遭感染的馬鈴薯無法食用，價格幾乎上漲一倍。而這種「馬鈴薯病害」經確認與 1843 年及 1844 年侵襲美國的病害相同，寄生菌可能是經由海路進入英格蘭，再傳入愛爾蘭東南部。第二年春天，農民為了補足前一年的壞收成，種植了更多的馬鈴薯，但在入秋之後傳出更為嚴重的災情，也開始出現饑民。

1847 年的農作情況稍好，有部分田地可以收成，但 1848 到 1849 年間，第二波的饑饉出現，加以流行病的蔓延，造成大量人口死亡。至 1850 年起，馬鈴薯病蟲害的情況開始好轉❸，糧食供應逐漸恢復。

饑饉對各地造成的災情不同，西部地區遭受的打擊最大，東部及北部的衝擊小些。1847 年，愛爾蘭政府曾經進口幾百萬噸的穀類，但這些進口糧食只能分配到都會區，都柏林、貝爾法斯特

---

❸ 直到 1882 年，病害發生四十年之後，科學家才找到解決的方法，只要用硫化銅溶液噴灑馬鈴薯的根部即可，但饑饉發生之際，所有的農民都束手無策。

圖 19：都柏林的雕像　描繪十九世紀愛爾蘭人民飽受饑饉的痛苦情狀。

及德里等大城市可說是絲毫未受饑饉影響，南部大城科克及西南大城衛克斯福的居民也還能取得食物，但向西進入愛爾蘭中部及偏遠的西部地區，情況甚不樂觀。尤其愛爾蘭西部地區因為交通不便，平時一般貨品已不容易運到，一旦碰上饑饉，自然如雪上加霜，受到衝擊最深。

除了饑饉，還有許多人死於因為營養不良引起的疾病，例如痢疾、壞血病、霍亂等。實際上，死於疾病的人遠多於死於饑荒者。這些疾病最容易在潮濕、群居的地區散播，西部的人口集中區受到最嚴重的衝擊。赤痢並非由飢餓引發，當時的發生率也並不特別高，只是一旦染上赤痢必須有充足的營養才能康復，以當時缺糧的情況而言，幾乎是不可能。1849 年霍亂疫情與饑饉合併發生，幼童及老年人首當其衝，造成更多人口死亡。

饑饉時期愛爾蘭究竟損失了多少人口？有多少人死於飢餓？恐怕無法解答。當時大英政府相關資料並不完整，可信度也往往令人質疑。如愛爾蘭經歷饑饉時期的人口變化多是根據 1841 年及 1851 年大英政府所做的人口調查，但當調查員訪視民間，調查每個家庭「過去十年中有多少家中成員過世？」時，往往因為許多人家全家罹難，或是舉家移民，根本無從回答這樣的問題，造成調查與估計的落差相當大。綜合當時地方的調查數字，死於饑饉的人數應從二十九萬到一百五十萬不等。近年來，學者估計死亡人數應當在一百萬人上下，約占當時人口的 12%。

一、因應措施

愛爾蘭大饑饉發生時，英格蘭政界普遍主張自由貿易，支持「自由放任」政策，認為政府的干預越少越好，市場自然會調整危機， 當時的大英首相皮爾 (Robert Peel)❹便是這種想法的代言者。事實上，馬鈴薯歉收的狀況也不是第一次發生，在大饑饉以前，1741 年、1745 年、1755 年、1766 年、1783 年、1800 年、1816 年、1822 年及 1830 年都曾經發生過類似的情況，只是並不嚴重，無須政府處理。因此，1845 年馬鈴薯災情出現時，大英政

❹ 皮爾於 1822 至 1830 年擔任內政大臣，1824 年廢除禁止工會活動的〈結社法〉，1841 年組閣。1845 年，他決定廢除〈穀物法〉(*Corn Laws*)，但遭內閣反對而去職。1845 年 12 月，組成自由貿易派新閣，並於次年 6 月廢除〈穀物法〉。

府並未特別注意，也沒有明確的對策。

1845 年 9 月病害發生之後，大英政府曾委託兩位科學家組成一個調查小組，前往瞭解愛爾蘭的情況。調查報告表示在三十二個郡中，有十七個郡的情況相當嚴重。政府雖然表示願意提供任何可以治療病害的化學藥品，調查委員會卻沒能找到解決問題的藥劑。政府於是提出兩種解決糧食不足問題的方式：一是禁止愛爾蘭穀物出口；一是增加愛爾蘭的糧食進口。

當時愛爾蘭東部地區的大地主多將生產的穀物賣到英格蘭，1844 年的淨出口量為二十九萬公噸 ， 1845 年為四十八萬五千公噸。許多人向大英政府的愛爾蘭大臣陳情，希望能禁止穀物出口。只是禁止穀物出口尚無法解決問題，政府必需進口更多的食物。但歐洲各國也擔心疫情傳染造成本國糧食不足，紛紛禁止穀物出口， 政府只有轉而向美國購買穀物以滿足糧食需求 。 1845 年 9 月，倫敦政府自美國進口足夠一百萬人食用一個月的玉米，但依據法律規定，這些玉米只能在公共作坊中使用。皮爾又組織了一個暫時救援委員會，安排將進口的玉米以原價售出，雖然許多人仍然無法負擔，但大多數的人也接受了這樣的安排。皮爾主政時期的作坊制度，收容許多貧民，儘管作坊的收入甚少，但尚足以餬口，因此 1845 年死於饑荒的人數不多。

但增加穀物進口的計畫一出，政府中出現許多反對聲浪。〈穀物法〉是保守黨的重要政策，許多支持〈穀物法〉的國會議員指責皮爾利用愛爾蘭的疫情，企圖廢止〈穀物法〉，甚至認為皮爾不是捏造，就是誇大疫情。

二、〈穀物法〉的相關問題

〈穀物法〉的主要功能是限制外國較便宜的穀物進口，以保障英格蘭本地農民的利益。十九世紀初，英格蘭工業尚未完全開展，但農業已受到東歐進口廉價穀物的衝擊。拿破崙戰爭期間，大英的對外交通遭到法國海軍的封鎖，物資根本無法進口，使得許多國會議員更主張要保護國內穀物生產，以免再遇有類似狀況時，無法滿足民生所需。1813 年，下議院已經建議暫停進口外國穀物，以保障國內穀物價格；1815 年，國會進一步通過〈1815 年進口法〉(*Importation Act 1815*)，規定大英必須對進口穀物抽取關稅，是關稅保護的具體表現。1820 年代，許多人要求「自由貿易」，反對政府的保護措施。但大英議會仍通過〈1822 年進口法〉(*Importation Act 1822*)，規定國內穀物達到一定價格時才得進口外國穀物；如低於一定價格，則禁止進口。其後又陸續訂定諸多法律，均以保障大英自產穀物為考慮。

但限制穀物自由進口，造成麵包等重要民生物資價格居高不下，影響升斗小民的生活，引起許多抗議聲浪。當時許多經濟學者如亞當斯密、李嘉圖 (David Ricardo) 等均主張應當開放穀物自由進口，但並未取得國會支持。1831 年，輝格黨勝選，開始執政，也因為無法說服反對者，不願面對〈穀物法〉議題；1838 年，更有「反〈穀物法〉聯盟」(Anti-Corn Law League) 要求廢除〈穀物法〉。

直到 1841 年，皮爾成為保守黨 (Conservative Party)❺黨魁

時，希望徹底解決〈穀物法〉的問題。1842 年，皮爾開始降低穀物進口的限制，有效改善工人階級的生活，共黨分子如馬克斯 (Karl Marx, 1818–1883) 等人也都支持這樣的作法。此時大英政府也在設法改革國會選舉制度，降低選舉人的財產限制，對工人階級有鼓舞作用。

但各地的豐收卻讓〈穀物法〉的支持者還能振振有詞，1844 年，李其蒙公爵 (Duke of Richmond) 戈登·樂諾斯 (Charles Gordon-Lennox, 1791–1860) 組成一個支持〈穀物法〉的「中央農業保護會」(Central Agricultural Protection Society)，又稱「反對聯盟」(Anti-League)。

1845 年底，馬鈴薯的疫情讓愛爾蘭面臨饑荒，大英各地的糧食供應也出現短缺。饑饉發生之初，皮爾曾緊急向印度及美洲購買了價值十萬英鎊的玉米，運往愛爾蘭，希望抑制愛爾蘭的糧價，以解決農民生活問題。但因為天氣不佳，這批穀物到 1846 年 2 月才抵達愛爾蘭，無法立即賑濟災民；加上這批玉米必須經過兩次碾製，長時間烹煮才能食用，顏色又黃，被時人譏為「皮爾的硫磺」(Peel's brimstone)。皮爾乃決定改變作法，希望廢止〈穀物法〉，降低關稅，讓商人直接進口東歐等地較為廉價的穀物。

皮爾主張先以行政命令暫時准許穀物進口，再由國會立法解

---

❺ 英國原為托利與輝格兩黨競爭。1832 年〈國會改革法〉實施之後，選民結構改變，托利逐漸轉化成為保守黨，但「托利」一詞，仍為「保守」之代稱。

決，卻遭到反對，但稍後輝格黨領袖羅素 (John Russell, 1792–1878) 也表達支持撤廢〈穀物法〉的立場。據 1845 年底的《泰晤士報》報導，國會將於 1846 年 1 月討論〈穀物法〉撤廢問題，也開始有閣員辭職以示抗議。皮爾乃決定辭去首相一職，由羅素重新組閣，但羅素遲遲無法組成內閣，由皮爾留任首相。1846 年 5 月，皮爾提出的〈1846 年進口法〉(*Importation Act 1846*) 在下院三讀通過，廢止原來的〈穀物法〉。6 月間，上院也同意。

三、救災措施

1846 年保守黨成為在野黨以後，大英政府的經濟政策開始改變。當時政府相信商人會自行調節市場供需，國內市場需求甚殷的情況下，愛爾蘭穀物應當不致外流。但 1846 年底，饑民根本無力負擔糧價，西部貧窮地區饑民大量死亡。南部的情況也甚為悲慘，許多死者根本沒有醫生處理，沒有開具死亡證明，也沒有棺木，便直接丟入土坑集體掩埋。許多母親餓死後，孩童在身邊奄奄一息，任由老鼠啃食屍體，但大英政府仍堅持既有的援助計畫能夠發揮功能，不同意擴充援助。

大英政府認為公共作坊足以解決愛爾蘭的問題，但許多人加入作坊後，農村無人耕種，根本沒有收成的可能。而公共作坊多半也只是為勞動而勞動，並無特定的目的，例如當時許多愛爾蘭人民被指派前往偏遠地區修築道路，但這些道路並沒有功能，也沒有交通網絡計畫。幾年之間，愛爾蘭鋪設的鐵道增加了十倍，在當時並無足夠的車輛或是旅客。數十年後，這些鐵路才派上用場，發揮功能。

大部分作坊的設備相當簡陋，所謂的臥室，只是簡單的幾根麥稈鋪在地上，又髒又臭，也沒有足夠的棉被和寢具，許多小孩擠在一起，共用一床破布。當衣物不足時，許多人將死者用過的衣物除下，繼續使用。愛爾蘭的氣候寒冷多雨，作坊中缺乏取暖設施，床鋪也經常潮濕不堪，顯然無法長住。作坊中有許多規定，諸如：必須遵守作坊中作息的相關規定，不得發出噪音；不得使用不當語言；不得以言行侵犯他人；不得拒絕工作、怠工；不得裝病、賭博、私自進入管理室。如果祈禱時行為不佳或不遵守管理員命令，所受的處罰與酗酒、偷竊相同，違者一律處罰。加上各種疾病流行，死亡人數遽增。一份資料指出：

> 1846 年 11 月 10 日，史萬福 (Swineford) 作坊又超額收容一百二十位饑民，許多人被拒，被趕到馬路上，趕到田裡。這一區中，三百六十七人死亡，連負責人也死了。另一個巴里納 (Ballina) 作坊中，原本容量為一千兩百人，現在多收了兩百人，還有更多的人被拒於門外。但作坊中死掉一千一百三十八人，連負責醫療的人員也被抬了出去。另一所巴里納司樓 (Ballinasloe) 作坊中，所有管理人都死了，收容人中死掉兩百五十四人。❻

❻ http://www.workhouses.org.uk/index.html?Ireland/Ireland.shtml, 原址已裁撤，請參 The Workhouse, "Swineford(Swinford), Co. Mayo," https://www.

對於不願居住在作坊中的百姓，政府擔心饑民會過度依賴救濟，不願意提供現成的食物，寧願發送食材，讓饑民自行烹煮，但燃料價格高昂，百姓無法負擔，因此有部分救濟機構提供熟食給饑民，以避免浪費。大英政府才在各地開設粥廠 (soup kitchen) 提供百姓維生的最低需求，希望可以撐到 1847 年秋天，寄望該年的收成能解決糧荒。1847 年，愛爾蘭穀類外銷數字降到最低，並從國外進口穀物。雖然 1847 年一年就進口了七十五萬公噸穀物，但是供給饑民的食物既不充足，營養價值也遠低於人體所需，不足以應付災情。

大英政府又透過立法程序，將社會救濟與〈濟貧法〉的運作混合，以建立正常且固定的機制。1847 年，〈愛爾蘭極端貧窮法〉(*Destitute Poor [Ireland] Act*）完成立法手續，愛爾蘭各地組織了「濟貧法聯盟」(Poor Law Unions)，廣設粥廠。原本在 1847 年 5 月間，大約有七十八萬饑民接受粥廠的施粥；6 月時，依賴粥廠維生的饑民總數增加到兩百七十萬；1847 年 8 月中，情況最為嚴重，每天有三百萬人在粥廠領取食物。由於穀物有限，政府開始採取限制措施，許多地方因此拒絕「看似健康者」領取救濟物資；有些地方則是根據政府所訂的標準，打折分配。當然侵吞、官員剋扣救濟物資，販售圖利的事件也層出不窮。災民往往必須向當局提出檢舉，訴諸法律，才能爭取自己的權益，冒領、重複領取的情況，亦所在多有；配給總數超過當地人數的情況也時有所聞，

---

workhouses.org.uk/Swineford/

使得許多配給物資都流入黑市。

資料顯示，1847 年的馬鈴薯疫情並非極為嚴重，如果耕種，應當還可以有些收成，但因為很多人在公共作坊勞動，農業勞動力明顯不足，馬鈴薯的種植面積也減少許多，生產數量有限，影響往後兩年的食物供應，導致政府必需不斷從事救濟工作以解決愛爾蘭當地糧食生產不足的問題。當時每天用於粥廠等救濟物資的花費達三萬英鎊，因賑濟工作雇用的人員也達一萬多人；民間社團也開始組織救濟工作，除了愛爾蘭本地之外，加爾各達 (Calcutta) 的愛爾蘭兵團率先捐款一萬四千英鎊，賑濟家鄉災民。大英各地、美國等愛爾蘭社區紛紛慷慨解囊；宗教團體也加入了救濟的行列。教宗庇護九世 (Pius IX, 1792–1878) 及大英的維多利亞女王 (Queen Victoria, 1819–1901) 也都捐款賑災❼。抗議教派中，只有貴格派最積極投入救災工作。

1847 年 6 月，〈愛爾蘭貧窮法〉的效期延長，並加入新的救濟措施，由地方出錢辦理救濟事宜，但還有附加限制：擁有超過四分之一英畝土地的人，不能接受政府救濟❽。這個條款不但導致許多人領不到救濟，更有地主利用這個條款將佃農驅逐出其土地。這些人被迫進入公共作坊，或在其他地方搭建棲身之處。在饑饉之後，佃農與地主間的衝突又掀起另一波的高潮。

---

❼ 土耳其蘇丹原本願意捐款一萬英鎊，請維多利亞女王轉交，但維多利亞自己只捐了兩千英鎊，故建議蘇丹只捐一千。蘇丹乃另捐三船救濟物資，大英也企圖阻止，後由蘇丹自行派人運往愛爾蘭。

❽ 由都柏林一位議員 Gregory 提出，稱做 Gregory 條款。

「逐出耕地」(Eviction) 是英格蘭貴族經常採用的手段，當農民無法按時繳納田租時便將之逐出田地，此種行為也受到法律保障。當時因為農作歉收，許多農民根本無力繳納地租，逐出耕地之事時有所聞，如果佃農不願遷出，地主便邀地方警力強制執行，甚至釀成滋擾事件，而佃農永遠處於不利的地位。

1846 年初，皮爾政府便曾向國會提出一個〈愛爾蘭強制法案〉(*An Irish Coercion Bill*)，希望能授權愛爾蘭當局在必要時以武力對付「暴民」，避免因糧食短缺而造成更大的社會衝突，其中又以逐出耕地為主要對象。由於法案並未通過，皮爾失去國會多數，被迫辭職下臺。此後大英政府又試圖向國會提出類似的法案，均遭阻止。當時國會使用的方法便是「冗長辯論」，利用議事技巧占據發言臺，進行冗長演說，讓提出法案的一方無法進行實質討論或表決，以達到阻止法案通過的目的。

大英政府於 1848 年起改善作坊的衛生條件，死亡人數逐漸降低。但 1848 年的收成較上一年更糟，這年冬天的死亡人數增加至數萬人。當時主要的流行病為痢疾，甚至許多醫護人員也受感染而死亡❾。政府也開始鼓勵農民種植綠色植物或其他根莖類作物，不要再種植馬鈴薯，在部分地區還有些成效，但許多地方仍不願放棄原有的種植方式。而 1849 年秋天，「馬鈴薯病害」再度侵襲，只是災情沒有這麼嚴重。

---

❾ 都柏林在 1848 年以後就沒有病例傳出，但這些疾病在其他地區一直要到 1849 年以後才逐漸消失。

饑饉的災情大約是由東到西的方向慢慢解除，1849 到 1850 年間，公共作坊開始有能力照顧一些赤貧者，功能逐漸加強，照顧也較為妥適。但因為情況已逐漸好轉，這些作坊收留的人數也逐漸減少。

四、向外移民

政治及宗教問題首先引起愛爾蘭的移民潮，十六世紀以後，眾多羅馬公教信徒不堪壓迫，移居法國、美洲等地。大饑饉發生以後則出現經濟性的移民風潮，他們前往美國、大英、加拿大、澳洲、紐西蘭或南非等地。其他大英殖民地中，也可以看到許多愛爾蘭移民，甚至形成當地羅馬公教社團之核心。阿根廷、巴西、墨西哥等公教國家更是愛爾蘭人屬意移民的地區。

饑饉發生之前，每年約有五萬名愛爾蘭人移民海外，饑饉發生之初，大多數的愛爾蘭人民仍希望留在家鄉，對饑饉的威脅保持觀望態度。1846 年冬天，開始有大量人口因疾病、營養不良而死亡，短時間內，死亡人數已達數萬，人民逐漸失去信心。1846 年一年之中，移往美國的人數突破十萬，1847 年更有二十五萬人移民，情況類似〈出埃及記〉的描述；但這一波的移民與饑饉之前以中產階級為主的移民不同，主要是貧農往海外尋求生機。

1847 年，許多農民眼見馬鈴薯疫情越來越嚴重，政府無力解決，有能力的愛爾蘭農民都選擇出走，單是 1 月份，就有六千名愛爾蘭人乘船前往利物浦 (Liverpool)。利物浦海關統計，1847 年上半年就有三十萬愛爾蘭人經由利物浦轉往北美洲。由於船位需求量甚大，當時有很多不適合航行的老舊船隻也投入市場，利用低價招攬顧客，直接由愛爾蘭港口出發前往美國，因為過度擁擠，加上衛生條件不良，許多人死於路途，大約有五分之一的人到不了目的地，這些船隻也被稱為「棺材船」(coffin ships)。1848 年以後，移民潮逐漸趨緩，到 1852 年間，每年移出的總數約在二十萬人上下，大部分以美洲為目的地。而往後幾十年間，愛爾蘭人移民澳洲的數字大增，1870 年時，已占澳洲移民總數的 11%。

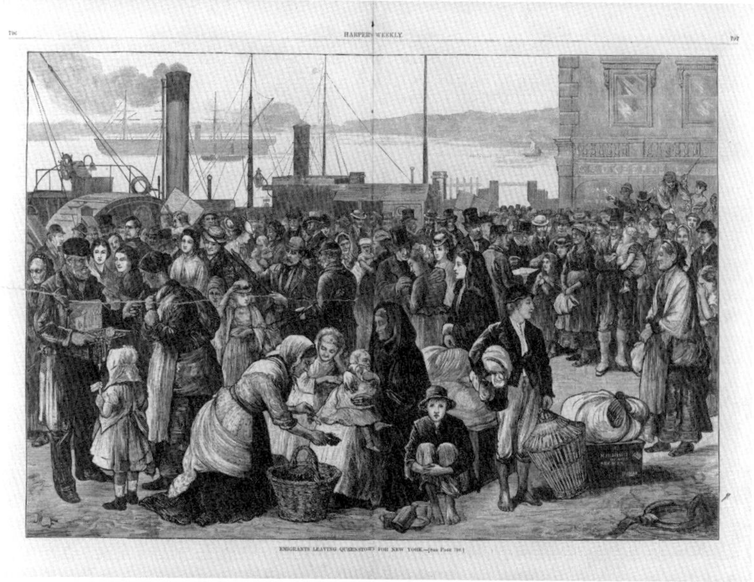

圖 20：十九世紀中後期愛爾蘭人準備登船離開的情形，圖為當時重要移民港口皇后鎮 (Queenstown)，即今日的柯伯 (Cobh) 港。

第 III 篇

共和國的成立

第九章 Chapter 9

愛爾蘭自治運動

> 1880 年的選舉中，我跟你們講述了幾個基本原則，你們也都接受了。當時，我告訴我自己，我將成立一個獨立的愛爾蘭黨，如果有一個英格蘭政府拒絕我們應有的政治權利，我們就要反對這個政府。過了這麼長的時間以後，我更相信，在國會制度運作底下，這是能夠達成目標的唯一政策。要達成這個理想，愛爾蘭人必須要堅定的組織起來，要讓英格蘭的兩個政黨都無力對抗。
>
> 1885 年巴奈爾競選演說❶

饑饉造成人口大量死亡，更多人選擇移民，讓愛爾蘭損失了四分之一的人口，使得人口結構產生重大變化，也舒緩了愛爾蘭

---

❶ 見：Encyclopedia.com, "On Home Rule And The Land Question At Cork," https://www.encyclopedia.com/international/encyclopedias-almanacs-transcripts-and-maps/home-rule-and-land-question-cork

土地短缺的問題。1849 年的〈負債莊園法〉(*The Encumbered Estates Act 1849*) 迫使負債的「不在位地主」售出在愛爾蘭的土地，原本的佃農多蒙其利。當農民開始擁有自己的土地時，不自行耕種的地主也不可能要求太多田租，佃農的問題有緩和的趨勢。工資上漲之後，佃農得以改善生活，行有餘力，還能挺身而出，為自己的利益奮鬥。

此時，愛爾蘭的政治局勢也有重大改變，民族思潮興起，愛爾蘭境內開始出現廢止「合併法」的呼聲，許多政治組織並以之作為重要的政治訴求。此外，還有年輕人投入文化建設，整理國故，重建愛爾蘭文化，作為政治改革的後盾。十九世紀後半葉，愛爾蘭就圍繞著這幾個主題發展。

第一節　青年愛爾蘭運動

法國大革命從未直接衝擊愛爾蘭，卻喚醒了愛爾蘭羅馬公教信徒的政治意識，他們體會到必須爭取自己的政治權利，才能改善自身的處境；也迫使倫敦政府必須逐漸放寬加諸於公教徒的限制，以謀取政治的安定。

1800 年，大英國會與愛爾蘭議會分別通過〈合併法〉，愛爾蘭與「不列顛王國」合併為「大不列顛與愛爾蘭聯合王國」(the United Kingdom of Great Britain and Ireland)，愛爾蘭立法機構亦被廢除。當時愛爾蘭議會仍控制在英格蘭國教派手中，大英政府利用賄賂或一些「鼓勵措施」，才讓合併法案通過。合併之後，大英

派遣愛爾蘭大臣 (Lord Lieutenant of Irelan) 及愛爾蘭國務大臣 (Chief Secretary for Ireland) 兩人主持政務。由於大英政治制度逐漸改變，國王無法控制政治發展，愛爾蘭大臣代表國王在愛爾蘭行使政權，亦只有象徵意義；愛爾蘭的行政權實則控制在倫敦的國會手中，國務大臣聽命於國會，負責實際政事，其行政中心稱為「都柏林堡」。

大英曾經承諾願意在合併之後，廢止〈刑事法〉中所有歧視公教信徒的規定，也願意「解放」其政治束縛，因此公教徒有條件地接受了「合併」。大英國會提出〈解放法案〉(*Emancipation Bill*) 時，卻遭國王喬治三世延宕。喬治認為解放公教徒有違他在加冕時對英格蘭國教派的誓言。為此，丹尼爾．歐康奈與許多同

圖 21：都柏林堡

志組織了「羅馬公教協會」，從 1829 年起極力訴求「公教徒解放運動」，也提出「撤廢合併法、重建愛爾蘭自治政府」的政治訴求。雖然並未成功，卻引起大英國會的重視，開始在地方自治與濟貧方面有諸多改善措施。

1830 年前後，歐洲大陸瀰漫著一股革命的風潮，比利時、法國、德意志地區都發生了反王室的行動，愛爾蘭的青年也受到影響，仿效義大利的「青年義大利」(Young Italy) 行動，成立了「青年愛爾蘭」組織，希望以武力推翻英格蘭的統治。「青年愛爾蘭」原是一種政治運動，但在浪漫主義的影響之下，又具有文化運動與社會運動的性質，激起了愛爾蘭境內的民族情緒，愛爾蘭青年開始討論民族解放的議題，反對「合併法」，支持「撤廢運動」(Repeal Movement)，並在歐洲各地革命風潮盛行之際組織群眾，發動短暫的革命。

一、青年愛爾蘭與撤廢運動

歐康奈於 1832 年提出「撤廢合併法」的主張，當時許多愛爾蘭國會議員也都支持這樣的訴求，將這個議題帶到大英國會之中。但大英政府認為此舉將動搖大英的基礎，強烈反對，歐康奈也未堅持，撤廢的行動中輟；歐康奈則希望與輝格黨合作，換取愛爾蘭其他方面的利益。1840 年，首相莫爾本領導的輝格黨政府面臨許多挑戰，恐無法繼續執政之際❷，歐康奈又改變路線，重提「撤

---

❷ 1841 年，輝格黨政府下臺，改由保守黨的皮爾 (Robert Peel) 擔任首相。

廢」。1840 年 4 月 15 日，歐康奈在都柏林的穀物交易所再度召開了新一波的撤廢運動大會，但許多人懷疑這只是歐康奈的政治手段，並未加以支持。直到戴維斯 (Thomas Davis, 1814–1845) 與迪倫 (John Blake Dillon, 1814–1866)❸加入之後，撤廢運動才獲得新的活力，三人直接訴諸愛爾蘭青年，並主導日後撤廢運動的方向。

1841 年，戴維斯與迪倫接手都柏林《早晨紀事報》(*Morning Register*) 的編輯部門，又於次年與另一位文人達飛 (Charles Gavan Duffy, 1816–1903) 合作，創辦一份具有民族意識的報紙，鼓吹政治理想，將之名為《民族報》(*The Nation*)。這份報紙吸引了許多青年作家、記者參與，他們常投稿《民族報》，留下許多有關民族的詩歌；律師杜賀尼 (Michael Doheny, 1805–1863) 等中產階級亦投入頗多❹。

《民族報》問世後，立刻引起廣大市民階級的注意，銷路甚佳。此後三年，這份報紙一直是愛爾蘭重要的意見喉舌。歐康奈認為年輕人未必會瞭解歷史，尊重過去，希望提出新的訴求以獲取支持，於是他們以新的觀念去主張「撤廢」問題。在浪漫思潮的影響下，當時愛爾蘭的青年對民族議題十分有興趣，從《民族報》的銷售情況可見一斑。正因為《民族報》的影響力漸增，引起大英政府的注意，開始必須考慮要如何面對其影響。

---

❸ 1814 年出生於梅幽郡的小鎮 Ballaghaderreen，先後就讀於聖派崔克學院及三一學院，於 1841 年成為執業律師，並與戴維斯、達飛結識，成為志同道合的朋友。

❹ 杜賀尼原是一名執業律師，年過四十以後才開始參與民族運動。

達飛、戴維斯及迪倫三人除了鼓吹民族運動外，也都是撤廢運動中的重要人物，他們認為和平並非唯一手段，必要時應使用武力，才能達到目標。正因為主張訴諸武力，他們三人與其他較年輕的同志漸漸被稱為「青年愛爾蘭系」(Young Irelanders)，以別於歐康奈等始終主張和平的「老愛爾蘭系」(Old Irelanders)。青年愛爾蘭系的想法逐漸發酵，促成了 1848 年的革命行動。

1848 年，當歐洲大陸又興起革命風潮時，許多青年愛爾蘭運動者也要效法歐洲青年，祕密組織群眾，發動革命。這次的革命行動卻因愛爾蘭當時處於饑饉的陰影中，無法凝聚社會焦點而失敗，許多《民族報》的編輯與記者遭大英政府逮捕。有些人遭處徒刑，有人則被流放到澳洲等地❺。

二、青年運動與農民運動

1845 年起愛爾蘭發生長達數年的饑饉，許多人因飢餓及營養不良，感染各種疫症而死，也有許多人為了生存而舉家外移。饑饉初期，倫敦政府篤信放任原則，拒絕採取進一步的賑災措施。1850 年代當災情稍微緩和之後，愛爾蘭人民對倫敦的不信任逐漸化為實際行動，知識分子與農民開始組織起來爭取自主權。

---

❺ 例如迪倫為《民族報》編輯，雖並不完全同意武力反抗，但仍遭逮捕入獄，將以「叛國」罪處死。由於公眾輿論的壓力強大，大英政府只好請求女王特赦。迪倫後潛逃出境，經法國前往美國，並在紐約擔任律師。1855 年，迪倫受赦免而回到愛爾蘭，並於 1865 年在迪波拉里郡 (Tipperary) 當選為國會議員。

此時愛爾蘭民族運動大致可以區分為幾個不同時期：「費尼安」(Fenians) 派繼承「青年愛爾蘭」之精神，主張訴諸武力，但逐漸無法立足。其後由「自治」(Home Rule) 派繼之，推動議會成立，以達愛爾蘭自治之目標。與此同時，達飛組織了以農民為主的「愛爾蘭佃農同盟」(Irish Tenant League)，也要求減租及佃耕權制度化，以避免眾多不在地英格蘭地主的無情剝削。

1.費尼安運動與倫敦的反應

愛爾蘭民族主義者如威廉・歐布萊恩 (William O'Brien, 1803–1864)、杜賀尼及彌和 (Thomas Francis Meagher, 1823–1867) 等人曾響應青年愛爾蘭的革命行動，於 1848 年 7 月底，在巴林加利 (Ballingarry) 起事，企圖推翻大英的統治，但因勢孤力單，立刻被消滅，許多參與者流亡到美國。這些人開始在紐約組織了一個祕密團體，自稱為愛爾蘭共和兄弟會 (Irish Republican Brotherhood, IRB) 或費尼安會，有些人又祕密潛回愛爾蘭，發展組織。他們堅持以武力將英格蘭人逐出愛爾蘭，以達成獨立的理想。1850 年以後，愛爾蘭民族運動者使用「費尼安」，即「戰士」(Fianna) 的概念來說明他們運動的本意，這個字源於克爾特語 Na Fianna Éireann，意為「一群愛爾蘭戰士」。愛爾蘭共和兄弟會的成員也喜歡以此自稱，日後凡是支持克爾特民族主義者，均可稱為「費尼安」❻。而費尼安這個字也成了許多愛爾蘭民族運動者

---

❻ 除了愛爾蘭之外，蘇格蘭的民族運動者也使用這個概念，流風所及，加拿大、澳洲等地也有類似用法，語源相同，但已有一些「暴力」或

的重要標記❼。

1858 年，愛爾蘭共和兄弟會成員馬宏尼 (John O'Mahony, 1816–1877)、史迪芬斯 (James Stephens, 1825–1901)、杜賀尼等人又成立了「費尼安兄弟會」(Fenian Brotherhood)，但愛爾蘭共和兄弟會對這個新組織有所疑慮，費尼安兄弟會亦逐漸脫離愛爾蘭共和兄弟會，發展成一個獨立組織，並計畫發動武裝攻擊以爭取獨立。馬宏尼負責費尼安組織在北美的發展及籌募款項，史迪芬斯則回到愛爾蘭組織籌劃。許多人對馬宏尼的領導風格並不滿意，產生嚴重的意見紛歧，遂自立門戶，形成兩個費尼安社團❽。

費尼安的成員多為工人、農民與白領階級。1865 年時，組織已發展到數千人，並且準備放手一搏。此時美國剛結束內戰，許多曾經參與美國內戰的愛爾蘭裔軍官也摩拳擦掌，準備大展身手。他們備足了軍火及經費，但是內部突然意見紛歧，使軍火未能如期的抵達，起事活動被迫延到 1867 年。大英政府及愛爾蘭當局已有耳聞，迅速採取行動，破獲各組織，撲滅了可能的起事行動。

1860 年以後，倫敦政府已經注意到愛爾蘭的民意，而此次愛爾蘭起事的失敗更讓倫敦體認必須立刻改善愛爾蘭問題，否則類似事件將層出不窮。國會領袖格拉斯東 (William Gladstone, 1809–

「幫派」等其他社會意義摻雜其中。

❼ 例如參與復活節起事 (Easter Rising) 遭到英軍槍決的克拉克 (Tom Clark) 的墓誌銘只有「費尼安」。

❽ 美國的費尼安組織原本計畫攻打加拿大，未果，後改組成蓋爾黨 (Clan na Gael)。

1898) 首先表示善意，願意在國會中立法改善愛爾蘭的政治環境，希望愛爾蘭能繼續與大英帝國合作。格拉斯東於 1868 年組閣❾時提出「給愛爾蘭公義」(Justice to Ireland) 的主張，願意改善愛爾蘭公教徒的政治權利，也主導通過了第一次愛爾蘭〈土地法〉(*Land Act*)。他的政策引起其他黨派的疑慮，在 1874 年的選舉中失利，改由保守黨的迪斯瑞利 (Benjamin Disraeli, 1804–1881) 主政，對外推行帝國主義，對愛爾蘭則採取較強硬的態度。格拉斯東一直站在支持愛爾蘭的立場，願意保持與愛爾蘭黨 (Irish Party) 合作，共同解決愛爾蘭人關切的幾個主要議題，包括農民土地問題與愛爾蘭自治問題。

2. 土地問題

饑饉結束以後，較多的愛爾蘭人取得土地所有權，但也有許多依賴佃租土地的農民仍受到地主的剝削，必須繳付高昂的地租，否則可能被逐出耕地，租佃關係缺乏合理的保障。因此自 1870 年代起，愛爾蘭人對土地問題的共同期待是：建立仲裁機構及公信機構，以便合理評估地租；地租應當合理，租佃關係應當固定；除非佃農完全不繳付地租，地主不得隨意將佃農「逐出耕地」；佃農有權出售其耕種權力或其他相關利益。

達威 (Michael Davitt, 1846–1906) 等人看到農民的痛苦，願意為農民發聲，於 1879 年 10 月先組織了「土地聯盟」(The Land

---

❾ 格拉斯東原屬於保守黨，後來逐漸與自由黨陣營接近，1867 年後成為自由黨的領袖。

League)，首先提出「三 F」訴求：合理地租、固定租約、自由買賣 (Fair rent, Fixity of tenure and Free sale)， 將農民的希望轉換為政治訴求。達威進一步與巴奈爾 (Charles Parnell, 1846–1891) 及布瑞能 (Thomas Brennan, 1853–1912) 等人合作，將「土地聯盟」擴大為「愛爾蘭全國土地聯盟」(The Irish National Land League)，以降低田租、「耕者自有其田」為訴求，希望將土地所有權的結構合理化。

當時地主有權將繳付不出地租的佃農驅離耕地，任他們流離失所，空下的土地再交由他人承租。由於愛爾蘭人口逐漸恢復，土地供應減少，所以地主並不擔心土地無法出租，驅逐事件因而層出不窮，其中最著名的便是杯葛 (Boycott) 事件。

查爾斯．杯葛 (Charles Boycott, 1832–1897) 為原籍英格蘭的退役軍官，在愛爾蘭的梅幽郡擔任土地經紀工作。1880 年，達威領導的農民拒絕為杯葛代理的地主工作，將杯葛孤立起來，工人不修理其房舍，郵差也不為其送信。此事引起大英媒體注意，紛紛報導。奧倫奇會甚至派人聲援杯葛，愛爾蘭民族主義者則組織大軍對抗。

杯葛最後被迫離開愛爾蘭，結束此次衝突，但也為愛爾蘭農民組織立下一個良好範例，以後便不斷運用這種方法，對抗地主之剝削及「逐出耕地」等不合理的作法。土地聯盟運動者又呼籲大眾支持其候選人進入國會以修改相關法令，他們為求長期抵抗，還派人前往美國籌募經費，以補助抗議農民的生活。

愛爾蘭各地也迅速組成類似的土地聯盟，吸引許多人加入，至 1885 年底，各地成立的分支機構已從兩百三十二個增加到五百九十二個。達威與布瑞能並組織群眾，發動大規模的抗爭行動，稱為「土地戰爭」(Land War)。

當愛爾蘭佃農抵抗地主的逐出行動時，通常會招來愛爾蘭王家警察的鎮壓，農民也會攻擊地主，很容易演變成流血事件，政府往往必須出動軍隊才能恢復秩序。經過幾次大規模的衝突之後，愛爾蘭農民掌握「杯葛」的技巧，集體行動，要求地主不得隨意「逐出」，否則遭驅逐淨空的田地，農民集體拒絕承租或購買，地主將無法另租給他人，希望透過集體的力量，迫使地主讓步。同時期的蘇格蘭人也面臨類似的土地問題，他們受到愛爾蘭的鼓勵

圖 22：土地戰爭時，愛爾蘭農民呼籲不繳納租金給地主，並有人焚燒土地契約，逼迫地主及英國政府讓步。

與啟發，也組織了類似的土地聯盟。

1880 年，大英國會改選，自由黨與愛爾蘭議員合作，再度執政，並遵照協議改善愛爾蘭農民權益。1881 年及 1884 年的兩個〈土地法〉通過之後，愛爾蘭的佃農可以取得土地所有權。1881 年的〈土地法〉同意了愛爾蘭農民「三 F」的要求，給予減租、保護租佃關係及自由買賣，讓佃農獲得更大的保障。根據這個法律，愛爾蘭政府除了成立農民法庭外，應當成立一個中立、可信賴的委員會，制訂合理佃租。

只是愛爾蘭農民並未採取節省生產成本的措施，一味要求減租，經常提起訴訟，收入反而減少。而在〈土地法〉的保護下，佃農更加沒有意願購買其耕種的土地，因此除了 1882 年一次減租行動外，本法實際上並無太大功能。大英政府制訂〈土地法〉的用意只在滿足「愛爾蘭全國土地聯盟」的訴求，避免愛爾蘭農民與政府對抗，因此許多人認為格拉斯東並不理解 1850 年以後愛爾蘭民族運動的真正精神與目的，才會企圖以經濟手段解決愛爾蘭民族認同意識高漲的問題。

除了〈土地法〉之外，格拉斯東政府還通過〈愛爾蘭教會解組法〉(*The Irish Church Disestablishment Act*)，解除了愛爾蘭公教徒必須向英格蘭國教派繳交什一稅的義務。大英國會的上、下兩院還為此議題發生嚴重對立，維多利亞女王介入調停後才通過此法。格拉斯東又提出〈愛爾蘭大學法案〉(*The Irish University Bill*)，希望准許愛爾蘭公教徒就讀大學，但並未獲得國會支持。

大英各地原本也有地主與佃農間的糾紛，1709 年起，大英便制訂〈地主與佃農法〉(*The Landlord Tenant Act*)，幾經修正，都以保障佃農權益為目的。1870 年擔任愛爾蘭國務大臣的福特斯糾 (Chichester Fortescue, 1823–1898) ❿ 便與大英國會議員布來特 (John Bright, 1811–1889) 共同推動立法，將英格蘭的〈地主與佃農法〉推行於愛爾蘭，即為〈1870 年愛爾蘭地主與佃農法〉(*The Landlord Tenant [Ireland] Act 1870*)，進一步保障佃農的權益。

第二節　自治同盟與愛爾蘭國會黨

一、從巴特到巴奈爾

1873 至 1882 年間活躍於愛爾蘭政壇的「自治同盟」(the Home Rule League)，有時也稱做「自治黨」(the Home Rule Party)，以鼓吹恢復獨立議會、推動愛爾蘭自治為重要目標。「自治同盟」原以愛爾蘭境內為主要的舞臺，但效果並不顯著。巴特 (Isaac Butt, 1813–1879) 領導自治同盟以後，將愛爾蘭地區選出的大英國會議員組織起來，成為日後的「愛爾蘭國會黨」(Irish Parliamentary Party，簡稱 IPP)，改以大英國會為戰場，成效頗佳，但地方上的自治同盟卻逐漸消失。

---

❿ 福特斯糾家族源於英格蘭，但居於愛爾蘭數百年，福特斯糾本人在牛津求學，1865 年被任命為愛爾蘭國務大臣。格拉斯東主政，對其相當倚重，再度任命他為愛爾蘭國務大臣 (1868–1871)，後出任貿易部長等要職。

巴特出生於瑙尼高郡，為抗議教派信徒，原在都柏林執律師業，從 1852 年起便擔任國會議員。巴特屬於保守派，曾是托利黨員，反對歐康奈的撤廢運動，希望與大英保持關係。因為大饑饉期間的見聞及體驗，巴特開始改變政治立場，希望改採聯邦制，後來又在法庭上為費尼安會員辯護，對愛爾蘭民族運動漸生同情，甚至成為自治運動的倡導者。

1868 年格拉斯東組閣之際，愛爾蘭自由派分子在國會獲得六十五席，擁有一定勢力。為了爭取愛爾蘭裔議員的支持，格拉斯東提出「給愛爾蘭人公義」的口號。巴特認為這將有助於實現他的理想，因此退出「愛爾蘭保守黨」(Irish Conservative Party)，並於 1870 年與支持其理念的國會議員共同組織「愛爾蘭自治政府協會」(The Irish Home Government Association)，還與格拉斯東合作，爭取愛爾蘭自治。1872 年，大英國會修正選舉辦法，制訂〈投票法〉(*Ballot Act 1872*)，引進祕密投票制度，鼓勵愛爾蘭公教徒參與投票，因此 1874 年國會改選時，主張愛爾蘭自治的議員席次大增。

〈投票法〉不僅適用於各級選舉，也適用於國會中的各項表決，所以愛爾蘭國會黨根本無法約束其成員，各議員是否能忠誠的接受黨鞭的指揮，自然是一個問題；當時議員接受關說、賄賂比比皆是，政黨根本無法約束。因此政黨必須仔細考慮候選人的政治認同，以形成一個向心力、戰鬥力極強的政治團體，「自治同盟」的發展便是一例。

巴特等人於 1873 年 11 月於都柏林召開大會，修正黨綱，將

「愛爾蘭自治政府協會」原本鬆散的團體改組成具有政黨性質的「自治同盟」，投入選舉，並在 1874 年大選中獲得五十九席。但是當時的「自治同盟」是個名符其實的聯盟，成員雖多支持愛爾蘭自治，但係由各種不同背景的政治人物組成，有土地貴族階級，也有政治上的激進分子；聯盟對任何成員都沒有約束能力，因此很快就分裂成不同派別。來自卡文郡 (Cavan) 的議員畢加 (Joseph Biggar, 1828–1890)，以及來自彌斯郡的議員巴奈爾，便是激進派的領袖。

巴特領導能力有限，格拉斯東領導的自由黨又未能獲勝，所以在 1874 年改選後的國會會期中，愛爾蘭國會黨並未能達成其修法的願望。但此時大約有二十名愛爾蘭國會議員開始利用議事規範，在討論每一項法案時都提出修正，並進行「冗長辯論」(filibusters) 以阻撓議事進行。畢加首先於 1874 年在下院進行冗長辯論，阻撓議會通過〈愛爾蘭戒嚴法〉；巴奈爾亦在 1876 年開始加入「冗長辯論」的行列，迫使大英政府必須與他協商，讓大英國會認識了愛爾蘭國會議員的關鍵地位，巴奈爾也逐漸成為愛爾蘭國會議員的領袖。「自治同盟」的領袖巴特並不同意這樣杯葛的作法，但巴奈爾不為所動，開始主導自治同盟的運作。

二、巴奈爾在國會的活動

巴奈爾為十九世紀後期大英帝國及愛爾蘭政治圈中最重要的政治領袖之一，他於 1846 年生於威克樓郡，其父為英格蘭移民後裔，屬於地方士紳階級，遷到愛爾蘭後擁有許多土地，母親則為美國公民。巴奈爾六歲時父母離異，他與幾個兄弟被送到英格蘭寄宿學校就讀，心境並不愉快，中學畢業後進入劍橋大學的馬格達倫學院 (Magdalene College) 就讀。1871 年返鄉擔任公職前，曾在美國南方遊歷。1875 年開始參與政治，代表彌斯郡選區進入國會下議院，成為愛爾蘭國會黨的成員，並支持自治同盟，與同盟中較為激進的成員往來頻繁，包括原本從事「青年愛爾蘭」運動的老將畢加及葛雷 (Edmund Dwyer Gray, 1845–1888) 等人。

巴奈爾因為在愛爾蘭國會黨中的表現，成為家喻戶曉的人物，他也參與許多政治活動，例如「愛爾蘭全國土地聯盟」希望由他擔任主席，以號召愛爾蘭農民。巴奈爾雖同意出任，但並不干預，仍由達威等人執行聯盟所有業務。巴奈爾本人仍繼續其政治路線，在國會訴求「自治運動」。

1878 年，巴特宣布辭去自治同盟主席一職，逐漸淡出政治活動；巴奈爾取而代之，逐漸成為愛爾蘭政治的主導者。他先於 1878 年前往美國宣傳愛爾蘭民族主義，當巴特於 1879 年去世後，巴奈爾更出任愛爾蘭國會黨主席，領導國會議員在倫敦奮鬥。1880 年，格拉斯東在大選中再度勝選組閣，而「自治同盟」的議員席次也增加為六十四席，其中二十七人堅定支持巴奈爾，成為大英國會中一股不可輕忽的力量。

巴奈爾雖然口才平平，但長於組織，頗孚眾望，被選為新成立的「自治黨」領袖，此後十年間，他得以主導並決定愛爾蘭自治黨政策的發展方向。「土地聯盟」一向反對使用暴力，巴奈爾也希望以非暴力方式進行體制內改革，開始效法農民運動中的「杯葛」辦法，廣設聯盟分會，號召百姓，舉行大規模示威活動，共同爭取權益。一時之間，響應者眾多，但在 1879 年前後，愛爾蘭土地運動的活動多次造成衝突。據統計，1879 年，這一類農民衝突有八百多件，到 1880 年驟增為兩千五百多件，對大英政策不滿的情緒，逐漸蔚為風潮，對政府造成相當威脅。

格拉斯東對土地聯盟者的組織能力相當佩服，他所領導的自由黨乃與巴奈爾合作，同意支持愛爾蘭自治，並與「愛爾蘭全國土地聯盟」共同從事土地改革⓫。巴奈爾才能在 1880 年代利用與大黨合作的機會，尋求解決愛爾蘭的自治問題。愛爾蘭國會議員乃成為左右大英帝國政治的重要力量，格拉斯東與保守黨的迪斯瑞利幾度相互輪替組閣，便與愛爾蘭國會黨有密切關連。

巴奈爾開始利用土地問題為訴求，以達成自治的目標。1881 年，在英格蘭議員的主導下，國會通過〈第二次土地法〉，承認雙重地主制。這個新法未能改善「逐出耕地」的問題，引起巴奈爾等人不滿，不斷抨擊新法，甚至被控以「擾亂法律」的罪名被捕下獄。巴奈爾還在獄中提出〈無地租宣言〉，鼓動愛爾蘭佃農在法律許可的範圍中抗繳地租，與政府相持。1882 年 4 月，巴奈爾體認到不能靠武力達成自治目標，乃願意與大英政府協議，收回〈無地租宣言〉，換取改善愛爾蘭佃農的措施。

⓫ 與土地聯盟的合作，使得許多政治人物包括迪倫、希理 (Tim Healy)、威廉．歐布萊恩、瑞得蒙 (Willie Redmond) 及巴奈爾本人被捕入獄，但也強迫大英帝國通過一連串法律，改變了愛爾蘭的土地結構，許多佃農因此獲益。

三、政黨改革

巴奈爾從根本上改變愛爾蘭自治同盟的性質，推動由上而下的改組，有效地組織基層群眾，強化「草根」特性，獲得廣泛民意支持，因而其推出的國會議員候選人多能當選，成為愛爾蘭國會黨有效運作的重要條件。此時土地聯盟關切的議題已不限於土地問題，而具備了政黨的功能，從成立以後，不斷支持農民抗爭，引起大英政府的關切，經常施壓。為此，巴奈爾於 1882 年解散了「土地聯盟」，將之改組成「愛爾蘭全國聯盟」(Irish National League)，變成一個正式的政黨，關切更廣大的議題；他所領導的國會議員團體也改成「愛爾蘭國會黨」，成為愛爾蘭全國聯盟在大英國會中的發言者。1884 年，他又強化政黨紀律，要求黨員宣誓效忠組織，並以包爾 (Richard Power, 1851–1891) 為「黨鞭」，組織同黨議員，成為歐洲議會黨鞭制度之始，也是大英帝國歷史上第一個有效運作的政黨，引起其他政黨的效法。

巴奈爾改革政黨的第一個重點是注重候選人的專業，原本政黨候選人都是經過商議，由地方勢力協調產生，當選人對政黨並無效忠的義務或熱忱。當時議員為無給職，還必須自備川資以及在倫敦的生活開銷，因此許多議員當選後因照顧產業等原因，不願前往倫敦參加議會活動；即便前往者，也多半不能配合政黨的政策。巴奈爾於是籌募捐款，支付議員薪水、安頓生活，但要求所有愛爾蘭國會黨議員都要根據政黨的要求議事、投票，以維護政黨利益。

圖 23：巴奈爾紀念雕像，雕像紀念碑上並刻有愛爾蘭民族樂器豎琴。

在巴特時期，「自治同盟」議員多為地主階級，羅馬公教信徒與抗議教派信徒各半，愛爾蘭選出的其他國會議員分屬輝格、自由及托利等各黨，多半有自己意見，投票時經常造成紛亂。巴奈爾時期，自治同盟的組成多為羅馬公教徒、中間階級、新聞工作人員，地主及抗議教派的議員比重降低。1868 年時，近七成的議員出身於地主階級，到了 1874 年，這個比例已不到五成；1890 年時，專業人士的比重增加到一半。「愛爾蘭國會黨」因成員專業，又有津貼可以專心問政，很快的成為一股政治力量，在大英下院中發揮力量。

大英帝國於 1884 年修改國會組織，公布〈人民代表法〉(*Representation of the People Act 1884*)⓬，又降低選舉人的限制，更多的愛爾蘭人獲得投票權，其中以支持愛爾蘭國會黨的小農受惠最多，具選舉權者由二十二萬增加到五十萬人。愛爾蘭國會黨因而從六十三席增加到八十五席，可以發揮更大的影響力。此外，利物浦有許多愛爾蘭裔的工人，愛爾蘭國會黨甚至可以在利物浦

⓬ 通常也稱為〈第三次改革法〉(*The Third Reform Act*)。

推出候選人，並順利當選。

四、1886 年〈地方自治法案〉

1885 年國會大選，雖然愛爾蘭國會黨僅有八十六個席次，另有一席為利物浦選出之愛爾蘭議員。但當時格拉斯東率領的自由黨獲得三百三十五席，保守黨只有兩百四十九席，愛爾蘭黨居於關鍵少數的地位。格拉斯東為了維持政局，決定同意愛爾蘭自治的訴求，於 1886 年提出〈地方自治法案〉(*Home Rule Bill 1886*)，但並未在下院中獲得足夠支持⓭。

另一方面，巴奈爾在大英國會的努力，讓愛爾蘭北部的抗議教派信徒及聯合派 (Unionists) 人士日益憂心。擔心一旦愛爾蘭實施地方自治，將會遭到羅馬公教人士的歧視。厄斯特的「奧倫奇會」又開始活動，企圖抵制「自治運動」，「愛爾蘭聯合黨」(Irish Unionist Party) 也應運而生。大英國會中的保守黨便利用厄斯特問題，鼓動自由黨人反對〈地方自治法案〉。有鑑於此，格拉斯東提出厄斯特問題必須另外尋求解決的看法，日後也不幸言中。

〈地方自治法案〉沒有通過，格拉斯東乃解散國會改選，由沙斯伯里 (Sir Robert Arthur Talbot Gascoyne-Cecil, 3rd Marquess of Salisbury, 1830–1903) 領導的保守黨獲勝，愛爾蘭國會黨則持八十五席。格拉斯東仍然支持愛爾蘭自治法案，認為唯有讓愛爾蘭自治才可能維持大英的政治結構，否則愛爾蘭遲早會走向獨立。

⓭ 三百四十一票反對，三百一十一票贊成。

1892 年，格拉斯東再度執政，於次年提出的〈第二次自治法案〉(*Second Home Rule Bill*, 1893) 終於在下院中通過，但仍遭上院否決。此時格拉斯東已經八十四歲，無力再繼續奮鬥，必須交給下一個世代解決。

五、皮卡案與離婚案

卡文迪西 (Frederick Cavendish, 1838–1882) 為大英國會自由黨議員，與格拉斯東甚為親近，1882 年被指派為愛爾蘭大臣，並於 5 月 6 日前往履新。不料就在宣誓就職之日，突遭幾名愛爾蘭民族主義者刺殺身亡。1887 年 3 月，倫敦《泰晤士報》指控巴奈爾暗中支持暗殺愛爾蘭大臣卡文迪西及其副手柏克 (Thomas Henry Burke, 1829–1882) 的兇手。此外也指控巴奈爾參與一些犯罪行動，該報並公布一批信件，指向巴奈爾與非法的「愛爾蘭共和兄弟會」有所聯繫。但 1889 年一個調查委員會的報告指出，所有信件都是一名反對巴奈爾及其政黨的新聞記者皮卡 (Richard Piggott, 1838–1889) 所為。事發之後，皮卡自殺，巴奈爾因此控告《泰晤士報》，《泰晤士報》尋求和解，並賠償五千英鎊。

愛爾蘭人一向視巴奈爾為英雄，媒體有時也稱他為「未加冕的愛爾蘭國王」(Uncrowned King of Ireland)，就連大英境內的報紙也對他頗多好評，但巴奈爾的聲名有如曇花一現。1890 年 11 月，媒體披露巴奈爾捲入一名愛爾蘭議員歐謝 (William O'Shea, 1840–1905) 的離婚官司之中。歐謝指證巴奈爾與其妻凱薩琳．歐謝女士 (Katharine O'Shea, 1846–1921)[14] 同居，甚至育有三名子女。凱薩琳與其夫離婚之後，與巴奈爾結婚⓯。

這件事在國會中雖已不是新聞，但當媒體披露之後，對當時保守的社會而言仍是一件醜聞。羅馬公教教規不允許離婚，而巴奈爾的支持者又多為公教信徒，自為清議所不容；歐謝的離婚又全因巴奈爾而起，即便是英格蘭國教派的信徒也頗不能諒解。由於教會、政治、媒體等各方的壓力，格拉斯東不能再與之合作，巴奈爾也被迫離開政治舞臺。

六、政黨分裂

歐謝事件發生後，不僅巴奈爾本人受到極大批評，就連「自治運動」也受到影響。厄斯特地方主張保持與大英關係的「聯合派」的士氣大振，他們從清教徒的道德觀出發批評巴奈爾，甚至批評「自治運動」的道德基礎。巴奈爾拒絕認錯，也拒絕辭去黨職，黨內所有相關的討論均遭其以主席身分否決⓰。

⓮ 凱薩琳出身英格蘭貴族，與歐謝婚後分居。1880 年與巴奈爾相識，原本是格拉斯東與巴奈爾間的聯絡人。1886 年因為愛爾蘭自治法案而來往密切。不久之後，巴奈爾便遷入凱薩琳的住處，共育有三名子女。歐謝知道巴奈爾與其妻交往後並未張揚，甚至在 1889 年也只以其妻「可能」有戀情為由要求離婚。

⓯ 歐謝早先之所以未與其妻離婚，乃因凱薩琳的親屬表示其死後願將所有財產交其繼承。但這位親屬死後，所遺下的財產並不如歐謝預期，故而訴請離婚。

⓰ 當格拉斯東企圖調解此事時，巴奈爾仍不願認輸，提出「誰是頭頭？」(Who is the master of the party?) 立刻遭到同黨同志希理 (Healy) 反問：

許多人經長考後決定出走，另組新黨，愛爾蘭政壇上因此出現了「支持巴奈爾」與「反巴奈爾」兩個陣營。屬於少數的支持者由瑞德蒙 (John Redmond, 1856–1918) 領導，他們希望巴奈爾繼續留在愛爾蘭國會黨中；反對巴奈爾的多數人則改組為「愛爾蘭民族聯盟」(Irish National Federation)，受到羅馬公教教會支持，並選出迪倫為領導人。

七、巴奈爾去世

巴奈爾被迫辭去黨職之後，曾試圖東山再起，他在愛爾蘭各地巡迴演講，希望贏回民間的支持。1891 年，他與凱薩琳結婚，就在同一日，愛爾蘭羅馬公教教會領袖發出聲明予以指責，輿論也不表同情⓱。此外，他又染患肺炎，只好折回都柏林，轉往布萊敦 (Brighton)，隨即因肺炎過世。他雖然為英格蘭國教派信徒，卻選擇葬於都柏林的羅馬公教墓園。

巴奈爾是近代大英帝國及愛爾蘭政治史中一位非常重要的人物，他隻手創立一個政黨，可以操縱大英政府的成敗。及至今日，人們仍不斷討論他的政治技巧與貢獻。有的史家認為，如果巴奈爾沒有被迫去職，愛爾蘭自治的目標或可提早十年達成，歷史的發展也可能因此而改寫：不會有復活節起事、愛爾蘭獨立戰爭等事件，當然也不會有愛爾蘭共和政府的出現。

「誰是情婦？」(Who is the mistress of the party?) 原本積極支持他的同志如此評論，讓巴奈爾甚為難堪。

⓱ 甚至有人在他巡迴演講途中向其投擲石塊，擊中雙眼。

第十章 *Chapter 10*

愛爾蘭獨立戰爭

都柏林城上掛出了戰旗
戰死在愛爾蘭的天空下，要強過死在土耳其❶
勇敢的人穿過彌斯郡的平原
要迎戰帶著長槍，穿過如霧般露珠
跨海而來的不列顛匈奴
英格蘭人讓我們的野雁飛翔
因為擔心小國家會得到自由
他們的孤墳在愛琴海邊，在北海旁
他們死在皮爾士身旁，與布魯赫一起打仗
我們會將他們與費尼安一起埋葬
用如霧般的露珠陪葬

〈如霧般的露珠〉(*Foggy Dew*)❷

---

❶ Suvla or Sud-El-Bar，指 1915 年起大英帝國軍隊在土耳其作戰，兩個愛爾蘭師團在此地犧牲慘重。

十九世紀後半葉，愛爾蘭人許多的政治訴求得到回應之後，政治地位已見改善，政治參與的熱情逐漸減退。知識分子開始將他們的熱情移轉到文化活動之上，推行非政治、非暴力的「愛爾蘭文藝復興」 運動。例如著名的詩人葉慈 (William Butler Yeats, 1865–1939) 在一首名為〈得寫一首有關戰爭的詩〉中說到：「我想，在這個時候，詩人最好閉上嘴，事實上，我們沒有導正政客的天分。」❸他們認為優美的愛爾蘭傳統文化是民族精神的重要依託，更希望能透過文學、語言、戲劇與音樂，凝聚愛爾蘭的民族認同，喚醒愛爾蘭的民族意識。

這股復興愛爾蘭民族意識的風潮具體反映在以保存母語（蓋爾語）為宗旨的「蓋爾聯盟」(Gaelic League) 之上。「蓋爾聯盟」於 1893 年成立之後，獲得知識分子的注意與支持，一時之間，類似的組織相繼出現，逐漸發展成為十九世紀以後愛爾蘭的文化民族浪潮。

1893 年 7 月底， 信奉抗議教派的海德 (Douglas Hyde, 1860–1949) 聯合了歐葛羅尼 (Eugene O'Growney, 1863–1899) 、 伊恩 · 麥克尼爾 (Eoin MacNeill, 1867–1945) 、 瓦許 (Luke K. Walsh) 等

---

❷ 〈如霧般的露珠〉是一首源自十七世紀的敘事民謠。二十世紀初年，愛爾蘭的民族鬥士將這首民謠填上新詞，說出他們的心境。愛爾蘭人喜歡用這首民謠作為民族的輓歌，大大小小的合唱團體都傳唱著〈如霧般的露珠〉。

❸ "On being asked for a War Poem", by W. B. Yeats. http://en.wikipedia.org/wiki/On_being_asked_for_a_war_poem

人，將原本績效不彰，無甚作為的「蓋爾同盟」(Gaelic Union) 重組，並創辦報刊《光之劍》（*An Claidheamh Soluis*，英語為 *The Sword of Light*）以宣揚克爾特文化。這份報紙不討論政治，卻吸引了愛爾蘭民族主義者的目光，「蓋爾同盟」也成了政治人物溝通的重要管道。1913 年的「愛爾蘭志願軍」(Irish Volunteers) 也自認為受其影響、啟發甚大。

海德曾經發行過一本名為《愛爾蘭必須去除英格蘭影響》(*The Necessity for De-Anglicising Ireland*) 的小冊，主張愛爾蘭應恢復固有文化、語言、舞蹈、音樂，鼓勵了許多人挺身而出，追求獨立。

葉慈於 1902 年在都柏林首演他的劇作〈侯立漢之女凱薩琳〉(*Cathleen Ní Houlihan*)，以劇中人物凱薩琳為獨立愛爾蘭的象徵，因為眾多年輕人願意為凱薩琳犧牲、奉獻，凱薩琳才能由一位老態龍鍾的婦人形象脫胎換骨，蛻變為一位年輕美貌的少女。葉慈認為：這些年輕人為了凱薩琳犧牲他們寶貴的生命便是一種「血祭」，希望愛爾蘭青年均能效法，為愛爾蘭的獨立與復興付出一切；許多民族主義者認為愛爾蘭唯有經歷血祭，才能脫離大英，1916 年的「復活節起事」，就是這種概念的最具體例證。

第一節　自治法案

一、〈第三次自治法案〉

1880 年代，巴奈爾領導愛爾蘭國會黨在大英國會的活動，使得「愛爾蘭自治」成為愛爾蘭人的共同目標。但巴奈爾去世之後，愛爾蘭國會黨分裂成「愛爾蘭民族同盟」(Irish National League) 與「愛爾蘭民族聯盟」兩派，自治運動亦面臨瓦解的窘境。瑞德蒙繼續領導自治之後，才又恢復其在國會中爭取愛爾蘭自治的努力。

瑞德蒙於 1887 年起執律師業，專門處理農民問題，後成為國會議員。他反對武力，放棄「激進農民路線」，願意與厄斯特的聯合派❹合作，主張在合乎憲法的前提下爭取自治。當巴奈爾身陷爭議時，瑞德蒙全力支持，並在巴奈爾去世後成為愛爾蘭民族同盟派的領袖，表現出傑出的組織能力與辯論長才。

1900 年，「同盟」與「聯盟」兩派又開始合作，但仍因厄斯特問題時有爭執，瑞德蒙亦受到掣肘，一時之間並無對策。

1895 至 1905 年間，大英由保守黨執政，對愛爾蘭採取較為友善的態度，十分支持攸關愛爾蘭利益的法案，但對愛爾蘭自治訴求則是毫不讓步。1906 年，自由黨重新執政，瑞德蒙認為時機

---

❹ 巴富爾 (Gerald Balfour, 1853–1945) 的「建設性聯合」(Constructive Unionism) 計畫，主張與大英聯合。

來臨，希望與自由黨合作，檢討愛爾蘭政策，只是自由黨並未立即給予正面回應。此時，愛爾蘭境內又爆發新一波的農民運動，政治局面變得更為複雜。1910 年，國會重新改選，自由與保守兩黨實力相當，愛爾蘭國會黨又成了關鍵，情況亦出現轉機，愛爾蘭黨開始與自由黨合作，欲限制上院的權力，瑞德蒙先在 1909 年有關政府預算的問題上抵擋上院的阻撓，加上 1911 年〈國會法〉(*Parliament Act*)❺的通過，上院無法再否決下院通過的法案，逐漸去除愛爾蘭自治法的障礙。1912 年 4 月，自由黨政府提出〈第三次自治法案〉(*Third Home Rule Act*)，並獲下院支持；雖然上院並未通過法案，但根據新的〈國會法〉之規定，只需再等兩年，愛爾蘭即可實現自治的夢想。只是瑞德蒙對厄斯特的政治實況並不瞭解，也不清楚聯合派的想法，因此自治法案中對厄斯特問題並未清楚規範。

厄斯特的政治領袖擔心愛爾蘭完成自治後會成為公教獨大的局面，於是愛爾蘭的抗議教派信徒、愛爾蘭聯合黨及「奧倫奇會」都強烈反對「自治」，並組織了厄斯特志願軍 (Ulster Volunteers)。厄斯特志願軍成立時，瑞德蒙也成立了愛爾蘭志願軍，希望確保順利完成自治，雙方已是劍拔弩張，衝突一觸即發❻。

---

❺ 1911 年，下院提出了〈國會法〉，取消上院的否決權，規定有關財政的法案，只能延宕一個月，其他法案則以兩年為期，期滿後該法案自動生效。

❻ 復活節起事的領導人皮爾士曾於 1913 年底寫下一篇〈革命即將到來〉(*The Coming Revolution*)，預言衝突。

上院最後修正愛爾蘭自治法，將北愛六郡排除於自治之外，亦獲首相同意，瑞德蒙再與之協商，最後同意以六年為試行期。1914 年，〈第三次自治法案〉❼生效，但第一次世界大戰也於同年 7 月爆發，愛爾蘭自治的時程又被推遲。當時大英軍隊不足，瑞德蒙與愛爾蘭國會黨呼籲愛爾蘭人加入大英軍隊。一部分民族主義者認為愛爾蘭應當支持大英政府，以換取戰後較平等的待遇，因此也鼓勵參軍，以期早日結束戰事，完成自治。愛爾蘭志願軍內部則因是否參軍的問題產生意見分歧，反對參戰的人認為英格蘭的困境有利於愛爾蘭，甚至希望利用流血事件來表達他們脫離大英帝國的決心，1916 年「復活節起事」就是這種血祭的代表。

二、復活節起事

1913 年起，愛爾蘭志願軍已經緊鑼密鼓，策劃武裝行動。共和派人士與蓋爾聯盟、新芬 (Sinn Féin) 等組織的聯繫不斷，彼此均有合作意願，幾個組織間的關係密切。第一次世界大戰爆發後，志願軍參謀長麥克尼爾則以志願軍參戰為籌碼，希望與大英討論改善愛爾蘭的政治權利。當時德國也派遣幾位軍官前來，欲與志願軍合作對抗大英政府；愛爾蘭共和兄弟會亦遣普朗克特 (Joseph Plunkett, 1887–1916) 於 1915 年前往柏林商議此事；德國駐美大使

---

❼ 其正式名稱應為〈1914 年愛爾蘭政府法〉(*The Government of Ireland Act 1914*)，同意愛爾蘭建立一個自治的地方政府，以便確保愛爾蘭能留在大英。

館也透過各種關係，與愛爾蘭各種組織協商，表示如果愛爾蘭能建立一個「國家」組織，德國願意在戰後的國際場合中予以支持。

1914 年 8 月，大英政府對德國宣戰，部分愛爾蘭獨立運動支持者認為「大英的困難就是愛爾蘭的機會」，愛爾蘭共和兄弟會開始籌劃在戰爭期間起事，以建立共和政府為目標。他們也明白此事並非經過一個單純的「起事」可以達成，於是積極與德國聯絡，希望獲其支援，更要掌握愛爾蘭志願軍，使之成為主要的打擊武力。最終的策略是以戰逼和，要求大英政府同意愛爾蘭獨立建國。

當時主其事者均具有共和兄弟會及志願軍的雙重身分，可以動員這兩個組織。他們同時又與蓋爾聯盟、新芬黨、商會等重要組織聯繫，要全面鼓動愛爾蘭社會的民族情緒，以期一舉成功。在皮爾士 (Patrick Henry Pearse, 1879–1916)❽號召之下，愛爾蘭共和兄弟會開始動員，加上愛爾蘭志願軍，以及康納利 (James Connolly, 1868–1916) 領導的「愛爾蘭公民軍」(Irish Citizen Army) 等各路人馬，在 1916 年 4 月 24 日起事，企圖占領都柏林市中心的一些重要據點，宣布建立愛爾蘭共和政府，脫離大英獨立。其他地方亦有零星的響應，但規模不大。

事件的領導人皮爾士於 1913 年 12 月加入愛爾蘭共和兄弟會，參與最高議會與軍事委員會的運作，負責策劃起事。皮爾士的語言極具煽動力，因此被推派為起事行動的發言人。1915 年，皮爾士認為：儘管大英帝國相當強大、其主政者聰明而且巧詐，

---

❽ 皮爾士原為教師，後成為律師，喜愛寫作。

但無法讓愛爾蘭青年心中代表未來希望的精神種子消失。此時，種子即將成熟，透露出即將以武力革命建立共和。當時計畫所有志願軍在復活節之前進行三天的演習，以便展開行動，但麥克尼爾遲遲未獲德國的援助，臨時決定提前行動，也導致動員不及，參與起事的人數有限。1916 年 4 月 24 日發動起事時，所有領導者均預期失敗的結果，但仍毅然行動。皮爾士率眾占領都柏林市中心的郵政總局作為行動總部。澳洲《時代報》(*The Age*) 在 1916 年 4 月 27 日報導：

> 都柏林新芬黨起事　郵政總局等房舍被占
> 十二名軍警遇害　情況已獲控制
> 倫敦　4 月 26 日
> 根據官方報導，星期一中午都柏林發生嚴重治安事件。一大群武裝新芬黨人愛爾蘭的強硬派占領了史蒂芬公園，並以武力強占郵局，剪斷電報線。他們還占領史蒂芬公園附近的房舍，薩克維爾街、愛碧街及碼頭。軍警增援時，有三名軍官、九名士兵及警員被殺，五名軍官、十四名士兵受傷。新芬黨人傷亡情況不詳。科克、里畝瑞克等愛爾蘭其他地區則相當平靜。❾

---

❾ http://150.theage.com.au/view_bestofarticle.asp?straction=updateinttype=1intid=817, 原址已裁撤，另參見 Internet Archive, "Sinn Fein Rising in Dublin," https://web.archive.org/web/20060823035019/http://150.theage.com.au/view_bestofarticle.asp?straction=update&inttype=1&intid=817

圖 24：復活節起事的行動總部郵政總局

戰鬥持續了六天，傷亡頗重，皮爾士最後決定投降，被捕後迅速遭到槍決，時年三十六歲。其餘參與者則受到不同處分，如艾蒙・瓦雷拉 (Éamon de Valera, 1882–1975) 在達特磨 (Dartmoor)、梅德斯東 (Maidstone) 及路易斯 (Lewes) 等監獄服刑之後，於 1917 年 6 月獲得特赦，死刑減為終身監禁❿。

---

❿ 許多人認為因為他具有美國公民身分，才能死裡逃生。但這種說法仍有爭議。因為瓦雷拉並未關進首謀者的監獄，雖遭判處死刑，但未立刻執行。如他與皮爾士等人監禁在一處，可能早遭處死。他的美國公民身分，也使他被執行死刑的時間排在後面，當時英國政府希望美國能加入第一次世界大戰戰局，對美國的外交關係格外小心，英方希望

這次起事雖未成功，但對愛爾蘭民心影響甚鉅。1918 年愛爾蘭舉行國會大選，民眾熱烈支持共和派，他們贏得一百零五席中的七十三席，足以說明民心向背。同年 7 月，東克雷爾 (East Clare) 選區議員在第一次世界大戰中陣亡，需補選議員，瓦雷拉便因曾參與復活節起事而獲得選民支持，當選下院議員，瓦雷拉也於 1917 年起擔任新芬黨的主席。

三、瓦雷拉與愛爾蘭獨立戰爭

1918 年 4 月，大英帝國面對德國的春季攻勢，計畫在愛爾蘭徵兵，使得愛爾蘭人對大英政府越加感到不耐，各地均有示威遊行。新芬黨成為這些行動的主導者，並受到群眾的支持。「新芬」(Sinn Féin) 原意為「我們自己」，原來並非一個政黨，而是支持愛爾蘭民族運動的宣傳口號。二十世紀初，都柏林的新聞業者葛里菲斯 (Arthur Griffith, 1872–1922) 辦了一份名為《聯合愛爾蘭人為我們自己》(*United Irishman and Sinn Féin*) 的報紙，鼓吹奧匈兩元帝國的事例，也呼應德國民族主義學派經濟學者李斯特 (Friedrich List, 1789–1846) 的主張，希望愛爾蘭能採取一些積極作為，以脫離大英帝國，並透過愛爾蘭傳統運動、文藝及語言，重建自我認同。1905 年 11 月，葛里菲斯提出了他的〈新芬政策宣言〉(*Sinn*

確認瓦雷拉的美國公民身分，因此延遲了死刑的執行命令。等到一切問題解決，重新討論死刑執行時，英國又顧慮各國觀感，改採較溫和的刑罰，停止所有死刑犯的死刑，瓦雷拉才得以保住性命。

Féin Policy)，雖然引起注意，卻未獲廣泛支持，但大英政府認為新芬黨與 1916 年的復活節起事有關， 反而引起許多愛爾蘭人注意，新芬的聲勢才逐漸上漲。

1918 年年底的國會大選，新芬黨獲得 70% 的選票，表達了多數愛爾蘭選民希望脫離大英統治的意向。新芬黨也表示，當選的議員絕不會到倫敦就職，並於次年在都柏林組成「愛爾蘭國會」(Dáil Éireann)。國會宣布建立「共和」之後，愛爾蘭志願軍改組成「愛爾蘭共和軍」(Irish Republican Army)，負責抵抗外侮，保衛國家，也對在愛爾蘭的大英政府宣戰。

「愛爾蘭獨立戰爭」(Irish War of Independence) 又稱為「英愛戰爭」(Anglo-Irish War)，由 1919 年成立的「愛爾蘭國會」領導，愛爾蘭共和軍為主體，主要以游擊戰的方式攻擊大英政府，並非傳統的正規軍隊作戰。 直到 1921 年， 英國國王喬治五世 (George V, 1865–1936) 提議休戰、和談才結束戰爭。這時期的共和軍有時也稱「老共和軍」，有別於今日同名的「愛爾蘭共和軍」。

1919 年 1 月，愛爾蘭爆發了武裝衝突。在迪波拉里郡，兩名愛爾蘭王家騎警隊的軍官因拒絕了共和軍令其繳械的要求而遭射殺，從而引爆雙方戰火。大英政府立刻宣布當地戒嚴，而愛爾蘭國會再度公布〈獨立宣言〉，要求大英政府撤軍，並呼籲其他國家承認愛爾蘭的獨立。

愛爾蘭獨立戰爭雖號稱戰爭，但雙方並未正式宣戰，愛爾蘭共和軍攻擊大英政府的機構及設施，暗殺政府要員，例如梅幽地方的行政長官米靈 (John Milling) 即因大肆逮捕示威群眾而首先遭刺。有些共和軍領袖如瓦雷拉主張使用傳統戰爭形式，讓世人認可愛爾蘭人的軍事行動；葛里菲斯則主張避免衝突，以不合作為手段，迫使大英談判；但柯林斯 (Michael Collins, 1890–1922) 等共和軍成員則不表認同。他們認為 1916 年起事之初，暴力行為並未受到愛爾蘭群眾認可，但大英政府的高壓手段，反而激起敵愾同仇的意識，民族主義者鼓吹「全體動員」以建立「國中之國」，群眾開始認識並支持共和軍的行動。

1919 年 1 月，新芬黨籍的國會議員，除了尚在牢獄中者外，在都柏林的「大會所」(Mansion House) 集會，宣布建立愛爾蘭共和國。柯林斯獲得情報顯示政府將逮捕與會者，並提出警告。此時瓦雷拉仍在英格蘭的牢獄之中⓫，他不顧警告，在柯林斯等人的協助下，於 1919 年 2 月越獄回到愛爾蘭，參與活動，並在 4 月間取代步魯和 (Cathal Brugha, 1874–1922) 為「國會領袖」。

此時一次世界大戰已經結束，「愛爾蘭共和政府」為尋求國際承認，乃派遣歐凱立 (Seán T. O'Kelly, 1882–1966) 前往參加巴黎和會，但巴黎和會的代表均表示無法承認愛爾蘭政府。瓦雷拉也親自前往美國向美國政府及國會進行遊說，並聯合知名的愛爾蘭裔美國人、訴諸美國群眾，希望美國能承認新的「共和政府」。他前後在美國停留了一年半（1919 年 6 月到 1920 年 12 月），成效並不顯著。除了俄國因需向愛爾蘭貸款而給予承認之外，並沒有任何其他國家承認共和政權。但瓦雷拉共募得五百多萬美元，除

⓫ 瓦雷拉原在 1918 年 5 月時遭大英政府逮捕，送往英格蘭服刑。

圖 25：新芬黨籍的國會議員，在都柏林的「大會所」集會。

了其中的五十萬作為美國總統大選的政治獻金外，其餘款項卻下落不清，國際社會仍未承認共和政府。當時許多愛爾蘭裔的美國政治領袖並不認同瓦雷拉的領導地位及風格，不願與他見面。

瓦雷拉在美國期間，愛爾蘭的政務由年僅二十九歲的「財政部長」柯林斯處理。在此同時，大英政府與愛爾蘭持續對立，更於 1919 年 9 月宣布愛爾蘭議會為非法組織，衝突也不斷升高。

第二節　持續衝突

一、柯林斯與共和軍的活動

柯林斯於 1890 年出生於南部大城科克附近的小鎮，其父年輕時就參加愛爾蘭民族運動，後來回鄉務農⓬。柯林斯相當聰穎，但性格熱情、急躁，受到鎮中一名鐵匠及學校老師的影響，開始認識民族問題，成為激進的民族主義者，投身民族運動。1906 年，他在倫敦通過大英政府的文官考試，在郵局任職。其後又加入倫敦地區的「蓋爾體育會」(Gaelic Athletic Association)，再透過體育會組織加入「愛爾蘭共和兄弟會」。

柯林斯在復活節起事中，發揮他的組織長才，蒐集情報，與皮爾士等人攻打郵政總局，但因人力不足，無法與英格蘭軍隊對抗。郵政總局位於通衢大街，不易防守，無法補給，也無退路。柯林斯日後便記取此次起事的教訓，採取游擊戰略，攻擊後立即撤退，沒有防守問題，避免成為「活靶」。

復活節起事後，柯林斯與許多人一起被捕入獄，幾乎要被送

⓬ 柯林斯的家庭原是里畝瑞克的領主，英格蘭人入侵之後，喪失土地，被迫遷往南方，但仍擁有一百四十五英畝土地（約〇．六平方公里），生活仍算富裕。父親六十歲時，娶了二十三歲的瑪麗安．歐布萊恩 (Marianne O'Brien)，柯林斯六歲時父親便已辭世；他的姊姊為修女，在倫敦教書。

上絞刑臺，後改判徒刑。他在獄中鼓舞同志士氣，獲赦之後，成為英雄人物，更獲新芬黨人的支持，成為該黨重要領導，負起策劃獨立的工作，將「愛爾蘭志願軍」重新組織起來，與大英進行抗爭。1919 年，瓦雷拉任命柯林斯擔任財政部長，柯林斯表現極為傑出，雖然在「獨立戰爭」期間，所有「共和國」的政府職務都沒有具體意義，所謂的「部長」也多為紙上作業，而且相當危險，但柯林斯卻能做得相當出色。他一面發行「公債」，籌募活動經費⓭，以提供各地共和軍組織所需的經費及裝備，另一方面還要負責人員調度與各種行動的情報蒐集。

柯林斯兼任「愛爾蘭共和軍」的情報部長，建立一個靈活的軍事情報網路，甚至在都柏林的行政體系及警察系統中布署許多耳目。當時大英政府嚴密監視共和軍的活動，並伺機鎮壓、逮捕，都柏林警局還特別設立一個「G 組」，專門負責指認共和軍，以便逮捕，造成共和軍損失慘重。柯林斯便組成一個專門對付「G 組」及大英情報組織的暗殺組織「十二使徒」(Twelve Apostles)⓮。柯林斯在警告 G 組成員之後，開始行動，許多 G 組成員因此離開愛爾蘭，顯示柯林斯的工作極為成功。1920 年，大英政府懸賞一萬

⓭ 甚至遠在俄國的列寧也風聞其活動，派遣代表前往考察，希望效法，還一度以俄國皇室珠寶抵押，向柯林斯貸款。柯林斯死後，這批珠寶便被遺忘，一直留在都柏林，1930 年才偶然被發現。

⓮ 十二使徒原指六世紀愛爾蘭的一些傳教士。柯林斯組織這個行動隊，對付大英的情報部門，最著名的行動為 1920 年 11 月的「血腥星期日」，與情報部門有關的十四名大英軍官被刺殺。

英鎊逮捕柯林斯，柯林斯也因此被稱為「大傢伙」(the Big Fellow)。

「愛爾蘭共和軍」的另一個核心人物是穆家希 (Richard Mulcahy, 1886–1971)，他成功地組織並指揮各地游擊隊；共和軍的許多地方領導者也相當稱職，突擊策略成效良好。共和軍名義上的成員超過十萬，但據柯林斯自己的統計顯示，參與正常有效運作者大約有一萬五千人，積極活動者大約三千人。共和軍也有一些外圍組織如「婦女團」(Cumann na mBan)、「青年運動團」(Fianna Éireann)，負責搬運、採購及情報蒐集等工作。

共和軍的主要目標係針對大英帝國的「爪牙」「愛爾蘭王家騎警隊」(Royal Irish Constabulary)，攻擊他們的員警及駐地，並搶奪其裝備⓯。自 1920 年春，共和軍開始升高軍事行動，4 月初，共和軍縱火燒毀四百個派出所、一百個稅務機構。大英駐愛爾蘭大臣向內閣的報告指出，當地行政體系已完全無法運作；司法機構亦因陪審員拒絕出席而停擺。鄉間幾乎全為共和軍控制，王家騎警只能集中到城市，至夏季時，員警紛紛辭職。愛爾蘭共和政府更於 1920 年 4 月起組織「愛爾蘭共和警察」(The Irish Republican Police) 以取代王家騎警，並成立自己的法院。當時愛爾蘭的三十二個郡中，有二十一個郡由共和警察維持社會治安。

在杯葛行動方面，工人組織起來，配合民族主義的活動而罷工。1919 年 4 月，大英政府頒布〈國土防衛法〉(*Defence of the*

⓯ 當時 RIC 只有九千七百人，分散於一千五百個派出所。

Realm Act)，將愛爾蘭劃為「特別軍事區」，里畝瑞克商業及勞工議會為了抗議此法而舉行罷工，商會控制市區長達四天。1920 年初，都柏林的碼頭工人拒絕搬運任何軍事物資，愛爾蘭運輸工會及全國工會也立即響應，連火車駕駛也拒絕為大英的運兵車服務。此外，1920 年中以後，愛爾蘭共和政府自訂法律，管理稅收，並號召民眾不再向大英政府交稅，利用原應繳稅的錢購買他們發行的「國債」，以利共和政府正常運作。1920 年底，國債所募得的款項高達三十六萬英鎊；其他雜稅亦由地方議會轉到新芬黨的財政機構運用，不再交到大英財政部門。

二、大英帝國的反應

大英政府面對共和政府的各項措施不斷尋求反制之道，以壓制愛爾蘭群眾的反抗。1919 年 9 月起，大英的報復行為逐漸升高，一名駐防科克郡的英軍在共和軍的行動中喪生，二百名大英軍隊便在科克市中心大肆掠奪，並焚毀商業區。葛里菲斯估計，衝突爆發後的十八個月中，大英軍隊掠奪了近四千所民宅，逮捕近五千人，發生一千六百多件的非法暴力事件，包圍一百多個城鎮，殺死七十多名無武裝的平民或共和支持者。1920 年 3 月，新芬黨籍的科克市長馬克騰 (Tomás Mac Curtain, 1884–1920) 在家中被蒙面歹徒射殺。法院審理後認為此事應為大英政府指使，首相勞合喬治 (David Lloyd George, 1863–1945) 及大英政府駐該區長官等人必須為此負責。這類的反制暗殺行動從 1920 年下半年起也逐漸增加，衝突、對立不斷升高。

大英政府不斷增加在愛爾蘭的武力。當時第一次大戰結束不久，許多軍人亟待就業，大英政府便招募英格蘭與蘇格蘭的退伍軍人，成立了一支七千人的輔助警力，因穿著黑褐兩色制服，故被稱為「黑褐軍」(Black and Tans)⓰。這支警力於 1920 年進入愛爾蘭，引發民眾對大英政府的惡感。1920 年 7 月，另一支由二千多名大英軍官組成的「輔助軍」(Auxiliary Division) 開抵愛爾蘭，與黑褐軍一樣，對平民極為殘暴，也較敢於對抗共和軍的行動。

大英政府一面鼓勵這些報復行動，表面上卻又加以否認。當時驗屍工作為一般法院處理，但為了掩飾軍方行動，大英國會於 1920 年 8 月通過〈愛爾蘭秩序維護法〉(*The Restoration of Order in Ireland Act*)，停止正規法院的驗屍職權，交由軍事調查庭處理，足以說明勞合喬治處理愛爾蘭事務鎮壓而非協調的態度。

武裝暴力行動在 1920 年 11 月至 1921 年 7 月間最為頻繁 。1920 年 11 月 ，柯林斯的縱隊策劃並暗殺了十多名大英的情報人員，輔助軍立刻將軍用卡車駛入都柏林市區的克羅課公園 (Croke Park)，對著正在進行足球賽的體育場開火，射殺十四名手無寸鐵的平民，另有六十五人受傷。稍後，有兩名涉案人「因企圖逃亡」被射殺，實際上也是報復行動的一環，此一事件史稱「血腥星期日」。一星期之後，共和軍在科克郡的小組攔擊並射殺十八名巡邏

⓰ 這支警力剛剛組成時，裝備不足，故發給大英軍隊的卡其色長褲、墨綠色帽子及腰帶，故名之為「黑褐軍」，也簡稱「褐軍」(Tans)。即便以後服裝改款，名稱依然。

圖 26：1920 年 12 月 14 日，在衝突當中遭到破壞的科克郡

的輔助軍，只有二人倖免，雙方衝突不斷升高。

大英政府宣布科克、開立、里畝瑞克、迪波拉里等地戒嚴，在政府同意之下，輔助軍在科克郡開始掠奪並焚毀民宅。1921 年 2 月戒嚴法實施後，有二十多名共和軍成員遭到公開處決。接下來的八個月中，衝突不斷，包括共和軍、王家騎警、大英軍隊及平民百姓，有近千人喪生，死亡人數占了三年衝突總喪生人數的七成。另有四千五百名共和軍或疑似共和軍遭到拘捕、囚禁。

1921 年 3 月，愛爾蘭國會對大英帝國宣戰。3 月 19 日，巴利 (Tom Barry, 1897–1980) 率領一百多名共和軍成員與大英一千二百名軍隊在科克郡對峙，兩天後，又攻擊吉拉擬 (Killarney) 的火車，估計殺死二十名政府軍，二名共和軍陣亡，三名平民亦遭波及。規模不一但類似的行動持續不斷。

1921 年 5 月共和軍在都柏林的行動遭受重大挫折。數百名共和軍都柏林團的成員企圖占領市政中心的「關稅總署」(Custom House)，希望透過這場戰役向世人宣示其戰力及決心，結果卻有五人喪命，八十多人遭到逮捕。這次失敗的行動說明了共和軍裝備不足，並缺乏正面作戰的能力。但往後數月中，共和軍仍不斷發動攻勢，卻因無法補給消耗迅速的彈藥裝備，使其戰鬥力日減。此時，許多共和軍領袖已意識到戰事不可能再延長，領導核心甚

圖 27：關稅總署　1921 年共和軍焚毀地方政府中心關稅總署，打擊英國在愛爾蘭的統治。

至已計畫要暫停活動，將戰場轉移到英格蘭，攻擊大英帝國的經濟中心來舒緩愛爾蘭的壓力⑰。

1921 年 5 月，愛爾蘭二十六郡舉行國會大選，新芬黨獲得一百二十八個席次中的一百二十四席，當選者同樣拒絕就職。根據〈1920 年愛爾蘭政府法〉(*The Government of Ireland Act 1920*)⑱，政府解散南愛議會，並宣布南愛爾蘭為「王室殖民地」(crown colony)，由倫敦直接統治。共和軍又發動一波攻擊，殺死十五名警察。大英政府的南愛統治政策完全失敗：既無法與新芬黨和談，也無法壓制共和軍的攻擊。

經過長時期的鬥爭，大英政府終於提出和談的要求，1921 年 7 月，雙方停戰並展開協商。瓦雷拉要求愛爾蘭議會選舉他為總統，以便取得與大英國王喬治五世對等的地位。但喬治五世根本不出席雙方會談，瓦雷拉也因此缺席，另行指派一個代表團前往，由葛里菲斯領隊，柯林斯擔任副手，另有祕書巴敦 (Robert Barton, 1881–1975) 及柴爾德斯 (Robert Erskine Childers, 1870–1922) 等其他隨行人員於 10 月抵達倫敦。代表團在倫敦成立一個總部，商議條約細節，並提報愛爾蘭議會。雖然瓦雷拉授與條約談判代表全權資格，但仍暗中下達指令，也要求代表們在條約簽字之前先回到都柏林。

---

⑰ 前一年（1920 年），共和軍在利物浦的碼頭發動炸彈攻擊，收到良好效果，當地警方監控不嚴，使行動者順利脫逃。

⑱ 〈1920 年愛爾蘭政府法〉原本希望在愛爾蘭實施自治之時，作為組織政府的母法，但也成為愛爾蘭分裂的法源。

經過一個多月的冗長協商，雙方終於在12月達成協議，12月6日簽訂〈英愛條約〉(*Anglo-Irish Treaty*)。但〈英愛條約〉實際上是一個「協定」(Agreement)，由大英政府 (British Government) 與「愛爾蘭代表」(Irish representatives) 所簽署，不是「政府間」的條約。條約第一、二條明確規範大英承認愛爾蘭具有與加拿大、澳洲與紐西蘭一樣的「自治領」(Dominion) 地位，稱為「愛爾蘭自由邦」(Irish Free State)⓳；條約第三條規定，大英政府仍將派遣代表前往都柏林執行統治權；第四條則規定所有國會議員必須宣誓效忠國王喬治五世及其繼承人⓴；第五條要求愛爾蘭自由邦必須按比例負擔大英的公債。

根據國際法，愛爾蘭自由邦為一個「自治領地」，不具完整的國際人格，行政權名義上仍屬於英國王室，但交由愛爾蘭政府行使，享有自治權利。愛爾蘭自由邦可以建立一個兩院制的國會，政府組織與大英類似，下議院為主要的立法及行政機構，組成執政團隊；愛爾蘭也成立一個獨立的司法機關。大體而言，愛爾蘭除了仍奉大英國王為國家元首以外，頗能獨立自治，遠比巴奈爾及愛爾蘭國會黨的要求徹底得多。

雖然如此，愛爾蘭仍在「大英帝國」的治下，條約也要求愛爾蘭人必須宣誓效忠大英國王，支持共和政體者因此認定〈英愛

⓳ 此名稱係根據愛爾蘭的意願，由克爾特語 Saorstát Éireann 英譯而成。

⓴ 根據條約規定，愛爾蘭人應當宣誓效忠愛爾蘭，但愛爾蘭仍為英國國王的轄地，所以必須效忠英王。

條約〉是一種「背叛」。

新芬黨內部因此發生歧見，國會也為此討論了十天，最後以六十四票比五十七票通過條約。在辯論過程中，國防部長步魯和對柯林斯相當輕蔑，但愛爾蘭輿論稱柯林斯為「贏得戰爭的人」。的確，柯林斯在獨立戰爭中指揮愛爾蘭共和軍，扮演最重要的角色，對大英政府施加相當大的壓力，大英才會被迫接受和談，簽訂條約。

〈英愛條約〉理應適用於全愛爾蘭，但北部六郡有部分居民信仰英格蘭國教派，表達強烈留在大英帝國的意願。瓦雷拉與柯林斯為免節外生枝，同意先保留六郡問題。北愛六郡的抗議教派信徒居住區域多集中在北愛東部，柯林斯因此主張將此六郡的範圍縮小，使其不得不與愛爾蘭自由邦合作，以便達成合併的終極目標。英、愛雙方共同組成一個「勘界委員會」(Irish Boundary Commission) 劃定區域，區內行政事務仍歸大英政府管理。

另一方面，一直拒絕「自治」的北愛爾蘭卻也根據 1920 年的〈1920 年愛爾蘭政府法〉獲得自治的權利。自治法通過時，對北愛爾蘭議會組織的規定不明，最後由大英上院修訂為兩院制，並於 1920 年完成立法，本法有時也稱為〈第四次自治法〉。厄斯特便以此法為依據，在貝爾法斯特成立一個獨立的議會，與都柏林分治。

第十一章 *Chapter 11*

從自由邦到共和國

第一條　愛爾蘭自由邦，以下稱愛爾蘭自由邦，亦稱做 Saorstát Éireann，為不列顛國協平等的會員體。

第二條　愛爾蘭政府的所有權力，包括立法、行政與司法來自於愛爾蘭人民。上述權力在愛爾蘭自由邦境內由根據憲法、符合憲法規定的政府機構行使。

第四條　愛爾蘭自由邦的法定語言為愛爾蘭語，但英語亦應被視為官方語言。愛爾蘭國會特別規範特定地區可以只使用一種語言時，並不受本條限制。

1922 年〈愛爾蘭自由邦憲法〉❶

---

❶ http://acts.oireachtas.ie/zza1y1922.1.html, 原址已撤裁，另參見 electronic Irish Statute Book (eISB), "Constitution of the Irish Free State (Saorstát Eireann) Act, 1922," https://www.irishstatutebook.ie/eli/1922/act/1/enacted/en/print

第一節　內戰爆發

一、內　戰

1921 年 12 月 6 日〈英愛條約〉簽字後，愛爾蘭議會也隨即以六十四比五十七的些微差異通過條約，卻引起瓦雷拉的不滿。他認為愛爾蘭並未因這份條約而獲得真正的自由；而支持條約者則認為條約提供了「達成自由的自由」(freedom to achieve freedom)，雙方僵持不下。瓦雷拉決意辭去國會議長一職，率領新芬黨部分議員退出國會。國會乃選舉葛里菲斯繼任，於 1922 年 1 月 14 日組織了愛爾蘭的「臨時政府」(Provisional Government)。

瓦雷拉不能接受條約主要有幾個因素：條約中規範的〈忠誠誓約〉(*Oath of Allegiance*)，要求全體愛爾蘭人民必須向英國國王宣誓效忠；愛爾蘭加入大英國協 (British Commonwealth)❷後，大英在愛爾蘭自由邦境內仍保有海軍基地；愛爾蘭的國際法人屬性為「自治領」，外交無法獨立，愛爾蘭並非一個主權完整的國家，

---

❷ 大英國協正式名稱為「國家共榮體系」(Commonwealth of Nations)，由大英的前殖民地、自治領等組成（但前葡萄牙的殖民地莫三鼻克 Mozambique 與英法共治的土瓦魯 Tuvalu 除外），目前會員數為五十六個。國協以英格蘭國王查爾斯三世為元首，國協設有秘書長一名，負責國協的組織及運作。國協並非政治組織，大英對國協各會員也無主導權。

與大英殖民地相去不遠。1922 年 3 月，瓦雷拉發表一份措辭強烈的聲明，表示如果通過這份條約，愛爾蘭將血流遍地才能獲得真正自由。往後一段時間，他在各地演說，不斷發表類似看法。反對瓦雷拉者批評他刺激民氣，想挑起內戰；支持者則認為瓦雷拉是為了大英成功分化愛爾蘭愛國陣營而義憤。

如果仔細檢討〈英愛條約〉，可以看出愛爾蘭比當時大英其他的自治領享有更多自由，條約中規定的〈忠誠誓約〉也比較中性，並未強調英格蘭王的領主身分，國王常駐愛爾蘭的代表也由愛爾蘭人出任。從立法角度看，愛爾蘭自由邦的國家元首雖然是大英國王，但政府權力仍是來自愛爾蘭人民。

愛爾蘭的臨時政府受到議會與多數民眾的支持，儘管政府與瓦雷拉領導的「反條約派」關係緊張，但為了不讓新成立的自由邦蒙上內戰的陰影，極力避免衝突。然仍有少數共和軍分子反對條約，決意重新拿起武器。他們於 1922 年 6 月 28 日占領「四法院」(Four Courts)❸建築，引起大英的關切。當時大英的內政大臣邱吉爾 (Winston Churchill, 1874–1965) 表示不可能坐視，任令情況惡化，如果自由邦再不採取任何行動，大英便將介入。柯林斯被迫派兵鎮壓，因此引爆了另一波內戰。

此時共和軍行動是由參謀長林區 (Liam Lynch, 1893–1923) 負責。瓦雷拉雖然是反條約派的領袖，但並沒有實際影響力，也

---

❸ 四法院為最高法院 (Supreme Court)、高等法院 (High Court)、中央刑事法院 (Central Criminal Court) 及都柏林地方法院 (Dublin Circuit Court) 使用。

圖 28：受戰火摧殘的四法院建築

沒有參與任何戰鬥行動，對共和軍的軍事調度更沒有置喙的餘地。軍事行動開始後，瓦雷拉並不希望再見到流血衝突，故於 1922 年 9 月 8 日私下會見自由邦的軍事領袖穆家希，希望停止戰鬥，但並無共識。

瓦雷拉已於 1922 年 1 月辭去愛爾蘭總統一職，然而共和軍與其他共和派議員卻在 10 月間決議要瓦雷拉「復職」，仍稱他為「共和總統」及「國家主要執政」。共和軍還成立一個「緊急政府」，雖自稱「在民選議會自由運作，人民不受外力侵略之前，具有共和與國家臨時最高行政權力」，但這個「緊急政府」並沒有實際的行政權。內戰期間，愛爾蘭的所有政務仍由柯林斯負責，政府則開始逮捕共和派人士，瓦雷拉本人也遭拘捕，留置在克雷爾的監獄中，至 1924 年才出獄。

二、科斯葛雷弗政府

內戰爆發不久，柯林斯遇刺身亡，由科斯葛雷弗 (William Thomas Cosgrave, 1880–1965)❹繼任為愛爾蘭臨時政府主席。科斯葛雷弗是在 1905 年參與新芬黨大會後，才開始熱心政治，並於 1913 年加入愛爾蘭志願軍，也參與了復活節起事。服刑期間被提名為國會議員候選人，1918 年順利當選，獲釋後得以參與愛爾蘭議會。科斯葛雷弗原非新芬黨核心人物，因與瓦雷拉私交甚篤，被任命為內政部長，負責推動愛爾蘭群眾的「不合作運動」，以求自治。1920 年時，愛爾蘭大選首度採行比例代表制，新芬黨在三十三個地方議會中贏得二十八處勝利，各地議會立即切斷與大英政府的聯繫，宣布效忠科斯葛雷弗主管的內政部，科斯葛雷弗才逐漸成為政治明星。

科斯葛雷弗並不同意瓦雷拉有關〈英愛條約〉的理念，認為自治領地位至少與澳洲或加拿大一樣，可以獲得國際承認，而共和派人士立刻建立獨立共和國的主張顯得不切實際，因此支持柯林斯與葛里菲斯。1922 年 1 月，瓦雷拉因〈英愛條約〉而辭職時，科斯葛雷弗繼續在新內閣中擔任重要職務。

---

❹ 一般人習慣稱他為 W. T.，1880 年生於都柏林，父親是一商店店東。他自學校畢業後就繼承父業。

1922 年 6 月的大選，由支持和約派獲勝，組織政府，但 8 月間葛里菲斯過世，柯林斯又於數日後遇刺身亡，新的自由邦頓失領袖。科斯葛雷弗因有內政及財政部門的行政經驗，被推舉為新領導，擔任國會議長及臨時政府的總理。1922 年 12 月，愛爾蘭自由邦正式成立，由科斯葛雷弗擔任第一任總理 (prime minister，為內閣制領袖)，稱為「行政會議主席」(President of the Executive Council)，直到 1932 年才去職。

1923 年 4 月，支持條約的新芬黨人組織了一個新的政黨，稱為「蓋爾聯盟」(Cumann na nGaedhael)❺，由科斯葛雷弗自任主席。「蓋爾聯盟」雖是一個新政黨，但許多成員都是政壇健將。1923 年，愛爾蘭進行自由邦成立後的第一次國會選舉，「蓋爾聯盟」首次參與選舉便獲得六十三席，並取得組閣權。新內閣的成員都相當年輕，科斯葛雷弗就任總理時年僅四十二歲，已是最年長的閣員。他的首要任務就是將陷於內戰的新國家統一起來，並向世人證明愛爾蘭人有自治的能力。科斯葛雷弗雖然反對死刑，但為了建立和平及秩序，不得不採取嚴刑峻罰對付共和派人士，共有七十七人遭處死，比起大英政府在愛爾蘭獨立戰爭中處決的十四名共和軍還多。

新政府成立的前幾年遭遇許多問題：戰爭結束後，政府要維持內戰期間組織的軍隊所費不貲，因此計畫裁軍，但軍方擔心裁

❺ 克爾特語中自稱為「蓋爾」Gaelige。這個黨後來改組為 Fine Gael，意為「愛爾蘭之家黨」。

軍後的失業問題而強烈反對。1924 年 3 月，兩名將官發出最後通牒，要求停止裁軍。當時科斯葛雷弗住院，代理總理職務的司法部長希金斯 (Kevin O'Higgins, 1892–1927) 認為這是「叛變」的舉動，堅決不為所動，國防部長穆家希憤而辭職。希金斯雖然獲勝，但新政府也出現分裂跡象。

1924 年大英與愛爾蘭政府同意成立「勘界委員會」以劃定愛爾蘭自由邦與北愛爾蘭的邊界，大英政府亦承諾將邊界地區居民的意願納入劃界的考量。自由邦的代表教育部長伊恩．麥克尼爾原預期在公教徒較多的區域如德里、費馬納 (Fermanagh)、泰隆及阿瑪等郡能獲得較多領土。但經長期祕密協商後，自由邦的領土並沒有太大改變，在瑙尼高郡甚至失去部分土地。這樣的結果被視為自由邦談判代表的重大失敗，伊恩．麥克尼爾因為未向科斯葛雷弗報告委員會的進度而引咎辭職。為了補救，科斯葛雷弗立刻前往倫敦，與大英首相及北愛爾蘭國務大臣會談，同意維持邊界的原狀。

外交政策方面，科斯葛雷弗並不相信大英政府會尊重自由邦的獨立，事實也證明了他的想法無誤。關於〈英愛條約〉的屬性，倫敦與都柏林的解讀也有不同：倫敦政府認為這是「內部事務」，但都柏林則視之為兩個獨立國家間的「國際條約」，而國際聯盟也支持都柏林的觀點。自由邦政府於 1923 年申請加入國際聯盟，儘管大英政府反對，自由邦仍獲得各國支持，成為會員。此外，自由邦也派遣外交代表常駐華盛頓，成為大英國協中第一個案例；自由邦又與歐洲其他國家交換使節，以爭取國際支持。

科斯葛雷弗的經濟政策相當保守，在他執政期間，一直以壓低稅賦，減少政府支出，避免預算赤字；但是愛爾蘭經濟狀況不如大英，愛爾蘭鎊的幣值緊跟英鎊，使得愛爾蘭鎊的幣值高估，不利於國際貿易。都柏林政府主張自由貿易，除了一些特定項目外，均極力避免關稅保護政策；新政府也決定重點發展農業，成立愛爾蘭糖業公司及愛爾蘭農業信用合作社，以輔導並鼓勵農業發展，在控制農產品品質、土地改革、輔導佃農取得土地等事項，均有相當不錯的成績。

瓦雷拉領導的「命運戰士黨」(Fianna Fáil)❻也參與了 1927 年 6 月的大選，並在國會取得相當席次。但命運戰士黨效法新芬黨的作法，競選而不就職，以凸顯其對自由邦體制的抗議。總理科斯葛雷弗最後採取立法手段，強迫命運戰士黨議員必須就職。瓦雷拉等人只得同意宣誓，等於接受〈英愛條約〉的規範。如此一來，多年來的內戰又顯得荒謬而毫無意義。

第二節　經濟恐慌後的愛爾蘭

一、內閣更迭

1930 年代，歐美等地出現嚴重的經濟衰退現象，逐漸演變成世界性的危機，愛爾蘭也受到重創。先是在 1929 年時，美國股票

❻ 意為「命運的戰士」(Soldiers of Destiny)，現在仍是愛爾蘭重要政黨。

下跌、物價上漲、工廠倒閉、工人失業，情況逐漸蔓延到歐洲各地，嚴重打擊各國經濟與社會。愛爾蘭的工業過度集中於北部地區，南部則以農牧業為主，分布並不平衡。對愛爾蘭自由邦而言，北愛爾蘭分裂出去不僅是政治上的損失，也是經濟上的重大損失，在經濟危機發生時，感受尤其深刻。愛爾蘭經濟原本就十分仰賴大英，當大英經濟困難，緊縮進口，愛爾蘭便受到影響，產品滯銷，農民生活艱困，工人也因工廠倒閉而失業，引發另一股移民風潮。

愛爾蘭國會本應在 1932 年年底舉行選舉，但因為國內情勢不穩定，而年中又要舉行大英國協會議，因此科斯葛雷弗決定提前在 2 月舉行大選。不過他錯估形勢，在經濟發生問題時，並不利於執政黨選舉，「蓋爾聯盟」仍希望以過去十年的清廉與穩定訴諸選民，並未提出新的政策。科斯葛雷弗還將主張以社會主義方式解決經濟問題的命運戰士黨描繪成共黨分子，反而引起群眾反感，最終由主張社會改革的命運戰士黨贏得選舉，科斯葛雷弗的蓋爾聯盟淪為在野。

科斯葛雷弗並非具有群眾魅力的政治家，卻稱職地扮演他的角色，他平實的政策能穩定自由邦成立之初的政局，也促使「大英帝國」轉變為「大英國協」。他也嚴守民主的基本原則，使愛爾蘭共和體制能生根茁壯。1933 年，愛爾蘭的其他三個政黨：蓋爾聯盟、國家中心黨 (the National Centre Party) 及國家保衛者黨 (the National Guard) 改組合併為愛爾蘭之家黨 (Fine Gael)，由科斯葛雷弗出任首任黨魁，但他一直無法帶領新政黨贏得選舉，只能扮演在野角色。

二、瓦雷拉政府

1932 年的選舉中，命運戰士黨獲得七十二席，成為國會最大黨，但仍無法掌握過半席次，3 月 9 日，愛爾蘭總督詹姆士．麥克尼爾 (James McNeill, 1869–1938) 任命瓦雷拉出任行政議會主席（總理)。此後十數年間，由瓦雷拉主導愛爾蘭的政治發展，將自由邦轉型為獨立的共和體制，逐漸活躍於歐洲國際社會，還歷經了第二次世界大戰的砲火。

瓦雷拉在國會選舉期間，提出發展自由邦工業、廢除〈忠誠誓約〉，以及拒付大英土地年金的競選政見，都必須一一檢驗，首先要解決愛爾蘭與大英政府間的國債問題。

當愛爾蘭自由邦成立時，大英政府曾經出面協調，將許多地主的土地交給佃農，愛爾蘭自由邦同意每年支付約五百萬鎊的土地補償金，但瓦雷拉政府決定停止交付這筆補償金，大英政府立刻以對愛爾蘭牲畜徵收進口稅作為報復。愛爾蘭自由邦則對大英進口物資徵收關稅，引發雙方的「經濟大戰」。農民受到極大的衝擊，讓已受到世界經濟不景氣影響的愛爾蘭經濟更是雪上加霜，不過愛爾蘭選民基於民族情感，仍願意支持瓦雷拉對抗大英政府。1938 年，英愛雙方幾經交涉，終於達成協議，自由邦一次繳付一千萬英鎊，作為土地補償，大英則將一些條約口岸交還自由邦，衝突終於落幕。愛爾蘭各界原本對命運戰士黨執政能力抱持懷疑態度，但該黨卻漸入佳境，贏得選民信任，連續贏得四屆國會大選，前後執政十六年。

除了經濟問題外，瓦雷拉還必須解決許多憲法爭議，包括〈西敏寺法〉(*The Statute of Westminster*, 1931)❼及愛爾蘭總督的功能問題。

三、〈西敏寺法〉與愛爾蘭的憲政地位

第一次世界大戰之後，民族自決風潮興起，殖民地紛紛尋求獨立，大英也必須改變原有的殖民地及自治領地政策，以為因應。1926 年，大英首相包得溫 (Stanley Baldwin, 1867–1947) 在帝國會議 (Imperial Conference) 中表示：大英與所有自治領地的地位相同，互不隸屬，完全是因為國王的關係才聯合為「大英國協」。1930 年，大英政府又在「帝國會議」中決議取消大英國會的最高立法權，往後國會的任何決議不得適用於大英自治領中。大英國會因此制訂了 1931 年的〈西敏寺法〉，規定：

> 第一條：自治領指加拿大、澳洲、紐西蘭、南非、愛爾蘭自由邦及紐芬蘭。
>
> 第二條：
>
> 1. 1865 年的〈殖民法律有效法〉(*The Colonial Laws Validity Act*) 不得適用於本法公布實施後的任一自治領

❼ Legislation.gov.uk, "Statute of Westminster 1931," http://www.statutelaw.gov.uk/content.aspx?activeTextDocId=1081723

之國會所制訂的法律。

2.本法實施後，自治領所制訂之法律或規定，不會因與英格蘭法律或聯合王國將來可能制訂之法律、規定或根據法律制訂的規章抵觸而無效。各自治領也有權根據自治領法律，撤廢或修訂法律、規定、規章。

第三條：自治領議會有權制訂可實施於其境外之法律。

第四條：本法實施後，除非自治領有明確的表示，請求並同意外，聯合王國所制訂之法律不得在其自治領內適用。

〈西敏寺法〉除了反映第一次世界大戰後民族自決的趨勢外，也是愛爾蘭人經過許多流血衝突才獲得的法律自由。但 1930 年代以後，瓦雷拉所追求的是更徹底的自由。

1.愛爾蘭總督

瓦雷拉還對大英派遣的愛爾蘭總督（The Governor-General，愛爾蘭文 Seanascal）有相當意見。1922 年自由邦成立以後，大英便派遣愛爾蘭總督，象徵性地行使治權，直到 1937 年才廢止。當時的總督多是國王指派重要官員出任，居住於都柏林的官邸之中。但對許多主張共和的人士而言，這仍是王權的象徵、愛爾蘭的屈辱，必欲除之而後快。

1927 年 4 月，大英國會通過〈王室與國會頭銜法〉(*The Royal and Parliamentary Titles Act 1927*)，將聯合王國的正式國名由「大英與愛爾蘭聯合王國」(United Kingdom of Great Britain and

Ireland) 改為 「大英與北愛爾蘭聯合王國」 (United Kingdom of Great Britain and Northern Ireland)，意即承認愛爾蘭自由邦與大英沒有隸屬關係。英王喬治五世的稱號也由原先的「大英及愛爾蘭國王」 (king of the United Kingdom of Great Britain, Ireland and of the British Dominions) 改成 「大英、北愛爾蘭及其他領地國王」 (king of the United Kingdom of Great Britain and Northern Ireland and of the British Dominions)。這個法律為了解決長期的爭議，先區隔大英國王與愛爾蘭國王的身分，認為：愛爾蘭為一個王國，其國家元首為大英國王兼任。實際上愛爾蘭由愛爾蘭國王統治，而大英國王在愛爾蘭的身分僅限於愛爾蘭國王。自此大英國會不能再干涉愛爾蘭事務，都柏林政府可以自行任命總督 (Governor-General of the Irish Free State)。但愛爾蘭自由邦的憲法原無 「總督」任期、住所等相關規範，1927 年以後才規定愛爾蘭總督的任期均以五年為限。

總督在名義上是受國王所託，根據愛爾蘭行政會議的「建議」治理愛爾蘭，大英與自由邦間的所有官方文書往來均需先經過總督。這意味著總督接受大英政府的指令，成為大英政府實行統治權的重要管道。例如愛爾蘭國王派遣的第一任總督希利 (Timothy Michael Healy, 1855–1931) 就接受政府指示，不斷否決愛爾蘭議會所有違反〈忠誠誓約〉的法案。

總督還可以指定及任命行政會議主席 (總理)，再由總理組織內閣；總督也可以召集或解散國會。國會提出的法案在總督簽字之後，等同取得國王同意而生效。理論上，總督也可以保留法案，拒絕簽字，使其不能生效，直到國王同意為止，等於技術上推遲法案的效力，但以一年為限；總督還得接受總理的建議任命法官。

瓦雷拉也將總督的任命轉換成一個政治議題，將之設定為愛爾蘭國王與自由邦總理間的事項，藉以排除大英國會的干涉。1936 年，大英國王愛德華八世 (Edward VIII, 1894–1972) 因為婚姻問題自願退位，瓦雷拉認為大英國王退位的法律效果只在大英帝國境內生效，愛爾蘭仍承認愛德華為愛爾蘭國王，藉此凸顯愛爾蘭的獨立地位。在大英與愛爾蘭自由邦完成協商之前，愛德華一直具有愛爾蘭國王的身分。

第二任愛爾蘭總督詹姆士．麥克尼爾原為技術官僚，服務於大英殖民地，其兄原為共和軍領袖之一，他因此捲入復活節起事。事平後，他與柯林斯等共和黨人合作密切，被派任為等同大使的駐大英代表。當第一任愛爾蘭總督希利退休時，愛爾蘭政府建議以詹姆士．麥克尼爾繼之，並獲英王喬治五世的首肯。他積極護衛愛爾蘭的國家尊嚴及體制❽，與國王時有衝突。但當時愛爾蘭國會仍視他為「國王的代表」，經常予以羞辱，致使詹姆士．麥克尼爾要求瓦雷拉道歉，最後演變成公開衝突。詹姆士．麥克尼爾於 1932 年退休❾，由巴克里 (Domhnall Ua Buachalla, 1866–1963)❿繼任總督。

---

❽ 他曾因為都柏林的三一學院在公開儀式中演奏大英國歌而拒絕出席。

❾ 事後瓦雷拉承認，其政府對此事之處理並不恰當，對詹姆士．麥克尼爾也有失公允。

❿ 他習慣使用愛爾蘭文的名字，英語寫成巴克里 (Donal Buckley)。

巴克里對愛爾蘭文化有強烈使命感，也曾因參與復活節起事而被捕。出獄後參與各種政治活動，也加入愛爾蘭志願軍及新芬黨，1918 年被選為愛爾蘭國會議員，支持瓦雷拉反對〈英愛條約〉，並於 1927 年代表命運戰士黨當選為議員，但 1932 年卻落選。瓦雷拉乃任命他為「愛爾蘭總督」，希望他能保持低調，不要參與任何公共事務。瓦雷拉此舉並非要表彰巴克里對愛爾蘭革命的貢獻，而是刻意要降低愛爾蘭總督的重要性。巴克里也從善如流，除了認可立法的功能之外，並未接觸公眾事務，也謝絕一切邀宴。在他五年的任期中，僅在一次官式場合中出現，代表大英國王接見來訪的法國大使。在喬治五世的認可下，瓦雷拉逐漸將總督的職權轉移到總理來。

從執政伊始，瓦雷拉便逐步瓦解〈愛爾蘭自由邦憲法〉，他首先組織委員會商討新憲法草案，至 1937 年公布新憲法，國名改採愛爾蘭語 Éire，不願稱作 Ireland。根據 1922 年的憲法規定，八年後應對憲法提出修正意見，並由公民投票表決；但科斯葛雷弗政府將此年限延長為十六年，且只需議會通過即可。瓦雷拉卻執意修改憲法，以發洩他對〈忠誠誓約〉的不滿。1936 年，瓦雷拉利用英王愛德華八世退位的機會修改憲法，刪除憲法中所有有關「王室」及「總督」的文字，由「行政會議」(Executive Council) 直接行使行政權。而行政會議主席一職也改稱「總理」(Taoiseach)⓫，由眾議院選舉產生，不再經由總督任命。1937 年 12 月，瓦雷拉

⓫ 愛爾蘭文「領導」之意。

就職為新憲法制定後的第一任總理。此時，大英帝國也有一番政治變動：久任首相的包得溫決定趁著國王遜位，新王喬治六世 (George VI, 1895–1952) 繼位之際，辭去首相職務，退休下野，由張伯倫 (Arthur Neville Chamberlain, 1869–1940) 繼任首相。瓦雷拉憑藉著與張伯倫的私交，不僅說服張伯倫接受新憲法，並成功收回三個「條約口岸」，也解決了一些經濟事務上的歧見。

2. 內政危機

瓦雷拉上臺時，仍然必須面臨反對者的武裝威脅，其中以「軍人協會」（Army Comrades Association，簡稱 ACA）的挑戰最為嚴峻。「軍人協會」為歐達飛 (Eoin O'Duffy, 1892–1944) ⓬ 在 1932 年成立的一支武力。以照顧愛爾蘭自由邦之退伍軍人為名，組織「軍人協會」，實際上希望與共和軍、命運戰士黨等組織對抗。1933 年前後，歐洲許多地區都有法西斯軍隊，歐達飛藍衫軍 (The Blueshirts) ⓭ 的形式與作風都與義大利及德國的法西斯政權有神似之處，歐達飛也曾於 1934 年底出席在瑞士召開的國際法西斯大會 (Montreux Fascist International)。

當瓦雷拉成為愛爾蘭自由邦的「行政會議主席」時，他一反前任的作法，先廢止對共和軍的禁令，又釋放許多共和派的政治

⓬ 歐達飛原為獨立戰爭時期的游擊隊領袖，愛爾蘭自由邦成立之後，他長期擔任警察總監 (Irish police Commissioner)。瓦雷拉政府初期，他還是擔任警察總監一職。

⓭ 「軍人協會」因為成員頭戴黑色貝雷帽 (beret)，身著藍襯衫，民間習慣稱之為「藍衫軍」。

圖 29：藍衫軍以法西斯行禮方式向過世的同志致敬

犯。共和軍開始成為瓦雷拉的武裝組織，成為壓制反對黨政治活動的工具。此時歐洲的法西斯勢力抬頭，許多國家內都有類似「黨衛隊」的組織，街頭巷戰並不罕見，愛爾蘭情況也是如此。蓋爾聯盟黨籍的議員歐希金斯 (Thomas F. O'Higgins, ?–1953) 於 1932 年接任軍人協會的主席，雖以服務退伍軍人為主要目標。但也主張捍衛言論自由，並成為蓋爾聯盟黨的衛隊，與共和軍發生過幾次大規模衝突。

1933 年 2 月，瓦雷拉突然解散國會，重新選舉，命運戰士黨在改選中大勝，瓦雷拉自認政權基礎相當穩固，便將警察總監歐達飛的職務拔除，要他改任軍人協會主席。歐達飛將「軍人協會」

重新編組為一支可用的武力，並改名為「國家衛隊」(National Guard)，與歐洲的法西斯軍隊有許多相似之處。1933 年 8 月，歐達飛計畫舉行大規模遊行，以紀念為國捐軀的柯林斯等人，遊行隊伍還要在國會廣場前舉行公開演講。瓦雷拉擔心造成大規模衝突，下令禁止此次活動。歐達飛雖然願意遵從政府的禁令，但許多地方仍繼續遊行活動，瓦雷拉乃宣布藍衫軍為非法組織。透過這些手段，瓦雷拉將影響內政安全的一些變數盡量除去，政治局面逐漸安定下來。

第三節　愛爾蘭與第二次世界大戰

瓦雷拉相當重視對外關係，自己兼任外交部長，制訂外交方針，還親自參加 1932 年國際聯盟在日內瓦召開的會議，並擔任理事會主席，呼籲會員國共同遵守國聯憲章；1938 年被選為國聯大會主席，對爭取愛爾蘭的獨立相當有利。第二次世界大戰爆發之後，愛爾蘭採取中立政策，不願意與第二次大戰有任何關連，故僅稱之為「緊急狀況」(the Emergency)。

1939 年 9 月 1 日，德國入侵波蘭，大英政府向德宣戰，愛爾蘭則於 9 月 2 日宣布中立，舉國也進入「緊急狀況」；次日又頒布〈緊急權力法〉(*Emergency Power Act*)，授權政府實施新聞及郵件檢查，以避免部分言論危及愛爾蘭的中立政策，或被外國情報機構利用為情報轉運發布站。政府不僅封鎖愛爾蘭公民在大英軍隊服役的情況，就連罷工、政治騷動等新聞也一併噤聲。此外，愛爾蘭政府又仿效大英制度，也成立一個「供給部」(Ministry of Supply) 以便管制經濟；本法還賦予政府拘禁「曾犯罪」或「可能犯罪」者的權力，政府乃充分利用這項規定對付共和軍。戒嚴相關措施要到 1946 年 9 月 2 日才廢止。

對愛爾蘭而言，中立的意義是不偏袒參戰的任何一方，並且不公開民意傾向；公開報導所有軍事行動；禁止所有間諜情報活動。以地理位置而言，愛爾蘭的中立政策顯然對盟軍有利。若是大英軍隊因飛機或船隻失事進入愛爾蘭境內，只要聲明未從事戰鬥任務便能自由離開；或者只要聲明不隨意離境，仍可免受拘留。盟軍的技師也獲准在愛爾蘭修復迫降或緊急降落的飛機。至於不受拘禁的戰鬥人員經北愛爾蘭返回大英時，愛爾蘭政府也未加以管制。

瓦雷拉不希望納粹德國危害歐洲民主制度的運作，故暗中支持大英。愛爾蘭與大英持續交換情報，盟軍登陸歐洲大陸的時機就是根據梅幽氣象觀測站的資料而決定的。1939 年底，愛爾蘭外交部長瓦爾許 (Joseph Walsh) 曾到倫敦會見「自治領部」部長伊登 (Anthony Eden, 1897–1977)，伊登也在內閣會議中為愛爾蘭的中立政策辯護。但為了維持國家團結，瓦雷拉不願公開與大英政府的合作關係，以免刺激愛爾蘭人的反英情緒，國防與外交部門也都同意這樣的作法。

一、共和軍的戰時活動

當大英與德、義等國進行戰爭時，共和軍認為又是脫離大英統治，統一愛爾蘭的最佳時機，開始製造恐怖及暗殺行動，希望引起社會視聽。他們多以警察為攻擊目標，還於 1939 年耶誕節發動突襲，劫走一百萬發彈藥。當政府制訂〈緊急權力法〉時，共和軍也以「人身保護」(habeas corpus) 為由，抵制〈緊急權力法〉賦予政府的拘捕權。

瓦雷拉政府乃制訂〈反國家法〉(*Offences Against the State Act*)，成立特別罪犯法庭，繼續逮捕並拘禁共和軍分子；共和軍於是開始攻擊政府機構，在各地發動一連串武裝攻擊作為報復。共和軍分子司徒雅特 (Francis Stuart, 1902–2000) 特意前往德國協商，與德國外交部及情報組織 (the Abwehr) 建立聯繫管道，但共和軍的情報並不靈通，作用極為有限。德國也派遣情報人員前往愛爾蘭，但立即遭到逮捕，並搜出記載納粹攻打北愛爾蘭的「凱撒琳計畫書」(Plan Kathleen)[14]。

1940 年 9 月，兩名共和軍分子因謀殺警察遭政府處決，共和軍的活動才逐漸緩和。1941 年以後，德國進攻的機會愈加渺茫，政府又切斷了美國金援共和軍的管道，遭拘禁的共和軍分子受到政府集中嚴格地管理，許多人選擇逃亡，共和軍在愛爾蘭境內的勢力愈發薄弱，只剩北愛還有一些殘存分子。

---

[14] 除此計畫外，還有各種類似的概念如「綠色計畫」、「斯圖登特計畫」(Kurt Student Plan) 等，均未果。

二、英愛關係

1939 年 9 月，大英帝國向德國宣戰，但並未發生實際的戰鬥，時人稱之「假戰」(Phony War)。1940 年 4 月，德國以進攻挪威展開軍事行動，大英政府為面對即將來臨的「不列顛之戰」(Battle of Britain) 改組內閣，邱吉爾初任首相；法國接著於 6 月間陷落，大英此時成了唯一能阻擋德國擴張的勢力，戰爭的陰影更接近愛爾蘭。邱吉爾政府擔心德國會攻打愛爾蘭，認為愛爾蘭的武力不足以支撐到大英援軍抵達，又擔心共和軍可能扮演「第五縱隊」(Fifth column)⓯的角色，因此希望能在愛爾蘭駐兵；但大英政府又顧慮如果提供武器給愛爾蘭，可能因德軍入侵而落入敵手，一直無法決定其愛爾蘭政策。愛爾蘭政府則根本排斥與大英進行軍事合作，以免逾越中立，落人口實。因此，英愛關係在戰事爆發後更顯得緊張。

1940 年 6 月，大英駐愛爾蘭代表馬菲 (John Maffey, 1877–1969) 提議將英倫三島組成一個戰略團體；邱吉爾亦保證不會以武力侵略愛爾蘭，並派遣一名特使前往都柏林進行磋商，提出具體內容：大英願成立機構以促成愛爾蘭統一；大英與愛爾蘭成立一個共同軍事委員會；愛爾蘭需加入盟軍，扣留德、義兩國公民，由大英提供軍事裝備，這個提議立刻遭愛爾蘭政府拒絕。大英政府又提出將努力尋求愛爾蘭統一，也不再要求愛爾蘭加入盟國，

⓯ 原指西班牙內戰期間 (1936–1939) 幫助反政府軍的祕密破壞分子。

只需「邀請」大英軍隊使用愛爾蘭的基地及港口。瓦雷拉認為接受這些建議只會造成愛爾蘭分裂，仍然予以拒絕。愛爾蘭擔心大英可能戰敗也是另一個顧慮⓰，萬一押錯寶，恐怕造成更嚴重的後果，因此寧可保持中立。

大英是愛爾蘭主要的貿易對象與進口物資的來源。德國企圖封鎖大英，對愛爾蘭必然造成重大影響。1940 年 9 月，德國對愛爾蘭施壓，如果愛爾蘭繼續允許大英物資通過愛爾蘭，德國亦將封鎖愛爾蘭，並攻擊沿海城鎮。於是愛爾蘭只能禁止大英船隻通過，但也因此喪失既有的優惠商約，愛爾蘭與大英的關係也逐漸惡化。

1940 年 11 月，邱吉爾在大英國會中抱怨無法使用愛爾蘭南部及西部的港灣作為空軍及海軍船隊的加油補給站；愛爾蘭政府則將邱吉爾這番話解讀為大英可能以武力侵略愛爾蘭的信號。因此在愛爾蘭的國防及軍事設計中，還有萬一遭到大英侵略，愛爾蘭將與德國合作的設想。大英政府對愛爾蘭也有所顧忌，不再將其在北愛的軍事行動通知愛爾蘭，更以愛爾蘭不願保護物資、運送人員為由，限制對愛爾蘭的輸出，讓愛爾蘭人也體驗一下大英臣民缺乏物資的困境。

事實上，為避免德國率先發動攻勢，大英也曾有占領愛爾蘭

⓰ 外交部長瓦爾許曾提交兩份備忘錄給瓦雷拉，其中一份的標題是：「大英必然戰敗」(Britain's Inevitable Defeat)，指出：大英面臨孤立、帝國即將解體，德國將打敗大英。

全境的計畫。大英政府先與瓦雷拉商議，必要時由愛爾蘭政府出面「邀請」大英軍隊進駐愛爾蘭，稱之為「W 計畫」。儘管大英一再表示將與愛爾蘭共享軍事情報，出兵愛爾蘭也只是為了反制德國，但瓦雷拉不願信任大英政府。瓦雷拉認為只要德國持續威脅大英，大英就有可能出兵愛爾蘭。

但是基於雙方長期的互動，愛爾蘭政府不得已而放鬆了對北部港口史威里 (Lough Swilly)[17]的限制，讓大英的海空軍可以進入，以緩和愛爾蘭與北愛間的緊張情勢。1941 年以後，德國軍隊陷入蘇聯境內，大英軍隊在西線戰場上所受的壓力得以稍稍緩解，因而也減輕對愛爾蘭的壓迫，英愛雙方關係才逐漸改善。愛爾蘭同意國民前往大英以彌補短缺的勞動力，至 1945 年，大約有二十萬愛爾蘭人在大英各地就業，成為大英在戰時人力短缺之際，還能維持其生產能力的重要因素。

愛爾蘭儘管維持中立，但仍與大英保持合作關係。1941 年，愛爾蘭警方逮捕一名德國間諜，並搜出一份「綠色計畫」(Operation Green)，愛爾蘭立刻知會大英情報機構。愛爾蘭軍方的參謀長定期與北愛爾蘭首府貝爾法斯特聯繫，北愛則協助訓練愛爾蘭的特種部隊，大英也開始提供德國空軍的動向讓愛爾蘭有所準備。1940 年底以後，大英計畫將老弱婦孺從受空襲的倫敦撤

---

[17] 該港屬於瑎尼高郡，為愛爾蘭島北端重要軍港，第一次世界大戰時，大英曾在此駐紮艦隊。〈英愛條約〉中規定該港為條約港，供大英使用，但愛爾蘭政府稍後收回。

出，愛爾蘭也協助安頓部分撤出的婦女及孤兒。

北愛爾蘭既然是大英的領土，自然也是戰區，貝爾法斯特的造船廠極有可能成為德國攻擊的目標。1941 年 4 月，德國空軍空襲缺乏空防的貝爾法斯特，造成八人死亡，一週後又有大規模空襲，大英空軍只有一些砲兵中隊，根本無法回擊。德軍的空襲一共投下兩百噸炸藥，超過一千人死亡，五萬六千戶民宅被毀，十萬人無家可歸，損失程度僅次於倫敦空襲。

北愛當局求助於瓦雷拉，愛爾蘭立刻派遣消防隊協助救災，並向德國抗議。德國雖然沒有停止空襲，卻有所節制，僅轟炸港口。但 1941 年 5 月底，都柏林北部突遭德軍空襲，造成三十八人

圖 30：遭德國空襲過後的貝爾法斯特

死亡，七十所民房被毀。雖然德國當局解釋空襲為方向錯誤所致，並於戰後賠償損失，但仍有人認為，這是有意警告愛爾蘭政府不得協助盟國。

三、戰爭尾聲

德國攻打蘇聯之後，東線戰場陷入膠著，使同盟國得以喘息，德國情報機構也逐漸喪失功能。1943 年以後，德國根本失去攻打愛爾蘭的興趣，希特勒自殺以後，瓦雷拉到德國代表處向韓培爾 (Eduard Hempel, 1887–1972) 大使致意，引發許多爭議。尤其是美國公使認為美國總統羅斯福過世時，愛爾蘭政府並未有類似的表示，因而對瓦雷拉深表不滿⓲。

戰時愛爾蘭一直被「中立」政策保護，對外界許多事務並沒有充分的認識，希特勒屠殺猶太人一事，便是一例。1945 年有人向報紙投書，指出屠殺猶太人全為「宣傳」，是大英打擊敵人的手段，愛爾蘭政府對此事也顯得漠不關心。戰後，愛爾蘭對德國信奉公教的萊茵邦 (Rheinland) 收養四百名德國戰爭遺孤大表支持，對猶太人處理問題卻相當消極。1948 年，當許多人希望收養一百五十名猶太裔孤兒時，卻遭愛爾蘭司法部反對，但瓦雷拉還是修正了司法部的決定，讓這些猶太裔兒童順利進入愛爾蘭。

⓲ 羅斯福於 1945 年 4 月 12 日過世。希特勒於 4 月 30 日自殺，時間極接近。但羅斯福去世時，愛爾蘭全國曾經降半旗致哀。

第十二章 | *Chapter 12*

北愛爾蘭的發展

無法說明，也無法跨越　我靈魂深處正打一場仗
雨和鐵絲、常識都絞成碎片
只有看到骯髒的臉龐
透過愛爾蘭的眼我希望　向貝爾法斯特張望
看著外頭的夏天，消逝無蹤
走在是與非的街上　道路如此漫長
每一吋的悲哀　石塊與坦克一起前進，跟隨著瘋狂
我未見過一個更勇敢的地方　如貝爾法斯特一樣

〈我靈魂深處正打一場仗〉❶

北愛爾蘭現為「大不列顛與北愛爾蘭聯合王國」的一部分，行政上區分為六個郡，均位於厄斯特地區，總面積為一萬四千一

---

❶ eltonography.com, "Deep inside my soul fights a war," http://www.eltonography.com/songs/belfast.html

百三十九平方公里，人口約一百七十萬。歷史上，北愛爾蘭稱為厄斯特，故北愛爾蘭與厄斯特兩個名詞亦經常混用。

北愛爾蘭政治衝突的起源，可以追溯到十七世紀中，英格蘭國教派信徒組成民兵，逐漸擴張，至十八世紀末，組織的輪廓逐漸清晰，稱為「奧倫奇組織」(Orange Institution)，反對愛爾蘭獨立。因北愛地區的英格蘭國教派信徒人數多於羅馬公教信徒，與愛爾蘭其他地區無法和睦相處。

1920 年，大英制訂〈1920 年愛爾蘭政府法〉，將愛爾蘭分成南、北兩個區塊，均有自治之權，並特將北愛爾蘭的安垂(Antrim)、阿瑪、蕩 (Down)、費馬納、倫敦德里及泰隆六個郡劃為「議會郡」(the parliamentary counties)❷，成為北愛爾蘭議會的基本單位。在這六個郡中，由占多數的英格蘭國教派信徒主導政治事務，奉行大英體制。

1980 年以前，北愛爾蘭政情動盪，各教派間衝突不斷，大英政府也採取高壓政策，北愛給人的印象便是硝煙漫天、烽火遍地。許多地區性軍事組織原以宗教信仰為區分，逐漸蛻變成公教徒組成的「愛爾蘭志願軍」與主張繼續聯合大英者組成的「厄斯特志願軍」，雙方內鬥不止，消耗人力、物力。到了歐洲聯盟進一步強化內部結構時，倫敦與都柏林不斷呼籲、調停，加上國際社會的努力，北愛居民才願意放下武器，研商和平之法，並小有成效。

❷ 除這六郡之外，尚有貝爾法斯特及倫敦德里兩地方，行政單位亦有其自主地方議會。倫敦德里為一規模較大的市，與郡同名，愛爾蘭人習稱德里。

第一節　奧倫奇會

「奧倫奇組織」又稱為「奧倫奇會」，成立於 1795 年，但其歷史可以追溯到十七世紀出身於尼德蘭奧倫奇家族的英格蘭國王威廉三世，而其發展又與十八世紀末愛爾蘭的政治動亂有關。在羅馬公教徒於厄斯特組織民間力量，尋求保護其自身利益時，一些抗議教派人士也組織「奧倫奇會」與之對抗。

奧倫奇會受到大英政府駐愛爾蘭官員的鼓勵，在日後的衝突中也多與大英政府合作，尤其是在 1798 年的「愛爾蘭起事」中不斷攻擊公教信徒、燒毀公教教堂。但是事件平息以後，奧倫奇會也成為治安的問題，引起政府關注。十九世紀初，中下階層的公教徒組成的「彩帶人」(the Ribbonmen)，經常與奧倫奇會發生武裝械鬥，政府遂決意掃蕩民間結社，奧倫奇會於是轉入地下繼續活動。奧倫奇會本來每年會舉行紀念「波音之戰」的遊行，因為 1849 年的一場械鬥也遭政府禁止。

奧倫奇會本已經衰微，但十九世紀末愛爾蘭「自治法案」通過，奧倫奇會又成為許多北愛英格蘭國教派信徒的精神依託，成為對抗愛爾蘭自治的主導力量之一。二十世紀初，奧倫奇會內部對路線發生爭議，部分成員另組「獨立奧倫奇會」(the Independent Orange Order)，奧倫奇會面臨分裂危機。〈第三次自治法案〉在倫敦議會如火如荼地討論之際，也引起奧倫奇會的危機意識，於 1911 年以志願軍為名建立第一支武力，與愛爾蘭聯合派人士及大英的保守黨共同反對自治法案。1912 年，厄斯特聯合公會 (Ulster Unionist Council) 決定收編這支武力，改編為「厄斯特志願軍」，成為一支專門對抗「自治」的民兵。1914 年前後，愛爾蘭境內劍拔弩張，內戰有一觸即發之勢，但第一次世界大戰爆發轉移了注意力，自治法亦延緩實施，避免了僵局。

一次大戰期間，奧倫奇會的成員紛紛從軍，被編成大英的第三十六師，在戰爭期間傷亡甚眾，整個組織也不似戰前完整。

第二節 1980 年以前

一、第一次大戰前後的發展

1910 年底下院先通過〈國會改革法〉，意味著聯合派勢力無法利用上院的優勢反對愛爾蘭自治法。厄斯特地區的國會議員請求卡森 (Edward Henry Carson, 1854–1935)❸回到愛爾蘭，率領議

---

❸ 卡森原籍蘇格蘭，其祖父於 1815 年遷到都柏林，在都柏林三一學院念法律，對歷史也極有興趣。1877 年起，執業律師，表現相當優異。1889 年起，擔任女王的諮議。1892 年，卡森被指派為愛爾蘭檢察總長 (Solicitor-General for Ireland)，接著被選為代表大學的國會議員。1893 年起，他獲得大英執業律師的資格，開始在倫敦執業。1895 年，他擔任了王爾德 (Oscar Wilde) 誹謗案件的控方。因他與王爾德有宿怨，這件案子轟動一時，辯論過程也相當精采。1900 年起，又擔任英格蘭檢察總長，並獲得貴族身分，1905 年成為樞密院 (Privy Council) 成員。

員抗衡「自治法」。卡森來自都柏林，與絕大多數出身北愛爾蘭的聯合派分子背景不同，對厄斯特許多習慣及想法也有意見，對奧倫奇會更是無法認同。但因宗教信仰之故仍反對自治，願留在大英之中。

1912 年 9 月，卡森號召了五十萬名群眾簽署〈厄斯特公約〉(*Ulster Covenant*)，反對自治法；1913 年 1 月又組織厄斯特志願軍，並在第一次世界大戰爆發前獲得德國的武器與裝備自拉恩 (Larne) 上岸，以對抗政府，即為著名的「拉恩運槍事件」(Larne Gun Running)。德國的動機當然是為了分裂大英，而這批武器的出現也造成愛爾蘭的緊張局勢。

〈第三次自治法案〉於 1914 年 5 月通過，北愛爾蘭群情激憤，駐紮枯拉賀 (Curragh) 的大英軍隊之幹部多為北愛聯合派，該隊軍官揚言叛變；首相阿斯企斯 (Herbert Asquith, 1852–1928) 已計畫派遣軍隊前往鎮壓，內戰一觸即發。就在此時，歐洲大陸因為薩拉耶佛 (Sarajevo) 事件爆發大戰，大英政府乃決定暫時停止實施自治，穩定政局。

1915 年 5 月，阿斯企斯任命卡森為內閣檢察總長，他就任後，因反對大英政府對巴爾幹的政策而於 9 月辭職，其後回到愛爾蘭繼續領導聯合派人士。1918 年戰事吃緊之際，大英政府計畫在愛爾蘭徵兵，並以立刻實施自治為交換。卡森堅決反對，甚至放棄原有的都柏林國會席次，改到貝爾法斯特參選議員，繼續對抗自治法。但自治法仍然於 1920 年實施，卡森失望之餘，只能力求北愛六郡能不受自治規範。儘管卡森不願意與都柏林合作，卻主張善待北愛爾蘭的公教徒，以免割裂社會。卡森曾表示，北愛爾蘭因為不相信都柏林政府才要分離，所以祝願北愛爾蘭的公教徒能不必有相同的恐懼。

1920 年，大英又通過〈第四次自治法案〉，將北愛爾蘭與其他的地區分隔，此後北愛爾蘭便一直留在大英帝國的版圖中，與其他愛爾蘭省份有相當隔閡。愛爾蘭南部的聯合派分子與愛爾蘭自由邦和解，加入各種政黨，參與國會選舉；而北愛爾蘭的聯合派團體則慢慢演變成厄斯特聯合黨 (Ulster Unionist Party)，1910 年起，由卡森擔任黨主席長達十一年，率領該黨反對愛爾蘭自治運動。

1921 年，愛爾蘭達成分區自治協議，卡森自認其施政遭嚴重挫敗，決定辭職，由北愛下院議員克雷格 (James Craig, 1871–1940) 出任北愛爾蘭總理❹，並繼任厄斯特聯合黨的黨魁。大英政府為表彰卡森的貢獻，封其為男爵，並請他繼續在大英供職，1929 年才退休。

克雷格的行政權僅限於北愛爾蘭地區，與大英國會的互動不多，並未注意大英政治生態的變遷，也不清楚大英政府與愛爾蘭間的交涉。例如 1938 年，大英與愛爾蘭簽約結束「商業戰爭」，

---

❹ 克雷格生於貝爾法斯特，其父為殷實的酒商。克雷格曾服務於大英軍隊，1900 年被派往南非，參加「第二次波以耳戰爭」(Second Boer War)。返回愛爾蘭後決意從政，獲選為議員，並曾入閣擔任部長助理。因其軍職背景，他一直關切厄斯特志願軍的組織與訓練，並向德國購買軍火，裝備志願軍。

許多內容相當不利於北愛爾蘭，克雷格沒有任何反應，也從未向大英國會提出任何具體保護北愛工業的提案，北愛的麻紡織工業因而逐漸沒落。厄斯特聯合黨的主要領導人多為地主階級、工商界領袖，他們的主張未必與社會期待完全相符。

二、北愛爾蘭與第二次大戰

1939 年 9 月，大英政府向德國宣戰後，北愛爾蘭無法置身事外，但愛爾蘭共和政府保持中立。戰爭爆發時，軍人出身的總理克雷格積極支持倫敦政府，一方面要求大英在北愛實施徵兵，並表示願意提供必要協助；甚至建議倫敦出兵占領柯伯港 (Cobh) 以製造衝突，破壞愛爾蘭的中立政策。但大英政府顧慮愛爾蘭共和政府的反應，不願過分壓迫都柏林，以免適得其反。克雷格於 1940 年去世，由安得魯斯 (John Miller Andrews, 1871–1956) 繼任總理。

第二次世界大戰爆發之後，北愛爾蘭與大英各地一樣飽受戰火摧殘，政府必須增加稅收，實施食物配給制度，另有許多民生管制措施，以配合戰事需求。北愛首府貝爾法斯特也不斷遭到德軍的空襲，滿目瘡痍，青年人同仇敵愾，紛紛加入大英軍隊。大英政府還利用愛爾蘭島的偏遠位置，以之作為軍事訓練場所，北愛爾蘭也成為大英海、空軍的重要基地。1942 年以後，美國積極支援大英，也以北愛為部隊前進戰場的轉運站。瓦雷拉認為此舉破壞了愛爾蘭的中立，向北愛爾蘭提出抗議，但安得魯斯表示都柏林無權干預北愛事務，而不予理會。

由於北愛爾蘭的勞動力充足、地理位置較為安全，許多以軍需為主的大英工業均轉到當地生產，愛爾蘭自由邦的勞工也紛紛前往就業❺，戰爭反而刺激了北愛爾蘭的經濟發展。

三、戰後的發展

安得魯斯的政治才具平庸，只想維持卡森時期的政策，內閣成員中有許多八、九十歲的老人，忽略現實，難以服眾。他的保守作法終於在 1943 年引發政黨內部的反彈，安得魯斯被迫辭職，改由布魯克 (Basil Brooke, 1888–1973) 繼任❻。

布魯克主導北愛爾蘭政局長達二十年，其間經過第二次世界大戰。他的政策中最引人注意的是改善羅馬公教學校教師待遇一事。當時一位年輕的議員裴斯理 (Ian Richard Kyle Paisley, 1926–2014) 提出強烈反對，並且要求開除支持公教派人士的內閣成員。裴斯理也因此而嶄露頭角，成為北愛爾蘭聯合派分子的領袖。1963 年，布魯克因健康不佳而請辭總理一職，時年七十五，仍擔任議員。布魯克對都柏林的態度相當強硬，他的繼任者泰倫斯・歐尼爾 (Terence O'Neill, 1914–1990) 則希望改善與都柏林之間的關係。

---

❺ 但須先經登記，獲得許可。由於政治考量，這些羅馬公教信徒不得長期居留，更不能參與選舉。

❻ 後封為貴族，改稱布魯克伯羅 (Brookeborough)。布魯克於 1921 年起被選為議員，1933 年入閣，擔任農業部長，1941 年改任商業部長。1943 年，內閣改組，他繼安得魯斯為總理。

1963 年，北愛爾蘭國會改組，由泰倫斯．歐尼爾擔任總理。當時金恩 (Martin Luther King, 1929–1968) 推動的民權運動影響世界各地，泰倫斯．歐尼爾也因此推動法律改革，希望改善北愛公教徒之政治地位，取消法律及政治上的歧視。他的作法引起布魯克等人的批評，甚至造成厄斯特聯合黨的內部衝突，該黨最後走向分裂也與此有莫大的關係。

與此同時，北愛爾蘭的公教信徒也開始組織武力，爭取自身權力，其中以「愛爾蘭共和軍」（Irish Republican Army，Óglaigh na hÉireann，簡稱 IRA）的活動最積極，引起相當大的社會動亂。

1969 年大選，厄斯特聯合黨已經分裂成支持與反對泰倫斯．歐尼爾兩個對立陣營，裴斯理的「抗議教派聯合黨」(Protestant Unionist Party) 逐漸成為強硬派，泰倫斯．歐尼爾也無法久居其位，很快便辭職下臺，繼任的總理齊徹斯特克拉克 (James Chichester-Clark, 1923–2002) 仍接續泰倫斯．歐尼爾的改革計畫。此時大英政府為避免衝突繼續擴大，決意介入北愛爾蘭的政務，派遣軍隊駐紮。齊徹斯特克拉克開始感受到極大的壓力。

1971 年，三名休假士兵遭愛爾蘭共和軍殺害，齊徹斯特克拉克未獲得充分授權，無法處理，被迫前往倫敦求援。但倫敦拒絕介入，齊徹斯特克拉克無法獲得大英政府支持，只有辭職一途，由福克納 (Brian Faulkner, 1921–1977) 繼任總理，但也無法有效解決北愛爾蘭的民族情緒及流血衝突。1972 年爆發「血腥星期日」(Bloody Sunday) 事件，輿論大嘩，倫敦無法坐視，乃中止北愛爾蘭國會的運作，並接管北愛政府。

四、血腥星期日

1971 年 7 月 8 日，德里地方兩名參與抗議的群眾遭到大英士兵殺害，群情嘩然，軍方表示因遇害者身懷武器才遭格斃。但無論當事者或目擊者均否認被害人攜帶武器，部分北愛爾蘭議會的議員對此漠視人權的作法甚為不滿，憤而退出議會運作，表示抗議。大英政府於 8 月 9 日進一步宣布軍方可以不經訊問，逕行逮捕可疑分子。此事一出，北愛爾蘭群情激憤，各地均組織抗議行動，不安的氣氛迅速瀰漫。正在此時，北愛爾蘭奧倫奇會的成員又準備於 8 月 12 日舉辦傳統慶祝德里之戰的遊行 。 大英政府擔心造成抗議教派與羅馬公教派信徒間的衝突，下令禁止遊行。但連日不斷的衝突，爆炸事件也層出不窮，又有二十一名抗議者死亡；共和軍也派出狙擊手，射殺大英士兵。北愛爾蘭的人權團體不斷集會、遊行，批評政府；國際社會也密切注意北愛爾蘭局勢的發展。

1972 年 1 月 30 日 ，又有許多共和軍分子及支持者參與群眾在德里的遊行；大英政府派出軍隊警戒，以防脫軌事件。遊行示威者計畫前往德里市中心的工會大廳，但英軍在各地設置路障，遊行隊伍被迫轉往「自由德里角」(Free Derry Corner)，並開始以石塊等物品攻擊軍隊。英軍先以水柱、催淚彈還擊，最後軍隊向遊行者開火，事件變得一發不可收拾。等軍方下令停火時，英軍已發射一百多發子彈，有二十六人遭槍擊，十三人當場死亡，遇害者年齡從十七歲到五十九歲不等，其中有六人未成年；其餘十

圖 31：1972 年的血腥星期日

多名傷者中，除遭軍車撞傷外，均屬槍傷。大英政府表示，在場服勤的士兵因受到威脅，才被迫使用實彈射擊；但目擊者均指證，不論遊行者或是旁觀者均未攜帶武器，指控大英軍隊濫殺無武裝者，甚至有五名傷者還是背後中槍。

此事一出，愛爾蘭共和國也感到極端震驚，除了群眾燒毀大英在都柏林的使館，外交部長希拉利 (Patrick Hillery, 1923–2008) 亦特別前往紐約要求聯合國介入調查。但大英為安全理事會成員，聯合國的調查殆無可能❼，英愛關係陷於低潮。

---

❼ 事後，大英法官衛潔理 (John Passmore Widgery) 組成調查團，認定大英

北愛爾蘭軍民原本相信大英軍隊能提供安全與保護，但經過此事件後，大英軍隊成為共和軍攻擊、暗殺的對象，堅持民族立場的新芬黨也獲得更多青年的支持。血腥星期日以後政局的騷動，讓北愛爾蘭歷史進入長達二十年的「動亂」(The Troubles)。一連串的衝突事件，已造成眾多人員傷亡及財產損失。根據大英警方的統計，北愛爾蘭這一動亂期間，死亡人數接近四千人，至少有四萬人受到輕重傷；其中有 93% 的血腥衝突案件發生於北愛爾蘭，共和軍相關分子製造了其中 60% 的衝突事件，28% 的事件則由聯合派方面挑起，而軍方與警察也必須為部分的血腥殺戮負責。這些遇害的人，約有 53% 為平民；游擊隊、武裝分子與軍警的死傷也相當大，許多死於暴力事件的受難者，至今仍找不到施暴者。

北愛爾蘭地區動盪不安，爆炸事件層出不窮，除非有大型衝突，已經無法吸引新聞媒體注意，國際社會也不再如此關心動亂及後續的發展。共和軍則不斷製造紛亂，企圖以戰迫和，達成其反抗大英、追求統一的政治訴求。平民一旦被懷疑與共和軍有所

的士兵乃至大英政府必須為整起事件負責，但仍爭議不斷，承審的法官均已退休。1998 年，大英政府另外組織一個由薩維爾 (Saville) 為首的調查團，重啟調查，現薩維爾也已退休，但原本預計於 2008 年 3 月公布調查結果，直至 2010 年方公布。參見：《貝爾法斯特電訊報》(*Belfast Telegraph*)，2008 年 4 月 3 日報導。http://www.belfasttelegraph.co.uk/news/local-national/article3575329.ece, 原址已裁撤，另參 Belfast Telegraph, “Decade on and still no Saville report,” https://www.belfasttelegraph.co.uk/news/decade-on-and-still-no-saville-report/28386120.html

牽連，可能即刻被捕入獄，審判也未見公平公開；被捕的共和軍成員絕食抗議而死者，也時有所聞，人權團體在營救之餘，對大英政府的撻伐，更是不遺餘力。

五、愛爾蘭共和軍

愛爾蘭共和軍是一個有長遠歷史淵源的組織，早在二十世紀初，許多欲爭取愛爾蘭獨立的青年便自行組織武力與大英對抗，愛爾蘭志願軍也是其中之一。愛爾蘭志願軍從 1916 年成立以來便相當活躍，1919 年時，愛爾蘭革命組織還承認其為「愛爾蘭共和國正規軍」。1921 年〈英愛條約〉簽訂後，柯林斯還將支持條約的成員收編，改組成國家軍隊；但仍有許多不願接受〈英愛條約〉的志願軍成員以原有形式存在，希望達成愛爾蘭全境的統一。

1926 到 1936 年間，部分共和軍分子在拖密 (Maurice Twomey, 1897–1978) 的領導之下逐漸受到左派思想的影響，認為共和軍缺乏中心思想與社會主義建設綱領，與社會思潮脫節。他們並希望在共和軍的理念中加入工人與農民運動的議題，甚至開始與共黨分子聯繫，還成立了「蘇維埃俄羅斯之友」(Friends of Soviet Russia)。此時，共和軍亦不斷發生內部衝突，1934 年時有部分成員另組「共和大會」(Republican Congress)，但無具體政治理念，隨即土崩瓦解。

共和軍必須依賴不斷的軍事行動來吸引注意，團結成員，並保持支持者的熱忱。1939 年底，共和軍分子偷走了都柏林一個彈藥庫中的所有軍火，極可能運往貝爾法斯特提供其成員所需。此一竊案立刻引起都柏林與貝爾法斯特方面的關切，愛爾蘭共和國遂以〈緊急權力法〉為法源，積極鎮壓共和軍之活動。1941 年時，愛爾蘭共和軍成員不到一千人，其中還有許多人身陷囹圄，殘餘分子也僅能勉強維持。

二次大戰期間，共和軍希望與德國合作，取得軍品武器來對抗大英，但前往德國交涉的代表死於途中，其他攻擊計畫也被愛爾蘭共和國查獲，許多行動胎死腹中。德國情報工作人員在愛爾蘭被捕後隨即逃脫，共和軍表示願意助其返回德國以換取電臺、炸藥等資源；共和軍總部更同意在不危及平民的前提下，將相關軍事情資提供給「與大英作戰的國家」。但這名德國情報人員連同其他共和軍人員亦遭逮捕，與德國合作之希望隨之幻滅。1942 年，共和軍開始發動另一波行動，願意引導德國軍機轟炸北愛爾蘭軍事及工業設施。但事實證明，德國對北愛的轟炸行動乃依賴德軍航空照相技術，與共和軍並無關連。而大英與愛爾蘭政府則開始聯手摧毀共和軍組織，其領導人物或遭逮捕下獄，或遭處死。

共和軍於 1948 年以後開始重整，並繼續武裝行動。1956 年，具有軍事專長的克龍寧 (Seán Cronin) 加入共和軍，展開一個代號為「豐收」(Harvest) 的行動，專以邊界守軍的駐地及交通設施為攻擊目標。愛爾蘭政府此時也採取拘留措施，有效壓制共和軍的行動。到了 1960 年代，因世界民權運動高漲，北愛爾蘭政府轉而檢討對境內公教徒的政策，但北愛聯合派分子堅決反對政府提出改善公教徒人權的法案。共和軍則成立一個以民族主義為訴求的軍事組織，重新吸引熱情民眾的支持，亦增強其活動力，造成北愛爾蘭衝突升高。

1960 年代，共和軍中部分成員再度受到左翼思想的影響，希望在其活動概念中加入共產思想及階級理論，但與反對者意見分歧，進而造成分裂。1969 年，共和軍分裂成支持馬克斯主義的「正規共和軍」(Official IRA)，與維護傳統共和主張的「臨時共和軍」(Provisional IRA)。臨時共和軍採取的手法與 1919 年前後柯林斯的手段相仿，主要在大英境內的倫敦、伯明罕等城市攻擊安全部門和軍警機構，利用爆炸、暗殺等手段企圖以戰逼和。從 1960 年代末期起，三十餘年間他們製造了數千起事件，造成一千八百人死亡。

第三節　1980 年以後

一、新芬黨之成立與演變

亞瑟．葛里菲斯於 1905 年建立了新芬黨，1916 年復活節起事後，新芬黨才逐漸為人所知，影響力漸增；1919 年的國會大選更讓新芬黨一躍成為重要政黨，在 1920 年的地方議會選舉中也獲民眾支持。但由於新芬黨人反對 1921 年〈英愛條約〉中的〈忠誠誓約〉，主張建立共和，與當時主要政治人物的主張有些差距。新芬黨人失望之餘，與現實政治漸行漸遠，長達數十年間，新芬一直是個力量有限的反對黨。直至 1969 年以後，北愛爾蘭的新芬黨人才重新投入政治運動。新芬黨的最主要政治理念是訴求民族統一，建立共和政府，也提倡濟貧、全民醫療等社會主義福利措施。

1972 年 1 月底的「血腥星期日」動亂之後，共和軍採行武裝暴力行動，報復大英政府，北愛爾蘭社會逐漸將新芬黨及愛爾蘭共和軍與暴力的形象連結起來。此時，新芬黨希望轉向社會主義的政治訴求以爭取選民認同。他們提出照顧弱勢團體的政策，也要求北愛爾蘭政府停止各種歧視公教信徒的措施。

1974 年以後，大英政府放棄敵視新芬黨的政策，願意承認其為合法政黨。但一般民眾的心目中，共和軍與新芬黨為共生的關係，只要共和軍不願放棄武裝路線，繼續成為社會治安的隱憂，新芬黨便無法突破僵局，獲得多數北愛爾蘭公教信徒的普遍支持。當時北愛大部分的公教徒選擇支持菲特 (Gerry Fitt, 1926–2005) 與休畝 (John Hume, 1937–2020) 所領導的「社會民主與勞工黨」（Social Democratic and Labour Party，簡稱 SDLP）；而「聯盟黨」(Alliance Party) 也獲得一定的支持。

1981 年，抗議分子因絕食而死的事件震驚了愛爾蘭社會❽，北愛爾蘭選民開始支持新芬黨。就在其漸獲選民支持之際，內部卻發生路線衝突。當時新芬黨內一個重要的爭議是進行北愛爾蘭國會中的「阻卻計畫」(Abstentionism)：主張參與包括北愛議會、大英國會及愛爾蘭共和國議會在內的所有大型選舉活動，但一旦當選之後，應拒絕就職，以示對其體制的否定。這種作法其實是

---

❽ 為抗議大英政府侵害人權，1980 年起，在大英獄中的共和軍分子開始絕食抗議。十人死於絕食行動，引起國際社會關切。

延續十九世紀時愛爾蘭公教徒抵制大英政府的政策，但其效果有限，群眾也未必支持。從幾次選舉的結果可以看出北愛爾蘭民眾對新芬黨的態度：1982 年的選舉中，新芬黨得票率約為 10%，獲得五個席次；1983 年大英國會選舉，新芬黨的得票率增加為 13.4%，亞當斯 (Gerry Adams, 1948–) 當選為大英議員。但在 1984 年，新芬黨得票率稍微下降，隔年則又贏得選民支持，這些支持度的消長可能與共和軍的武裝攻擊事件發生的頻率正好相反，而與阻卻計畫並無太大關係。如 1981 年有一百一十三人死於恐怖行動，1983 年以後恐怖行動減少，1984 年，死亡人數驟減至六十九人，但 1987 年時，又遽升到九十八人，這些恐怖活動造成社會不安，也引起北愛爾蘭居民的反感。

也有人認為，既然選民願意投票支持新芬黨，新芬黨人卻不願意在國會中為其支持者請命，寧可選擇放棄，顯然無法向選民交代，故反對此作法。這種歧見最終導致部分以正統自居的新芬黨成員在 1986 年另組「共和新芬黨」(Republican Sinn Féin)。

1990 年代，愛爾蘭共和國試圖與北愛爾蘭的新芬黨協商，製造和平談判的新契機。由於政治及社會條件的變化，新芬黨領袖亞當斯等人也同意這樣的作法。1993 年，大英政府與愛爾蘭共和國政府共同會商，希望促成北愛爾蘭和平，但共和軍不願過早解除武裝，以致協商遲遲沒有進展。1994 年，三方再度就北愛問題展開和平協商，但新芬黨未獲邀請。此事引起新芬黨的討論，黨內達成決議，臨時共和軍也於當年秋天宣布停火，加入談判。當時的大英首相布萊爾 (Tony Blair, 1953–) 也接受新芬黨的回應，願意在停火的前提下請新芬黨共同會商。

二十世紀最後幾年，國際局勢開始有重大變化，先是歐盟合作有成，許多國家都能捐棄成見，相互合作；而國民待遇、遷徙自由及歐洲共同意識的發酵，讓許多北愛爾蘭人民願意放棄以鄰為壑的心理，思考和平共處之道；加上美國政府不斷努力，臨時共和軍乃願意與大英政府磋商，並於 1997 年宣布停火，結束其武裝活動。

經過長期的協商，各方終於達成 1998 年的〈貝爾法斯特協議〉(*Belfast Agreement*)，因在 4 月復活節前的受難日簽訂，也稱為〈受難日協議〉(*Good Friday Agreement*)。根據這份協議，愛爾蘭政府放棄《1937 年愛爾蘭憲法》(*Constitution of Ireland*) 中有關「全愛爾蘭島」(the whole island) 的主權要求❾；共和軍則在恢復北愛爾蘭立法會 (Legislative Assembly) 的前提下放棄武力。根據〈貝爾法斯特協議〉，北愛的兩大政治派別共和派與聯合派將分享政權，組成一個一院制的北愛爾蘭議會 (Northern Ireland Assembly)，成為最高政權機構。

協議完成之後，共和軍解除武裝，議會制度也恢復運作，新芬黨則成為北愛爾蘭重要的政治勢力，在北愛議會的一百零八個席次中占有二十七席。新芬黨轉型後，逐漸取代社會民主與勞工黨的地位。2001 年的各項選舉顯示新芬黨已成為北愛爾蘭民族主義勢力的主要代表。但新芬黨仍持續其阻卻政策，表達他們對大

---

❾ Articles 2 and 3 of the *Constitution of Ireland*.

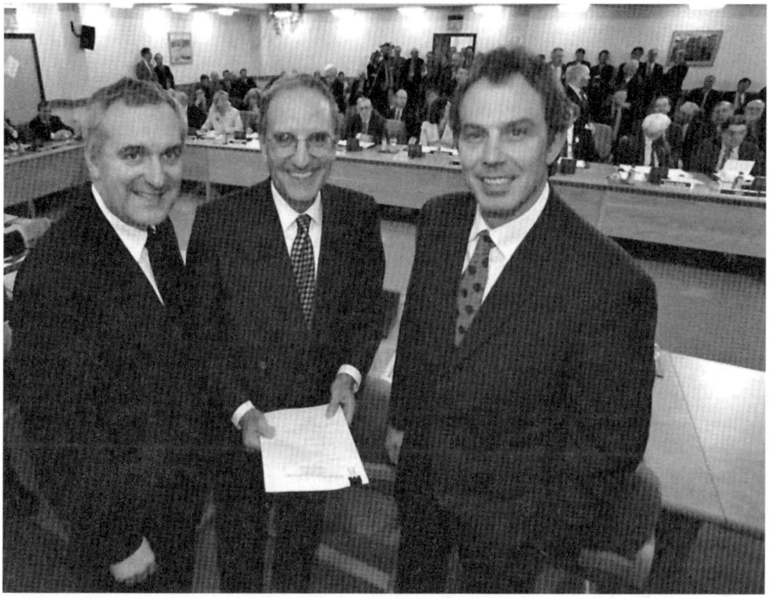

圖 32：簽訂〈貝爾法斯特協議〉　由左至右分別為前愛爾蘭總理阿恆 (Bertie Ahern, 1951–)、前美國駐北愛爾蘭特使米切爾 (George J. Mitchell, 1933–)，以及前大英首相布萊爾。

英國會的不認同❿。

新芬黨不僅在北愛爾蘭活動，在愛爾蘭共和國也有其組織，參與政治活動。2002 年愛爾蘭共和國的選舉中，新芬黨也贏得五席，較前次選舉增加了四席。並在 2007 年的選舉中獲得國會一百六十六個席次中的四席，雖然影響有限，但也能為其民族主義理念及社會主義訴求發聲。

❿ 其中一個重要爭議在於大英國會要求議員宣示效忠大英的統治王權及大英在北愛爾蘭的法權。

但另一方面，有關停止暴力事件的協商仍有波折，共和派分子認為新芬黨接受〈貝爾法斯特協議〉，等於同意「分割國土」的主張，他們甚至稱這些新芬黨的領導為「分裂分子」(partitionist)。共和派分子不同意亞當斯的政治路線，也不願意放棄他們的武裝行動。1998 年 8 月，泰隆郡歐馬地方發生爆炸案便又造成二十九人喪生，數百人受傷，震驚社會。

新芬黨的領袖亞當斯則認為:〈貝爾法斯特協議〉提供一個和平的基礎，在分享政權的前提下，愛爾蘭才有統一的機會，堅持與聯合派合作，並努力敦促共和軍放下武器。2001 年 10 月，經過各方努力後，愛爾蘭共和軍也宣布封存其所擁有的武器，「完全置於可以查核的不使用狀態」⓫，這是愛爾蘭共和軍第一次正式放棄武力，北愛和平進程得以更進一步，但共和軍又因故反悔，功敗垂成。此後，雙方仍不斷接觸，數度達成共識，例如 2004 年民主聯合黨與新芬黨協商〈完全協議〉(*Comprehensive Agreement*)，但仍是功虧一簣。亞當斯瞭解，北愛爾蘭和平的首要前提是停止暴力行為，因此積極運作，於 2005 年 4 月再度呼籲共和軍放棄武力。7 月，愛爾蘭共和軍明確回應亞當斯，第二次宣布放下武器，並發布聲明：愛爾蘭共和軍正式下令終止武裝鬥爭，並於 7 月 28 日當天下午 4 時正式生效。所有愛爾蘭共和軍的「志願者」(Volunteers)⓬已經得到指示，將會透過和平的方式協

⓫ BBC，2001 年 10 月 23 日報導。

⓬ 這是愛爾蘭共和軍對其成員的稱呼。

助發展純政治和民主計畫，不再參與其他暴力活動。共和軍為表示真誠，組織了一個「獨立國際除役委員會」(IICD)⓭，以完成核查解除武裝的進程，甚至邀請愛爾蘭抗議教派及公教的代表見證其過程。9 月 26 日，新芬黨的蓋瑞．亞當斯出席記者會，負責監督愛爾蘭共和軍解除武裝工作的國際獨立委員會也宣布，愛爾蘭共和軍已完全解除武裝。

二、伊恩裴斯理與北愛爾蘭的政局

裴斯理出生於 1926 年，原為牧師，主張北愛爾蘭應繼續與大英聯合，態度十分強硬，他的政治生涯大約可以用「反對」二字概括。1960 年代，他首先反對北愛爾蘭總理與都柏林和解與合作的計畫，也反對泰倫斯．歐尼爾改善北愛爾蘭公教徒人權的政策；1964 年，他要求警察將新芬黨貝爾法斯特總部的愛爾蘭共和國三色旗取下，引發兩三天的暴動，其後甚至再提出〈國旗國歌法案〉，禁止北愛爾蘭出現可能製造糾紛的三色旗，也獲得通過⓮。1969 年，裴斯理因為陰謀策劃示威行動被捕下獄，後來遇赦。1970 年，裴斯理獲選為大英國會議員，並於 1971 年創立「民主聯合黨」(Democratic Unionist Party，簡稱 DUP)，以取代原屬的

⓭ 全名為 Independent International Commission on Decommissioning.

⓮ 1972 年，大英政府宣布中止北愛爾蘭立法會的活動，等於取消了北愛爾蘭自治權，也就喪失其官方旗幟等的使用權。聯合派人士改用大英旗幟或北愛爾蘭的「紅手旗」，但民族派人士則使用愛爾蘭共和國的三色旗。

「抗議教派聯合黨」。民主聯合黨自成立以後，頗受北愛爾蘭聯合派人士的支持，一直參與北愛爾蘭政府的運作，到了 2003 年，民主聯合黨在國會的席次甚至超越厄斯特聯合黨。

1972 年，北愛爾蘭發生血腥星期日衝突之後，大英政府中止北愛議會的運作，裴斯理等人強烈反對；1973 年，貝爾法斯特、倫敦與都柏林簽訂〈桑寧戴爾協議〉(*Sunningdale Agreement*)，計畫組織一個具有公權力的行政組織及一個全愛爾蘭會議，以防止類似衝突重演，裴斯理又強烈抨擊，並組織工人切斷電力及自來水供應，〈桑寧戴爾協議〉被迫放棄。裴斯理的作法常引起非議，美國政府甚至認為其言行不良，於 1981 年撤銷他的簽證，但裴斯理仍是我行我素。1985 年，大英與愛爾蘭政府簽訂〈英愛協議〉(*Anglo-Irish Agreement*) 希望解決北愛爾蘭的暴力衝突，裴斯理認為大英向愛爾蘭政府低頭，夥同其他幾位聯合派議員，高舉「厄斯特反對」(Ulster says no) 的標語，並辭去大英議員身分，以表達抗議。1995 年，聯合派成員計畫例行紀念光榮革命的遊行，他也身先士卒，不斷刺激北愛爾蘭公教徒不愉快的歷史記憶。1998 年，大英政府願就北愛爾蘭問題與各方協商，但當新芬黨獲准加入談判時，民主聯合黨便宣布退出以示杯葛。

〈貝爾法斯特協議〉大約已是大勢所趨，在公民複決時，北愛爾蘭地區有七成同意，在愛爾蘭共和國的支持更達九成，但裴斯理對此協議仍是大加撻伐，更公開批評英國女王為首相布萊爾的「鸚鵡」。但他也同意，協議中愛爾蘭共和政府願意放棄憲法中有關愛爾蘭主權的要求，確為一大進步。裴斯理也逐漸妥協，願

圖 33：簽定〈英愛協議〉　前排由左至右分別為前愛爾蘭總理費茲傑羅 (Garret FitzGerald, 1926–2011)，與前大英首相柴契爾夫人 (Margaret Thatcher, 1925–2013)，各自代表愛爾蘭及大英政府簽訂協議。

意出任一些政府工作，不再只是說「不」。

三、妥協與權力

1998 年簽訂的〈貝爾法斯特協議〉雖然經常碰到無以為繼的困難，但仍不失為各方磋商後一個較為可行的方案。2003 年，北愛爾蘭再度舉行大選，裴斯理與民主聯合黨乃以重新承認〈貝爾法斯特協議〉為競選主軸，獲得高票支持。民主聯合黨與新芬黨合作組織聯合政府 (Northern Ireland Executive)，由裴斯理出任總理，新芬黨的亞當斯則為副總理。至於〈貝爾法斯特協議〉的效力，只能取決於裴斯理的態度，雙方因此再以〈貝爾法斯特協議〉為基礎，討論聯合政府的基本問題。2004 年 12 月產生新的協議，要求共和軍銷毀所有武器，拍照存證；2005 年 9 月，共和軍履行了銷毀武器的承諾，雙方再度展開談判，兩個政黨終於同意共組政府，不再由倫敦直接統治。

2006 年 10 月中，大英政府在蘇格蘭的聖安得魯斯市 (St Andrews) 與愛爾蘭共和國及北愛爾蘭各政黨代表會商，達成〈聖安得魯斯協議〉(*St Andrews Agreement*)，規定在 2007 年 5 月 8 日以前要組成北愛爾蘭政府，新芬黨應當承認北愛爾蘭的行政及法律，放棄武裝抗爭。

〈聖安得魯斯協議〉簽字後，裴斯理與民主聯合黨同意國會改選，在新芬黨願意承認北愛爾蘭警察權的前提下，將新芬黨納入行政體系。2007 年 1 月 28 日，新芬黨接受這些條件，和平露出曙光。稍後的議會選舉結果，民主聯合黨席次增至三十六席，成為最大政黨。北愛爾蘭也在倫敦所訂下的 2007 年期限之前，與新芬黨完成共組政府的工作。至此，裴斯理願意放棄其長期以來敵視愛爾蘭政府的態度，與愛爾蘭共和國總理公開和解。

2007 年 5 月 8 日，大英政府將政權移交給北愛爾蘭人民，立法會開議，裴斯理被選為總理，新芬黨的麥金尼斯 (Martin McGuinness, 1950–2017) 為副總理。北愛爾蘭也重新擁有地方自治及和平。

第十三章 | *Chapter 13*

戰後愛爾蘭發展

我們知道他們的夢，也清楚
知道他們夢過，都已作古
過多的愛，讓他們迷惘
直到他們都死亡
我把這寫成一首詩
有馬克多、麥布萊、康納立還有皮爾士

葉慈〈1916 年復活節〉(*Easter, 1916*)

瓦雷拉念茲在茲的政治志業是建立一個獨立於倫敦之外的共和政府。但愛爾蘭南北雙方意見不一，即便是「愛爾蘭自由邦」內的各派勢力也缺乏共識。瓦雷拉雖然擔任總理，主導政局，也只能逐步將其想法付諸行動。當他修法廢除總督時，愛爾蘭仍必須根據 1936 年的〈對外關係法〉(*the External Relations Act*)❶，

❶ electronic Irish Statute Book (eISB), "Executive Authority (External

承認英王喬治六世 (George VI) 為代表愛爾蘭處理對外事務的國家元首，無論接受外國大使或派遣駐外大使均需國王的認可。直到 1948 年制訂的〈愛爾蘭共和國法〉(*The Repubilc of Ireland Act*)❷廢除「國王」制度，改以愛爾蘭總統為國家元首後，共和體制才告確立。

第一節　共和國與共和軍

一、共和國成立

1937 年，愛爾蘭自由邦公布實施新憲法，稱為《1937 年憲法》(*Constitution [Consequential Provisions] Acts*, 1937)❸。根據本法，愛爾蘭設立總統 (President of Ireland) 一職，延續 1922 年愛爾蘭自由邦成立以來的「總統」(President of the Irish Republic) 職務，但這部憲法中並未明確規定「愛爾蘭總統」即為「國家元首」。海

Relations) Act, 1936," http://www.irishstatutebook.ie/1936/en/act/pub/0058/sec0003.html.

❷ electronic Irish Statute Book (eISB), "The Republic of Ireland Act, 1948," http://www.irishstatutebook.ie/1948/en/act/pub/0022/index.html#zza22y1948

❸ electronic Irish Statute Book (eISB), "Constitution (Consequential Provisions) Act, 1937," http://www.irishstatutebook.ie/1937/en/act/pub/0040/sec0001.html

德於 1938 到 1945 年間擔任第一任愛爾蘭總統時，擁有簽署國會法案、公布法律、任命內閣等原屬愛爾蘭總督的職權。但海德具有這些權力，並不意味他具有「元首」的地位。

瓦雷拉政府主張，根據 1936 年公布的憲法修正案，大英派遣到愛爾蘭的總督已經不存在，也間接否定愛爾蘭的「國王」。但當時愛爾蘭檢察總長❹、議會立法局局長及行政會議祕書及許多憲法學者均對這種說法表示質疑；當時的國際社會也普遍認為愛爾蘭仍是一個君主立憲國家，以英王為國家元首。與愛爾蘭友善的各國派遣大使到愛爾蘭以前，也都會先徵詢英王的意見，瓦雷拉片面的主張並未被國際社會認同。

大英自始也維持「英國國王即是愛爾蘭國王 (King of Ireland)」的基調，主張英格蘭王才是愛爾蘭的真正元首。而大英如加拿大等其他的「自治領地」，與大英及愛爾蘭關係均相當密切，只是在「愛爾蘭元首」誰屬的議題上與大英同一口徑，不承認英王以外的「愛爾蘭國家元首」。只是此時歐陸政治氣氛緊張，大英政府擔心愛爾蘭利用第一次世界大戰而發動反英行動之事重演，因此雖然關切此事，但不願意過度刺激愛爾蘭自由邦的領導，也未強制處理，維持曖昧的狀態。

第二次世界大戰之後，世界各地都有殖民地獨立的事例，大英也喪失許多原有殖民地，尤以印度最引人注意。甘地 (Mohandas Karamchand Gandhi, 1869–1948) 不斷發動大規模群眾

---

❹ 1930 到 1940 年間的檔案解密後，兩人歧見的相關狀況才向世人公布。

運動，迫使大英承認其獨立地位。愛爾蘭政府也希望利用戰後的新局面，改變這種遷就政治現實，國家狀態渾沌不明的情況。1947 年，瓦雷拉新任命的檢察總長推出新的法案，讓愛爾蘭總統對外代表國家，以便獲得國際社會普遍承認。

愛爾蘭統一黨 (Fine Gael) 的新總理卡斯特羅 (John A. Costello, 1891–1976) 於 1948 年就任之初，政府便已開始討論是否要廢止 1936 年的〈對外關係法〉，讓國家定位更為明確，但幾經討論，仍沒有結果。同年，卡斯特羅前往加拿大訪問，當時加拿大總督為大英陸軍元帥亞歷山大 (Harold Alexander, 1891–1969)。亞歷山大雖出生於倫敦，但其家族源於北愛爾蘭，對愛爾蘭的政治態度極為鮮明。在官式訪問中，相關禮節原已協商妥善，但舉杯互敬元首時，加拿大總督臨時取消向愛爾蘭總統敬酒，還在國宴的場地中放置北愛爾蘭的圖像，刺激愛爾蘭的民族情緒。亞歷山大的作法引起卡斯特羅不快，當場還有記者問到愛爾蘭是否計畫脫離大英國協 (Commonwealth)，卡斯特羅立刻表示，愛爾蘭的確計畫廢除〈對外關係法〉，宣布建立共和。此事一出，不僅大英政府，就連當時愛爾蘭內閣許多成員都感到訝異。

卡斯特羅返回都柏林之後，立刻制訂〈愛爾蘭共和國法〉，經愛爾蘭國會通過，並於 1948 年 12 月 21 日由愛爾蘭總統簽署公布。這個新法於 1949 年 4 月 18 日起生效，以慶祝愛爾蘭於 1919 年建立共和政府三十週年。只是此處所說的「共和政府」並非持續存在，當中還經過一個自由邦時期；而大英也火速通過〈愛爾蘭法〉(*the Ireland Act*)，保障其在北愛的特殊地位。

愛爾蘭脫離大英帝國之後，很快便與各國建立邦交，互換大使，成為國際社會的一員，但愛爾蘭早期對外關係的開展，仍是以地緣及文化最為接近的大英為主要，英愛關係也牽動其經濟與社會發展，例如有關北愛爾蘭的議題，攸關北愛羅馬公教信徒的福祉。愛爾蘭政府一直認為應該為在北愛生活的公教徒謀求最大利益，因此北愛動亂之際，都柏林政府也一直積極與大英政府協商北愛問題的解決之道，成為近幾十年來愛爾蘭舉國上下關切的議題。

二、共和軍活動

第二次世界大戰期間，共和軍已形同解體，但 1945 年以後，共和軍又重新組織，以「反對北愛分治」為主要訴求，計畫先「收復」厄斯特南方公教徒人口較多的地區。共和軍組織了「飛行縱隊」(flying columns)，仿效 1920 年代共和軍的游擊戰方式，攻擊北愛的軍事單位。

1956 至 1962 年間，愛爾蘭共和軍以北愛各種設施為目標，發動一系列的「邊境之爭」(Border Campaign)。1956 年，新芬黨在北愛議會選舉中獲得兩個席次後，共和軍認為有足夠的選民支持他們的活動，行動也逐漸加溫，策劃許多行動，包括：1956 年 12 月 11 日，攻擊邊境上的厄斯特騎警隊及大英軍隊；三天之後，又攻擊北愛的許多警察駐所；12 月 31 日，攻擊費馬納郡的警察局；1957 年 3 月，於泰隆郡攻擊貨運火車；11 月 11 日，於絡斯郡 (Louth) 製造爆炸事件，五人死亡。北愛政府也宣布進入「緊急狀態」，大規模逮捕可疑份子。共和軍因缺乏足夠的裝備、訓練，發動攻擊的強度、效果都有限，只能製造社會不安，卻沒有實際效果。

除了北愛的羅馬公教居民漸感不耐之外，愛爾蘭共和國政府也不願容忍這類行動，開始與大英當局合作，共同打擊恐怖活動。1962 年，共和軍宣布「停火」，實際上只是一種姿態，並無實際意義，也代表共和軍行動能力受到諸多限制。

此外，1960 年代，愛爾蘭也經常發生大規模的群眾示威活動，民權支持者與大英支持者互相較勁，1969 年以後的社會衝突規模擴大，造成更大的傷亡。大英與愛爾蘭政府多次努力以期解決社會動亂，但 1973 年的〈桑寧戴爾協議〉及 1985 年的〈英愛協議〉都未見成效。愛爾蘭、大英乃至國際社會均持續努力尋求和平解決北愛衝突。1998 年，共和軍同意停火，並在各政黨參與和同意之下，簽訂〈貝爾法斯特協議〉，並由公民投票通過。這個協議在各政黨共治的基礎上，重建北愛爾蘭的自治政府。暴力衝突自此逐漸減少，「臨時共和軍」也於 2005 年宣布放棄武裝路線，銷毀武器；2007 年起，主張與大英聯合的聯合派及主張加入共和國的民族派合組一個共治政府。大英政府也終止其「武力支援」，撤出駐防北愛的軍隊，兵力從兩萬五千名降至五千名。

第二節　經濟、人口與社會變化

一、經　濟

1.第二次世界大戰後的發展

愛爾蘭並未捲入第二次世界大戰，受到戰爭影響相對較小，戰後經濟的發展也優於其他歐洲國家。愛爾蘭同時受到馬歇爾計畫的幫助，獲得三千六百萬美元的低利貸款，用於建築房舍，掃除貧民窟，也用於對抗肺結核。但是當歐洲各國經濟迅速復興之際，愛爾蘭卻出現人口大量外移現象。1950 年代，人口外移的情況仍然持續，愛爾蘭政府為解決人口流失問題，開始推出「母嬰計畫」(Mother and Child Scheme)，提供母、嬰免費醫療，當然也包括未婚懷孕婦女，羅馬公教會強烈抨擊此種作法。許多健康保險公司也因影響其財務收益而反對。此項母嬰計畫一直無法有效執行。

1958 年時，總理共和黨魁樂瑪斯 (Seán Lemass, 1899–1971) 眼見經濟復甦緩慢，呼籲國會儘快採取必要措施，強化經濟，否則愛爾蘭獨立地位可能無法維持。樂瑪斯隨後與財政部長制定一套經濟發展計畫，擴張政府支出，啟動交通建設等公共工程，放棄關稅保護措施，吸引國外資本投資。此後，愛爾蘭一貫採取各種吸引外資的作法，成效相當不錯。從 1959 到 1973 年間，愛爾蘭經濟能維持每年約 4% 的成長，也使得政府稅收持續增加，愛爾蘭便啟動各種社會措施，如 1968 年起中等教育免費。此時，愛爾蘭的生活水準已經追上歐洲國家的平均水準，人口外移速度也逐漸減緩。

1973 年，愛爾蘭與大英王國同時加入歐洲共同體，但這一年卻出現「石油危機」，愛爾蘭受到直接衝擊，國內經濟情況險惡，通貨膨脹、勞資關係持續惡化嚴重影響愛爾蘭經濟發展。政府財政狀況吃緊，公務部門的支出卻居高不下，政府被迫提高稅收，更讓原本脆弱的經濟雪上加霜。

當時愛爾蘭的工業無法面對來自歐洲市場工業品的競爭，1982 到 1984 年間，主要座落於科克的重工業倒閉殆盡。愛爾蘭唯一具有競爭力的農產品又受限於歐洲共同市場的配額限制，無法大力將其產品銷售到歐洲共同市場國家。政府雖然改採貨幣寬鬆政策擴大政府支出，成果卻不如預期，而政府債務不斷上升。1980 年時，國債總額約為當年生產毛額的 81%，到 1986 年時增加為 142%，社會福利經費、補貼半國營企業、公共建設等，都占掉大筆的政府預算。

共和黨與愛爾蘭統一黨組成的聯合政府只得不斷將所得稅提高到 35% 至 60% 之間，高稅收加上高失業率使得經濟更為蕭條。此時愛爾蘭的高等教育也開始發展，大學畢業生無法找到適當工作，只有向外移民。愛爾蘭青年的教育水準頗高，又使用英語，故前往世界各地就業均無困難。正因如此，第二次世界大戰之後，許多愛爾蘭青年離鄉背井。1980 年代，不斷有許多年輕人移往大英王國和北美洲，愛爾蘭的經濟更因就業人口流失而表現欠佳。

經濟困境往往影響政府表現，政治環境也因此相當不穩定，共和黨與愛爾蘭統一黨均無法獲得多數選民支持，必須與其他小黨共組政府。聯合內閣基礎一向脆弱，1980 年代，愛爾蘭經常面臨倒閣、改選國會的情形，甚至出現十八個月間國會三度改選的情況。

2.克爾特之虎：1990 年代到 2008 年的經濟成長

1989 年，共和黨為主的聯合政府改弦更張，主張降低所得稅，重組社會福利措施，也限制政府舉債數目。1989 年起，政府與工會領袖磋商，建立「社會夥伴關係」(Social Partnership Agreement)，促使工會同意停止罷工，政府則同意漸進式提高工資。此後不同的執政黨也都延續這個政策，反對黨也同意不杯葛特定經濟措施，以維持社會發展，稱為「塔拉策略」(Tallaght Strategy)。

經濟環境改善之後，北美洲資本家想利用愛爾蘭為歐洲共同體成員、沒有關稅障礙的條件，漸次以愛爾蘭為進軍歐洲的橋頭堡，來自北美的資本開始進駐愛爾蘭的工業園區，讓愛爾蘭的經濟逐漸復甦。

1989 年，英特爾公司便投入三百億歐元，在愛爾蘭基爾代爾郡 (Kildare) 成立萊絲莉普園區 (Leixlip campus)，這是愛爾蘭有史以來最大的一個投資項目，主力為生產半導體。其投資的幾點考慮，包括愛爾蘭是歐盟國家中少數使用英語者，人口素質高，成為美國資本進入歐洲的重要橋頭堡。1990 年代起，愛爾蘭為吸引外資，也學習臺灣實施已久的加工出口區制度與保稅制度。

在 2000 年代初期，愛爾蘭成功成為脫貧的楷模，不僅不再需要歐盟協助，2005 年時，其國民的人均所得經過實際購買力換算之後，在歐洲國家中排名第二，僅次於瑞士，也吸引許多人口回流或新移民進入愛爾蘭。許多新聞報導甚至使用「克爾特之虎」(The Celtic Tiger) 形容當時的經濟榮景。據 2006 年的統計，愛爾蘭每人年均所得已經超過德國、美國及大英。2007 年其國民年均所得 (GDP per capita) 歐洲排名第二，世界排名第五。

3. 2008 年以後的政治經濟發展

愛爾蘭的經濟發展相當倚賴房地產業。2008 年，愛爾蘭房市出現泡沫化現象，嚴重打擊愛爾蘭的經濟。二十世紀末起，愛爾蘭經濟快速成長時，房地產隨之景氣，房價暴漲，如 2001 年間上漲 17%。統計顯示：1996 至 2006 年間，愛爾蘭平均房價上漲三至四倍，建築商因此見獵心喜，大量開發，銀行也樂意提供房貸，甚至可以貸到近於全額房價的貸款。這種景氣過熱的現象，曾經引起「國際貨幣基金組織」(IMF)、「經濟合作組織」(OECD) 及《經濟學人》(*The Economist*) 等相關機構注意，發出警告。不過當時愛爾蘭政府沒有認真面對。

2007 年 4 月，美國新世紀金融公司宣告破產，引發一連串的「次級房貸危機」(Subprime mortgage crisis)，並且迅速由房地產市場蔓延到信用貸款市場。歐美許多金融機構損失慘重，演變成全球金融危機。而 2008 年，美國雷曼兄弟控股公司 (Lehman Brothers Holdings Inc.) 宣告破產，更成為壓垮愛爾蘭房市的最後一根稻草。

此時，執政的共和黨已經無力解決，總理阿恆雖長期擔任總理，任內創造許多經濟成就，但在 2008 年 4 月初因受賄醜聞宣布辭職，由科恩 (Brian Cowen, 1960–) 繼任。科恩隨即宣布愛爾蘭進入經濟危機狀態，尋求解決之道。但此時愛爾蘭經濟呈現負增長，到 2010 年時，愛爾蘭政府債臺高築，國家財政赤字不斷攀升，高達二百五十億美金，科恩只得於 11 月向國際社會申請援助，但仍無法有效改善；2011 年底，全國失業率飆升至 15%。

為解決經濟危機，愛爾蘭政府只得緊縮政府支出；另一方面則企圖以降低稅賦吸引外資。在歐盟中央銀行的介入下，愛爾蘭被迫接受相當屈辱的貸款條件，例如愛爾蘭政府預算必須先經德國國會審核通過，以換取歐盟及國際貨幣基金組織八百五十億歐元的高息貸款。經濟危機導致科恩內閣瓦解，2011 年的大選中，由愛爾蘭統一黨獲勝。此時愛爾蘭又出現了大批的人口外移，而歐洲央行則採貨幣寬鬆政策，使歐元貶值，讓愛爾蘭貨物可以增加對其兩大出口國大英王國和美國的外銷，經濟情況才得以舒緩。

根據大英的《衛報》(*the Guardian*) 在 2015 年 5 月的一份報導，過去二十年來，愛爾蘭吸引了兩千七百七十億美金 ($277bn) 的投資。大約有七百家美國企業在愛爾蘭建立企業分部，並提供了十三萬個就業機會。投資愛爾蘭的企業包括電子工業英特爾、戴爾電腦 (Dell)、HP 電腦 (Hewlett Packard)、臉書 (Facebook) 及化學製藥的輝瑞 (Pfizer)、嬌生 (Johnson and Johnson) 等。

2015 年 2 月，蘋果公司也在愛爾蘭的高威郡阿森瑞 (Athenry, Co Galway) 大舉投資。吸引外資的一個重要原因是愛爾蘭政府降低公司營業稅，並搭配其他的減稅措施。這些鼓勵投資的政策相當有效，也引起周邊地區政府的效法。故此，北愛爾蘭政府也決議要降低公司所得稅，以吸引外資。2017 年 8 月，愛爾蘭一項財經報告顯示：愛爾蘭國內消費能力已經逐漸恢復到金融危機前的水準，就業表現甚佳，失業率降到 5% 以下。

2016 年的大選中，愛爾蘭統一黨繼續執政，但喪失許多席次，原黨魁肯尼 (Enda Kenny, 1951–) 辭職，由印度移民之子伐拉卡 (Leo Varadkar, 1979–) 繼任首相，這也是一個新的歷史紀錄。2020 年大選結果，三個主要政黨的席次相當接近，都在 20% 至 25% 之間，共和黨三十八席，新芬黨三十七席，而愛爾蘭統一黨只有三十五席。協調結果，由三黨共組聯合政府，共和黨的馬丁 (Micheál Martin, 1960–) 出任總理，原總理伐拉卡擔任副總理，2022 年底，伐拉卡再與馬丁交換職務，擔任總理。

4. 大英王國退出歐盟

⑴大英王國脫歐後的愛爾蘭

對愛爾蘭而言，大英王國退出歐盟後，也影響了愛爾蘭統一的進程。第二次世界大戰之後，東西德分裂。德意志聯邦共和國總理艾德諾 (Konrad Adenauer, 1876–1967) 面對德意志統一的可能時，計畫先推動德意志聯邦共和國的「西向整合」(West integration)，再推動歐洲統合。根據他的計畫，當歐盟完成之際，便是德意志統一之時。1992 年，德意志民主共和國（DDR，或稱東德）也如願加入德意志聯邦共和國，完成統一。愛爾蘭許多主張統一的人士便欲效法德意志故智，希望大英王國與愛爾蘭共和國同屬歐洲同盟，兩國之間不再有邊界，等同一國。

2020 年，大英王國經過公民投票，宣布退出歐洲聯盟，北愛爾蘭自當與倫敦同步退出歐盟。如此一來，北愛爾蘭與愛爾蘭共和國之間，勢必因關稅與法制問題，重新出現「邊界」。

大英王國完全脫離歐洲聯盟前，有「過渡期」之設定，應當在 2020 年 12 月 31 日結束，但可延長一次。過渡期間，大英王國必須遵守歐盟規則，繼續支付歐盟會員費，但不得參與歐盟事務的各項投票。期間，如大英王國與他國簽訂的貿易協定，也只能在過渡期結束後才生效。

但是，大英王國與愛爾蘭之間，在北愛爾蘭有實質陸地邊界，原本協議：即使過渡期結束時，大英王國與歐盟間相關貿易協定尚未談妥，北愛爾蘭與愛爾蘭邊界仍不設海關和邊檢，是為「愛爾蘭邊境保障措施」。

此時，大英王國許多人士意識到脫歐將帶來的各種財政與經濟衝擊，掀起熱議，大英國會也因此遲遲不願通過脫歐方案。大英政府一再延長「過渡期」，首相梅伊 (Theresa May, 1956–) 被迫於 2019 年 6 月辭去保守黨黨魁職務， 由強森 (Boris Johnson, 1964–) 繼任。強森的態度相當強硬，表示將如期脫歐，大英王國不再受歐盟法律管轄；北愛爾蘭也將跟隨大英王國一同退出歐盟關稅體系。如此一來，愛爾蘭共和國與北愛爾蘭之間勢必重新出現邊界。倫敦政府乃計畫建立「商品管制區」，北愛爾蘭和愛爾蘭共和國間的貿易仍屬「單一市場」，故不會在邊境設站檢查，但將在邊境五至十公里處設站，實際查驗。如此一來仍有一條「內部邊境」，又有違原本決議。

歐盟最終與大英王國達成協議，規定大英王國與北愛爾蘭退出關稅同盟，但北愛爾蘭仍然適用歐洲單一市場對於商品販售及關稅相關規定，以確保北愛與愛爾蘭共和國沒有「硬邊界」。貨物檢查應在愛爾蘭海面上執行，大英貨物如經愛爾蘭海銷往愛爾蘭，須依法向歐盟繳納關稅，以及如該項貨物在北愛爾蘭出售，則可申請退稅。

(2)大英王國正式退出歐盟

2020 年 1 月 9 日，大英王國下議院終於三讀通過脫歐協議法案；1 月 22 日，上議院也通過該法案，大英王國女王隨即於次日批准，脫歐協議法正式生效；1 月 24 日，歐盟執委會和歐盟理事會主席也批准。據此，大英王國於 2020 年 1 月 31 日晚間十一時脫離歐洲聯盟，進入脫歐「過渡期」，並另與歐盟訂立《英歐貿易合作協定》(*UK-EU Trade and Cooperation Agreement*)，以規範日後的英歐貿易 。2020 年底大英與歐盟另訂 《北愛爾蘭議定書》(*Northern Ireland Protocol*)，於 2021 年 6 月 30 日生效，規定北愛爾蘭日後與歐盟的關係，包含關稅及單一市場制度，以及從大不列顛運往北愛爾蘭的物品應受歐盟檢查。

大英王國政府相信，脫歐後可拒絕國外難民進入大英王國，並因此增加就業機會、提高生活水準。但歐盟與大英間的貿易額占大英外貿最大宗，進出口比重均占總額一半左右（大英出口歐盟的比重為 46.9%，進口則為 52.3%）。在可預見之未來中，大英恐無法尋找替代貿易機會。

二、人　口

1.人口變化

愛爾蘭人口結構經過幾次重大變化，十九世紀中期愛爾蘭人口大約有八百萬人，但「大饑饉」造成人口大量流失，到 1921 年時只剩三百萬。愛爾蘭自由邦成立以後，抗議教派信徒自認為是大英臣民，並非共和國子民，加上許多鄉間地主經常遭共和軍威脅，因此自 1920 年代起，便有大量抗議教派信徒從愛爾蘭自由邦移出。在兩次大戰期間，有許多愛爾蘭人不斷移往北美、澳洲等地，愛爾蘭人口往往不增反減。

1960 年代長期經濟不景氣，又迫使許多人必須移民國外謀生，1961 年時，愛爾蘭只有二百八十多萬人，達到谷底。直到經濟條件改善，政府也採行各種社會福利政策，鼓勵生育，人口結構才隨之改變，至 1981 年時人口已回復到三百四十多萬。據 2006 年的統計，愛爾蘭人口有四百二十多萬；而 2007 年的調查更指出，愛爾蘭人口增加率為全歐盟之冠，除了自然增加之外，大量移民也使得愛爾蘭人口年增率達 2%。2023 年最新統計顯示，愛爾蘭人口已超過五百萬。

2.新冠疫情對人口的衝擊（2020-2022 年）

2020 年初起，愛爾蘭傳出新冠疫情，但當時政府的反應相當遲鈍，並未限制國際旅客入境，其中多數又來自已經有疫情擴散的歐盟國家。直到 2020 年 3 月底才開始採取「閉關」(Lockdown) 措施，但疫情已經在愛爾蘭反覆出現，政府被迫採取較為嚴格的閉關作法，並提供疫苗，總算達到一定程度的效果。2022 年 7 月，統計數據顯示：感染新冠肺炎的人數高達一百六十萬人，七千五百人死於新冠肺炎相關疾病。

三、社　會

1.女權發展與社會新議題

二十世紀末期，愛爾蘭經歷了重大的社會變革。1960 年代起，愛爾蘭實施免費的義務教育，許多人得以完成義務教育甚至高等教育；另外，愛爾蘭經濟蓬勃發展，人民生活水準提高許多，人口外移的速度逐漸減緩，其人口結構老化的情況得以緩解，都市化的程度也逐漸提高。當時大眾媒體的發展也相當快速，在知識多元化下，原本政黨與教會的控制力逐漸式微。

1980 年代，許多知識分子開始鼓吹國家法律的「解放」，其中有以離婚、避孕及同性戀的相關課題最引起社會關注。但羅馬公教會與保守人士視此為「違反教會」、「違反家庭」價值。這段期間，經常有相關法案的「公投」行動，也引發社會上保守與革新份子的意見分歧。1983 年，一項「珍愛生命」(Pro-life) 修正案，將「禁止墮胎」寫入愛爾蘭憲法。

1980 年代及 1990 年代早期，離婚、避孕與同性戀等議題引起相當爭議，也暴露出城鄉居民、工人階級與中間階級，乃至教會與世俗間的巨大差異。這些公投通過之後，社會大眾也逐漸接受，但墮胎一直是一個無法跨越的鴻溝。自由派人士贏得 1985 年的公投，百姓無須醫師處方便可以使用保險套等避孕工具，但是要到 1993 年時，各種有關避孕資訊流通及相關物品販售限制才完全廢止。1986 年，愛爾蘭統一黨與工黨的聯合政府提議廢止有關離婚的限制，但共和黨與羅馬公教會都不同意，因此憲法「第十修正案」(*Tenth Amendment of the Constitution*) 的公投案並未通過。

1992 年以後，愛爾蘭保守勢力逐漸消退，瑪莉·羅賓遜 (Mary Robinson, 1944–1990) 一向支持女性主義運動，她原為國會議員，1992 年當選為總統。諾里斯 (David Norris, 1944–) 則領導改革同性戀者相關的法律。1993 年，愛爾蘭國會終於通過法律，將同性戀除罪。

1992 年起，愛爾蘭的墮胎限制逐漸寬鬆，也使當年的憲法第十二號修正案通過公投。此後，如果懷孕婦女健康受威脅時，婦女可以取得足夠資訊，前往他國墮胎。1995 年，愛爾蘭再次舉辦公投，通過憲法第十五號修正案，宣布離婚合法。

2015 年，愛爾蘭辦理公投，通過憲法第三十四號修正案，成為世界上同性婚姻合法化的首例。2018 年，愛爾蘭再度舉行墮胎法案的公投，並通過憲法第三十六號修正案，同意婦女在懷孕十二周以前，可以合法墮胎。國會迅速制定了「健康（中止懷孕）法」，並於 2019 年新年起實施。

2. 教會重大事件

1990 年代，愛爾蘭發生幾起重大的羅馬公教醜聞，嚴重斲傷保守勢力，因此展開一連串的社會自主化行動。首先，羅馬公教會中一位資深主教有個私生子，幾位教會工作人員也利用其職務，涉入「孌童」事件。幾位主教因處理這類事件不周延，受到輿論抨擊，被迫辭職。政府組織的調查發現，1920 到 1960 年代，教會或世俗團體支持的技術學校或孤兒院中，兒童遭到性虐待的事件層出不窮。

這些事件導致許多愛爾蘭人不再願意參與教會活動，甚至不再前往教會。1991 年的一項調查顯示，當時有 92% 的愛爾蘭公民自認為羅馬公教徒，到 2006 年時降到 86%；1990 年時，有 85% 的羅馬公教信徒會定期參加彌撒儀式，到 2008 年時僅剩 43% 的公教徒定期彌撒，僅約為愛爾蘭公民的四成。

第三節　政府組織

愛爾蘭共和國成立之後，愛爾蘭島出現一個新的國家，但其北方六郡仍屬大英王國，形成兩個互不隸屬的「政權」，兩個政權也各自依據自己的「統治權」(mandate) 成立政府，行使行政權。

一、愛爾蘭共和國政府組織

1. 國會與政府

愛爾蘭為內閣制國家，行政及立法權都在兩院制的國會，分別是參議員組成的上議院 (Seanad Éireann) 及眾議員組成的下議院 (Dáil Éireann)，實際立法與行政權在下議院。眾議員議員稱為 Teachta Dála（簡稱 TD），目前眾議院共有一百六十席。眾議院議員選舉採單一選區，任期五年，年滿二十一歲且定居愛爾蘭的愛爾蘭與大英公民均可參選。根據憲法，議會至少每七年改選一次，由選民直接選出，年滿十八歲即有選舉權。

參議院主要功能為諮詢，在眾議院改選之後九十天內，參議院也必須改選，以符合最新的民意。參議員以間接選舉的方式產生，由六十名即將卸任的參議員，一百六十六名眾議院議員及八百三十三名地方議會組成的選舉人團投票選出新的六十名議員。十一名參議員由總理提名，六名參議員來自大學，其餘四十三名則提名來自各行各業的代表。參議院有權延宕法案，但以九十天為限；如果屬於財政相關法案，則只有二十一天的延宕期，而且無權修改法案內容，只能提出建議。

根據內閣制的精神，愛爾蘭總理、副總理及財政部長三個職務必須由具有議員身分者出任，其餘所有政府成員按理也應具有國會議員身分，部長可以來自參議院，但以兩名為限。此外，有關財政的法案性質特殊，只能由眾議院提出或修正。

愛爾蘭為多黨制，國會中眾多政黨均有席次，在沒有政黨可以控制過半席次的情況下，聯合內閣成為常態。共和黨 (Fianna Fáil) ❺ 及愛爾蘭統一黨 (Fine Gael) ❻ 是愛爾蘭最重要的兩個政黨。1989 年以後，各黨均無法獲得眾議院多數，單獨執政，必須

---

❺ 共和黨 (Fianna Fáil) 的愛爾蘭字義為「命運戰士」，成立於 1926 年。政治主張為自由主義中間派，支持愛爾蘭統一及共和體制，反對武力手段統一，故與愛爾蘭統一黨長期對立，但並非傳統左派與右派意識形態之爭。

❻ 愛爾蘭統一黨 (Fine Gael) 直譯為「愛爾蘭之家」，政治主張為統一愛爾蘭，屬自由保守主義，強調基督教信仰。

聯合其他小黨才能組織政府。除了共和黨與愛爾蘭統一黨之外，中間偏左的工黨為第三大勢力，經常與左派的綠黨、新芬黨及社會黨合作監督政府。總理則由較多數黨與其他聯合執政黨協調選出，通常由多數黨的領袖出任。這使得愛爾蘭的政策都能經由充分協商，綜合各方意見後制訂。

愛爾蘭雖然採取內閣制度，但為避免大英制度的羈絆，也凸顯人民主權，所以不稱其為內閣 (Cabinet)，而是直接以「政府」(government) 稱之，政府的領導人及負責人稱為總理 (Taoiseach)，其正式名稱為「政府部長」(Minister of the Government)，總理由下議院向總統推薦任命，其餘部長則由總理任命。

根據《愛爾蘭共和國憲法》第二十八條規定，愛爾蘭「政府」最少七人，最多十五人，主要職務包括總理、副總理及重要部會。政府另有檢察總長 (Attorney General) 為顧問，但總長並非正式的閣員，只參與內閣會議。同樣的，執政黨黨鞭也非內閣成員，但可以參與會議。

目前愛爾蘭的部會組織也不斷擴張，從原本的十四個部門發展成十八個部門：

- 農業部 (Department of Agriculture, Food and the Marine)
- 兒童、社會平權、弱勢照護、社會整合與青年部 (Department of Children, Equality, Disability, Integration and Youth)
- 國防部 (Department of Defence)
- 教育部 (Department of Education)

- 企業、貿易與就業部 (Department of Enterprise, Trade and Employment)
- 財政部 (Department of Finance)
- 外交部 (Department of Foreign Affairs)
- 延伸教育、科學、研究與創新部 (Department of Further and Higher Education, Research, Innovation and Science)
- 衛生部 (Department of Health)
- 房舍、地方政府與文化遺產部 (Department of Housing, Local Government and Heritage)
- 法務部 (Department of Justice)
- 公共支出與改革部 (Department of Public Expenditure and Reform)
- 鄉村與社區發展部 (Department of Rural and Community Development)
- 社會保障部 (Department of Social Protection)
- 環境、氣候與交通部 (Department of the Environment, Climate and Communications)
- 首相官房部 (Department of the Taoiseach)
- 觀光、文化、藝術、愛爾蘭專區、體育與媒體部 (Department of Tourism, Culture, Arts, Gaeltacht, Sport and Media)
- 交通部 (Department of Transport)

如果總理無法獲得議會多數的支持時，只有兩種解決方案：

內閣總辭或解散國會。若總統認為執政黨無法再享有多數民意支持時，可以拒絕解散國會，等於要求內閣總辭。閣員或整個內閣辭職時，應等到繼任者產生後才能去職。但在此情況下，其權力受到相當限制，特別是宣戰或參戰案，必須獲得議會的同意才可進行。但若是國家遭到侵略，政府仍有權採取必要措施保護國家利益。另外還有一些重要原則，例如所有條約須經議會批准，政府也必須根據憲法規定行事。

1937 年公布的憲法，規定了愛爾蘭政府組織及基本人權，屬於剛性憲法；如要修憲，只有公民表決一途。歷來曾經實施過的公民表決之重要議題包括：墮胎合法化、公教地位、許可離婚及是否參加歐盟等。

2.總統職務和權力

愛爾蘭總統為直接民選產生，總統候選人必須年滿三十五歲，且獲得二十名愛爾蘭國會議員提名或是四個郡議會或市議會提名，方可成為候選人；現任總統或前任總統也可提名自己，不需再經國會議員或郡議會提名。總統的任期七年，只可連任一次。

愛爾蘭憲法並未賦予愛爾蘭總統國家最高領導的地位，而是類似自由邦時期的「總督」，具有許多儀式性功能，除了對外是國家元首，代表愛爾蘭人民之外，其功能還包括：任命愛爾蘭內閣和法官、主持下議院開幕、解散下議院、簽署國會法案，並且是國家軍隊名義上的最高司令官。總統還有特赦的權力，但歷來總統均十分自制，只有在討論北愛和平方案時，特赦了愛爾蘭共和軍的某些行為，屬於特例。

總統僅為象徵性的國家元首，也未設副總統之職，如遇總統無法執行職務，則由總統委員會 (Presidential Commission) 代行總統職權。總統也沒有法案否決權，最多只能將法案送到高等法院，請求審查其是否牴觸憲法。但與一般內閣制不同的是，愛爾蘭內閣必須對總統所代表的人民負責，經常向總統說明內政和外交的狀況。

3. 地方政府與司法

愛爾蘭的地方政府係依據〈地方政府法〉(*Local Government Acts*) 組織而成，分成兩級，全國分成二十九個郡級議會 (County Councils)❼，五個郡與市範圍重疊的大城市中，除了郡議會的設置外，還另設管理城市事務的市議會❽。郡之下還有鄉鎮議會 (Town Councils)，有些老城市則稱為「堡議會」(Borough Council)，負責市政規劃、交通建設、衛生措施，以及圖書館管理等工作。

為了溝通南北雙方，愛爾蘭政府還特別組織一個「南北部長會議」(North-South Ministerial Council)。根據〈貝爾法斯特協議〉及《愛爾蘭共和憲法》第三條的規定，南北部長會議及幾個組織可以處理一些雙方的共同問題。這個會議曾於 2002 到 2007 年間暫停運作，現已重新恢復。

愛爾蘭的司法與大英類似，法院分成最高法院、高等法院及

---

❼ 二十六個郡中，都柏林分成三個議會，迪波拉里分成兩個議會。

❽ 都柏林、科克、高威、里畝瑞克、瓦特福五市。

地方法院；法官經政府提名後，由總統任命。其任期受保障，除因行為不檢或不適任，經參眾兩院同意後，才能予以免職。最高法院是終審法院，由院長及七位法官組成，並具有憲法法庭的功能，可以判定法律是否違憲。

二、北愛爾蘭政府組織

1.北愛爾蘭的名稱

北愛爾蘭的正式名稱便是「北愛爾蘭」，大英王國政府或愛爾蘭共和國均稱之為「北愛爾蘭」，當地多數居民對這個名稱也沒有太大意見。但一遇到政治問題時，北愛爾蘭的名稱便引起許多爭議。許多主張留在大英王國的「聯合派」(unionists) 政治人物主張使用「厄斯特」的名稱，此名稱源自古代愛爾蘭地名，意為「北方省分」，例如北愛聯合派份子組成的政黨為「厄斯特聯合黨」(Ulster Unionist Party)，當地大學名為「厄斯特大學」(the University of Ulster)。但在厄斯特的九個郡中，位於北愛爾蘭北方的三個郡仍屬於愛爾蘭共和國，主張愛爾蘭全境統一的「統一派」與聯合派人士經常爭執此事。聯合派認為厄斯特區域僅限於六郡，北愛爾蘭政府還曾經計畫要將北愛爾蘭改稱為「厄斯特」，引起堅持傳統九郡概念的民族主義者反對。還有人不承認愛爾蘭共和國與愛爾蘭獨立運動的關係，認為這種作法等於不承認厄斯特地方在愛爾蘭主張自治時的努力。聯合派甚至還繼續稱愛爾蘭共和國為「自由邦」(the Free State) 或是「二十六郡」(The Twenty-Six Counties)。

1949 年時，大英國會還討論愛爾蘭與大英王國斷絕關係之後，如何稱呼這個新政府。愛爾蘭政府首先提出「愛爾蘭共和國」(the Republic of Ireland) 的國號，但部分大英國會議員並不同意此名稱，甚至有人主張如果二十六郡要自稱為「愛爾蘭共和國」，則北愛爾蘭有權自稱為「愛爾蘭王國」(Kingdom of Ireland)。

北愛爾蘭地區的統一派人士則一貫稱呼厄斯特地方為「北愛爾蘭」，此名稱對應厄斯特，並無疑義。他們也稱呼屬於厄斯特的其他三郡為「東北」(The North-East) 或逕稱「北方」(The North)。因此，位於北愛爾蘭北方的瑠尼高 (Donegal) 郡因屬於「南愛爾蘭」流行一個笑話：「北邊屬南邊，南邊屬北邊」(the South is north, and the North is south)。

而稱呼北愛爾蘭的中性名稱為「六郡」(The Six Counties)。強烈民族主義者對北愛爾蘭另有「被占領土」(The Occupied Territories) 或「被占六郡」(The Occupied Six Counties) 的稱呼。綜上所述，不同名稱在在反映個人立場。

2.〈貝爾法斯特協議〉

1998 年 4 月，大英王國、愛爾蘭共和國與北愛爾蘭的厄斯特統一黨、社會民主黨、新芬黨等八個政黨及團體經過長時間會商之後，促成〈貝爾法斯特協議〉，並於 4 月 10 日簽字。同年 5 月底，北愛爾蘭和愛爾蘭共和國分別舉辦公民投票，通過協議，1999 年 12 月 2 日協議生效。

協議的主要內容包括：關於北愛爾蘭政府架構與地位問題、北愛爾蘭與愛爾蘭共和國的關係、愛爾蘭共和國與大英王國的關係等。〈貝爾法斯特協議〉敘明：北愛爾蘭大多數人民希望留在大英王國；北愛爾蘭許多人民及愛爾蘭全境大多數人民希望建立統一愛爾蘭。而愛爾蘭共和國的憲法必須調整，隱含承認北愛爾蘭「目前」為大英王國主權領土的一部分。

這個協議的最重要功能是創造一些「建設性模糊」，以滿足各方面人士的「政治想像」，可以讓大多數人接受，也能夠爭取時間，不急於立刻解決一些「爭議性問題」，但前提是該島上兩個司法管轄區的多數人民都同意建立一個統一的愛爾蘭。例如將愛爾蘭政治發展由「聯盟」(union) 轉為「統一」(united)。

大英王國政府在脫歐過程中仍重申信守〈貝爾法斯特協議〉，明確承諾北愛爾蘭的憲法地位：仍為大英王國的一部分，但與愛爾蘭緊密連結。

3.北愛爾蘭議會：立法與行政

大英王國為四個政治實體聯合而成，其中，蘇格蘭、威爾斯與北愛爾蘭均有獨立自主的議會，並由當地議員組成政府。北愛爾蘭的議會名稱為「北愛爾蘭議會」(Northern Ireland Assembly) 為北愛爾蘭立法機關。根據〈1998 年北愛爾蘭法〉(*Northern Ireland Act 1998*) 規定：北愛爾蘭議會有權就大英國會保留的權力以外的事項，自行訂立法律。

根據該法又在愛爾蘭議會下設立「北愛爾蘭行政委員會」（the Northern Ireland Executive，或稱 Northern Ireland Assembly Executive Committee），任命閣員、行使行政權，並向北愛爾蘭議會負責。行政委員會主要成員包括：首席部長 (First Minister)、副

首席部長 (deputy First Minister) 及其他部長。議會中的各政黨推薦其部長人選，但司法部長由地方選舉產生。北愛議會與行政委員會均設於貝爾法斯特。

2006 年通過的〈北愛爾蘭法〉(*The Northern Ireland Act 2006*) 調整了北愛爾蘭行政委員會的組織，2016 年，行政委員會又重新調整，根據新制定的〈北愛爾蘭部門法〉(*The Departments [2016 Act] [Commencement] Order [Northern Ireland] 2016*)，北愛爾蘭行政委員會的組織包括：

- 政務局 (The Executive Office)
- 農業、環境與鄉村事務部 (Ministry of Agriculture, Environment and Rural Affairs)
- 交通部 (Ministry for Communities)
- 教育部 (Ministry of Education)
- 經濟部 (Ministry for the Economy)
- 財政部 (Ministry of Finance)
- 衛生部 (Ministry of Health)
- 基礎建設部 (Ministry for Infrastructure)
- 司法部 (Minister of Justice)

國防與外交事務不屬於地方自治事務，故行政委員會中並無此組織。

另外，北愛爾蘭行政委員會又與愛爾蘭共和國的國會共組幾個「南北」會議，處理北愛爾蘭和愛爾蘭共和國之間的各項議題；北愛爾蘭議會和愛爾蘭共和國議會則於 2012 年 10 月成立「聯合議會論壇」。

第四節　愛爾蘭文化

一、1960 年代以前的文藝表現

愛爾蘭文化多元而且豐富，從早期的克爾特人進入愛爾蘭以後，陸續有羅馬、諾曼人在此活動，法國、英格蘭的影響也相當深刻。愛爾蘭作家即便以英語為主要的語言，其文學和其他英語國家也有顯著的差異，表現出愛爾蘭文化中崇尚自然、自由與自嘲的特質。許多作家善於利用愛爾蘭人想像豐富、誇張與荒謬的民族特質，將克爾特語的表達與敘述帶進英語之中，豐富了英語的內容與表現方式，形成愛爾蘭文學的特殊風格。

愛爾蘭詩歌的傳統悠久，許多吟唱詩人將故事編成敘事曲 (Ballade)，他們使用克爾特語，用簡單的笛子 (Irish whistle)、克爾特風笛 (Uilleann pipes) 或是小鼓 (Bodhrán) 伴奏，在各地演唱。十四世紀以後，克爾特語的詩歌吟唱逐漸被被英語取代，內容也豐富一些。從吟唱的傳統出發，愛爾蘭詩人對音調、節奏相當敏銳，創作的成果豐碩。

十八世紀以後，愛爾蘭傑出的詩人輩出，獨樹一幟，史威夫特 (Jonathan Swift, 1667–1745)、高史密斯 (Oliver Goldsmith, 1730–1774) 都是著名例證。史威夫特寫的《格列佛遊記》(*Gulliver's Travels*, 1726) 開啟了政治寓言小說的先河。

愛爾蘭詩人及文學家在文藝上的表現至為傑出，十九世紀隨著浪漫思潮的發展，愛爾蘭詩人重新發掘克爾特人的詩歌傳統，將古老的詩歌和神話傳說以英文表現出來。他們也熱衷於民族文學，希望能繼絕舉廢，葉慈早期的創作即為一例。

圖 34：作家王爾德

王爾德 (Oscar Wilde, 1854–1900) 寫作許多劇本、小說及詩集，活躍於維多利亞晚期的倫敦。主要作品包括小說《道林．格雷的畫像》(*The Picture of Dorian Gray*, 1891)、童話集《快樂王子和其他故事》(*The Happy Prince and Other Tales*, 1888)、《石榴屋》(*A House of Pomegranates*, 1891) 及詩作《詩集》(*Poems*, 1881)、《斯芬克斯》(*Sphinx*, 1894) 和《瑞丁監獄之歌》(*The Ballad of Reading Gaol*, 1898)。

蕭伯納 (George Bernard Shaw, 1856–1950) 是二十世紀重要的劇作家，1925 年獲諾貝爾文學獎。其喜劇作品《賣花女》(*Pygmalion*, 1913) 被改編為音樂劇《窈窕淑女》(*My Fair Lady*, 1964)，後來又被好萊塢改編為家喻戶曉的同名電影，此外如《聖女貞德》(*Saint Joan*, 1923) 等劇作都相當膾炙人口。

葉慈創作許多戲劇和詩集，為二十世紀重要的文學家。他是

圖 35：詩人葉慈

「愛爾蘭文藝復興運動」的領袖，愛爾蘭文化的重要支持者，1923 年獲得諾貝爾文學獎，獲獎的理由是「以其高度藝術化且洋溢著靈感的詩作表達了整個民族的靈魂」，對愛爾蘭社會有重要影響。主要作品包括散文集《克爾特曙光》(*The Celtic Twilight*, 1893)，劇作《凱薩琳女爵》(*The Countess Cathleen*, 1892)，也出版一本《威廉．巴特勒．葉慈的自傳》(*Autobiographies*, 1926)。

喬伊斯 (James Joyce, 1882–1941) 亦為二十世紀最重要的作家之一。喬伊斯的大部分作品均以愛爾蘭為主題，創作小說的靈感也來自早年在都柏林的生活。作品包括短篇小說集《都柏林人》(*Dubliners*, 1914)、長篇小說《一個青年藝術家的畫像》(*A Portrait of the Artist as a Young Man*, 1916)、《尤利西斯》(*Ulysses*, 1922) 以及《芬尼根的追思會》(*Finnegans Wake*, 1939) 等。

貝克特 (Samuel Barclay Beckett, 1906–1989) 主要創作以詩集、戲劇為主。於 1969 年獲得諾貝爾文學獎，主要作品包括戲劇《等待果陀》(*En attendant Godot*, 1952)[9]。

---

[9] 原著以法文發表，英文譯做 *Waiting for Godot*。

在葉慈的影響下，愛爾蘭作家的創作呈現出兩種不同的風格：或專注於古老的克爾特傳統，或向現代主義風格靠近。喬伊斯和貝克特就是這種現代主義的重要代表，他們以小說和戲劇為主要創作類型。以後的文學家或者繼承、或者反對，但多在葉慈的基礎上前進， 二十世紀重要詩人卡夫納 (Patrick Kavanagh, 1904–1967) 便是葉慈的繼承者。1939 年出生於北愛爾蘭的諾貝爾文學獎得主希尼 (Seamus Justin Heaney, 1939–2013) 是著名的詩人和文學評論者，足以代表當今的愛爾蘭文壇。此外，也有許多來自愛爾蘭的作家和評論者活躍在倫敦、百老匯和好萊塢戲劇舞臺。

二、1960 年代以後的發展

1960 年代的危機也衝擊了愛爾蘭的文化。原本規定的新聞審查制度限制藝文創作，1960 年代以後，許多作家開始反抗新聞檢查，例如 1960 年歐布萊恩 (Edna O’Brien, 1930–) 出版三部曲小說《鄉村女子》(*Country Girls*, 1960)，討論女性與性愛，也討論羅馬公教會對女性的壓迫。這本書立即遭禁，歐布萊恩被迫離開愛爾蘭 。另一位作家麥卡亨 (John McGahern, 1934–2006) 也有類似遭遇，作品遭禁，但他仍留在愛爾蘭，不斷寫作、出版，測試審查制度的底線。漸漸地，愛爾蘭的審查制度逐漸放鬆，他 1990 年出版的《女人之間》(*Amongst Women*) 討論愛爾蘭共和軍老兵如何欺凌妻子，情節感人，引起極大討論與讚揚。

1980 到 1990 年代， 許多愛爾蘭作家開始討論過去六十年來的政治與文化變遷議題， 馬開博 (Patrick McCabe, 1955–) 的作品

《屠戶之子》(*The Butcher Boy*, 1992) 與《死亡學校》(*The Dead School*, 1995) 尤為突出。二十世紀末小說家班維爾 (John Banville, 1945–) 的作品也吸引大量讀者，而其 1973 年出版的《樺樹》(*Birchwood*)，被譽為是喬伊斯的繼承者。

許多作家也描述 1960 年以後的長時段的北愛爾蘭抗議教派信徒與羅馬公教信徒間的血腥衝突，稱之為「大混亂」(Troubles)，當時大約出版了八百本與北愛衝突有關的小說。北愛爾蘭更出現許多有名的詩人，例如美國出生的孟塔赳 (John Montague, 1929–2016) 於 1972 年出版長詩《粗糙之地》(*The Rough Field*)，是愛爾蘭現代詩的一個重要印記；1995 年，奚尼 (Seamus Heaney, 1939–2013) 更贏得諾貝爾文學獎。

「大混亂」時期的另一個重要藝文發展是戲劇。1980 年，德里 (Derry) 成立了一座新的劇院，推動新的戲劇內容，希望重建愛爾蘭的自我文化認同。劇作家符立爾 (Brian Friel, 1929–2015) 在 1980 年代開始將許多充滿愛爾蘭特質的戲劇介紹給其他的英語世界。

三、愛爾蘭現代藝術

愛爾蘭民族多元，文化多元，不同族群留下各種豐富的遺產，讓愛爾蘭文化在各種領域都有相當豐富的表現。從古代的石雕藝術、青銅器時期的裝飾品，到近代的繪畫、造形藝術，都有可觀；音樂、舞蹈方面也都有傑出的表現，無論是傳統的踢踏舞 (Stepdance)、民俗音樂，或是現代的搖滾樂，都有享譽世界的代表人物，演唱團體 U2 或恩雅 (Enya Patricia Brennan, 1961–) 均是重要代表。

圖 36：U2 合唱團

U2 是愛爾蘭最知名的樂團，也是愛爾蘭最重要的文化產業之一。該團 1976 年開始表演生涯，1980 年代已經享譽各大洲。他們不僅製作音樂，也關懷人道、人權議題，參與「國際特赦組織」(Amnesty International)、關懷愛滋等社會公益活動，因此被《滾石雜誌》(*Rolling Stone Magazine*) 列為史上世界百大藝術團體 (100 greatest artists of all time) 的第二十二名。

U2 樂團在 1983 年創作一首名為〈星期日，血腥星期日〉(*Sunday Bloody Sunday*) 的歌曲，用低沉的鼓聲、單調的吉他表現軍隊的肅殺氣氛，抗議大英的軍事行動。歌詞是從一個旁觀者的角度，說明此次事件的恐怖。U2 樂團強調，創作這首歌，旨在反對仇恨，反對祕密團體的暴力行動。

我不敢相信今天的消息
我無法閉上眼睛，將之揮去
多久？我們到底要唱多久？這個旋律

因為今晚
我們也可能變成那樣，就在今晚
玻璃瓶渣散落在小孩腳底
屍體卻散落在死巷裡
我不敢回應戰爭的召喚
那只會讓我豎起脊梁，豎起脊梁靠牆而站[10]

U2 在各種場合不斷演唱這首歌曲，喚起人們對這項議題的認識與重視。

恩雅為瑙尼高郡出身的歌手，不僅演唱，也能創作，為愛爾蘭最受歡迎的歌手，文化產值僅次於 U2 樂團，曾獲得葛萊美獎、奧斯卡獎等國際獎項的鼓勵。1986 年，大英廣播公司 (BBC) 製作一部紀錄片——《克爾特人》(*The Celts*, 1987)，介紹兩千七百年來的克爾特文明。恩雅為這部紀錄片製作音樂，深獲聽眾喜愛，另外發行專輯「居爾特人」。世人也因為這張專輯，對克爾特人及克爾特文化產生興趣，願意進一步瞭解、認識。

1993 年，邁克．佛萊利 (Michael Flatley, 1958–) 應愛爾蘭電視之邀，表演傳統的愛爾蘭舞蹈，頗受歡迎。佛萊利受此鼓勵，將表演整理、改編後，又在 1994 年「歐洲視聽大賽」(Eurovision Song Contest) 中代表愛爾蘭出賽，再度獲得肯定。這個舞團便擴

---

[10] U2, "Sunday Bloody Sunday," http://www.u2.com/music/lyrics.php?song=23&list=s

大編制，強化舞蹈及音樂，將舞蹈組合稱為〈大河之舞〉(*River Dance*)，在各地巡迴表演。稍後，舞團又將原本七分鐘的〈大河之舞〉改編成二小時的舞碼，於 1995 年在都柏林首演，獲得滿堂采，從此舞團聲名大噪，邀約不斷；在紐約百老匯的演出也佳評如潮，大河之舞舞團因此聞名，也獲得 1997 年葛萊美音樂獎的肯定。〈大河之舞〉舞碼敘述愛爾蘭先民篳路藍縷，胼手砥足，對抗外族的故事，其奮鬥的歷程宛如一條歷史長河，淵遠流長，因此取名為〈大河之舞〉。

儘管有人批評佛萊利的舞蹈融入太多的踢踏舞或東歐舞蹈元素，與愛爾蘭傳統舞蹈相去甚遠，服裝也與傳統不同，容易造成世人對愛爾蘭傳統文化的誤解。但整體而言，大河之舞仍成功地

圖 37：大河之舞

將一個西歐邊陲島國的文化帶向世界。愛爾蘭的文化工作者深受世人喜愛，除帶動愛爾蘭經濟發展，也向世界宣揚愛爾蘭文化。

四、北愛爾蘭街頭畫

愛爾蘭現代藝術中，北愛爾蘭的「街頭畫」(Murals) 是一項重要元素，呈現愛爾蘭近代歷史的重要內容，尤以德里與貝爾法斯特兩地最為明顯，充分反映政治與宗教的歧異。1970 年代起，許多藝人利用大面牆壁，製作了至少兩千幅街頭畫。許多壁畫隨著歲月流逝，日曬雨淋，逐漸損毀，有人因此撰寫專門手冊，導讀三百幅貝爾法斯特街頭畫的源流與內容，以保存歷史記憶。

愛爾蘭的街頭畫反映出當地的政治與社會狀況，也描繪許多重大的社會事件，今日可以視為歷史史料。1908 年，一些北方保王黨 (Ulster loyalists) 開始繪製奧蘭奇王室威廉國王 (William of Orange) 騎著白馬的圖像，象徵北愛的抗議教派信仰。而愛爾蘭共和國的壁畫則晚至 1970 年代才出現，主題則多為社會現象。當愛爾蘭共和軍開始以較激烈的手段表達其政治訴求時，這些街頭畫的內容也逐漸激昂。

街頭畫主要出現於北愛爾蘭工人階級的住宅區，桑茲 (Robert Gerard Sands, 1954–1981) 最為著名。桑茲為共和軍的積極領袖，因被控非法持有武器，遭判刑十四年，在獄中絕食抗議，於六十六天後身亡。

桑茲在貝爾法斯特市中心新芬黨部的外牆上製作大型街頭畫，影響深遠。共和派支持者也在貝爾法斯特繪製許多街頭畫，

圖 38：位於貝爾法斯特的桑茲街頭畫

集中在「國際牆」(The International Wall) 一帶。德里也有一個「自由德里角」，始於 1969 年的博格賽德之戰 (Battle of the Bogside)⓫。此後，共和派與聯英派各自在不同區域作畫，形成特殊的街頭畫藝術。

比如共和派常以絕食抗議者的圖像為題材，凸顯桑茲等人的訴求；亦有許多畫作描繪大英的暴政，如愛爾蘭大饑饉、復活節

⓫ 1969 年 8 月德里市博格賽德區的羅馬公教信徒集結抗議大英王國，引發與當地聯英派 (Unionists) 的衝突，紛擾持續三天，許多人受傷。抗議活動也在北愛爾蘭蔓延。大英政府派出軍隊鎮壓，事件才逐漸平息。

屠殺等。聯英派的街頭畫主題則為各種聯英宣傳，除了奧蘭奇王室相關主題外，還包括厄斯特志願軍、保衛厄斯特等內容。

除各種政治意象外，街頭畫也經常表現愛爾蘭神話與傳說故事，如女巫、侏儒等，新冠肺炎期間，還出現瘟疫與隔離等內容。而傳統文化與現實生活的緊密結合，正是愛爾蘭民族性的一種具體表現。

第五節　結　語

克爾特人是歐洲最早的民族，從西元前 2000 年便在西歐大部分地區活動，積累豐富的文化。日耳曼各部遷徙到西歐後，克爾特人不斷被排擠到西歐邊緣地帶。除了蘇格蘭、愛爾蘭和威爾斯等地外，今天的不列顛群島西北部、法國布列塔尼地區也可以找到克爾特文化。愛爾蘭是克爾特文化的重要繼承人，但從中世紀以後，受到盎格魯薩克森的不斷壓迫，甚至長時期被迫放棄自己的語言、文化。十九世紀以後，愛爾蘭人不斷尋求脫離大英王國的統治，留下許多重要事蹟與相關詩篇。

愛爾蘭的民歌中，一直保留著離鄉背井、外出謀生的主題，也充滿各種民族哀愁。民謠〈如霧般的露珠〉便是「復活節起事」的輓歌，葉慈的詩作〈1916 年復活節〉更是道盡愛爾蘭人的悲情。但是愛爾蘭民族天性樂觀，頗能自我解嘲，這也給予他們面對各種橫逆時，還能勇敢面對的勇氣，此所以本書以「詩人與歌者」為名。

附　錄

大事年表

西元前

3500	農業文化開始。
3000	巨石文化開始。
2500	紐格蘭奇建築開始。
1800	青銅器文化開始。
1200	青銅器晚期，黃金飾品大量出現。
500	鐵器出現。

西元

1–500	拉騰文化出現於愛爾蘭。
297–450	愛爾蘭部落掠奪不列顛。
431	第一位主教抵達愛爾蘭。
432	據傳派崔克開始傳教。
795–835	維京人掠奪愛爾蘭北部。
876–916	「四十年和平」，維京人侵略活動稍歇。
917	維京人以都柏林為據點，到蒙斯特及來京各地掠奪。
1036	都柏林興建主教座堂，建立主教教區。
1155	教宗頒行「讚美敕諭」。
1170	「強弓」理查．克萊爾率兵抵達愛爾蘭。
1171	亨利抵達愛爾蘭，發布都柏林特許狀。

1174	亨利再度發布都柏林特許狀，都柏林可在其轄區內自由貿易。
1216	〈大憲章〉對愛爾蘭生效。
1227	康納賀特成為德伯領地。
1261	卡蘭之戰。
1270	艾斯之戰。
1333–1338	德柏戰爭。
1348	黑死病出現於爪訶達。
1366	吉爾鏗尼議會召開，制訂〈吉爾鏗尼法〉。
1394	理查二世抵達瓦特福。
1395	愛爾蘭諸王宣誓臣服於理查二世。
1449	約克公爵理查抵達愛爾蘭。
1487	愛德華六世於都柏林即位。
1494	完成〈波音寧法〉。
1541	亨利八世自任為愛爾蘭國王。
1555	教宗保祿四世宣布西班牙國王菲利普二世為愛爾蘭王。
1560	伊莉莎白一世召開第一次愛爾蘭國會。
1641	愛爾蘭聯盟之戰。
1649	克倫威爾抵達愛爾蘭。
1652	克倫威爾公布〈愛爾蘭處置法〉。
1681	普郎企特主教在倫敦被處死。
1690	威廉三世在波音河之戰大敗詹姆士二世。
1691	簽訂〈里姆瑞克條約〉。
1693	教宗承認詹姆士二世為愛爾蘭國王。
1707	英格蘭與蘇格蘭合併為聯合王國。

1780 大英同意愛爾蘭在其殖民地貿易，葛拉登要求愛爾蘭立法權。
1782 葛拉登再度要求愛爾蘭享有獨立立法權。
1800 大英與愛爾蘭訂立〈合併法〉。
1804 第一次〈穀物法〉通過。
1813 葛拉登向大英國會提出〈救貧法案〉。
1823 羅馬公教聯盟成立。
1826 愛爾蘭發行與大英同步的貨幣。
1828 丹尼爾・歐康奈當選國會議員。
1834 歐康奈提出〈撤廢法案〉。
1840 「愛爾蘭全國聯盟」成立，也稱「撤廢聯盟」。
1844 歐康奈入獄服刑，後由國會宣告無罪。
1847 愛爾蘭飢饉達於高峰。
1848 巴黎爆發革命事件，青年愛爾蘭起事，饑饉繼續。
1852 大選，四十名國會議員與佃農聯盟合作。
1873 「自治聯盟」成立。
1879 「土地聯盟」成立。
1880 杯葛事件。
1886 格拉斯東提出〈地方自治法案〉。
1893 格拉斯東提出〈第二次自治法案〉，下院通過，上院否決。
1911 〈國會法〉通過，限制上院否決權。
1913 〈第三次自治法案〉下院通過，上院延宕。厄斯特志願軍與愛爾蘭志願軍成立。
1914 〈第三次自治法〉生效。
1916 復活節起事。

1919　愛爾蘭獨立戰爭。

1920　爆發「血腥星期日」事件。

1921　〈英愛條約〉簽字。

1922　柯林斯遇刺，科斯葛雷弗領導。

1937　新憲生效，瓦雷拉為首任總理。

1939　英、法等國對德宣戰，愛爾蘭宣布中立。

1940　北愛爾蘭總理克雷格身亡，安得魯斯繼任，德軍開始轟炸北愛爾蘭。

1948　卡斯特羅擔任總理，〈愛爾蘭共和國法〉通過。

1949　大英通過〈愛爾蘭法〉，承認愛爾蘭共和國非大英自治領。

1951　大選，瓦雷拉擔任總理。

1954　大選，卡斯特羅擔任總理。

1957　大選，瓦雷拉擔任總理。

1961　愛爾蘭申請加入歐洲經濟共同體 (EEC)。

1965　愛爾蘭共和國總理訪問北愛。

1972　血腥星期日事件發生。

1973　愛爾蘭成為歐洲共同體會員國。

1977　大選，林區擔任總理。

1979　林區退職，侯西 (Charles Haughey) 繼任。

1982　大選，3 月，侯西擔任總理；12 月，政府改組，費茲傑羅繼任。

1987　侯西再任總理。

1992　雷諾茲 (Albert Reynolds) 擔任總理。

1994　布魯敦 (John Bruton) 擔任總理。

1995　憲法第十五號修正案通過，離婚合法。

1997	阿恆擔任總理。
1998	〈貝爾法斯特協議〉簽訂。
2006	〈聖安得魯斯協議〉簽訂。
2008	科恩擔任總理。
2011	大選，肯尼擔任總理。
2015	憲法第三十四號修正案通過，同性婚姻合法化，成世界首例。
2016	大選，隔年伐拉卡擔任總理。
2018	憲法第三十六號修正案通過，婦女在懷孕十二周前可合法墮胎。
2020	大選，馬丁擔任總理。 大英通過公投，宣布退出歐洲聯盟。 《英歐貿易合作協定》簽訂。 《北愛爾蘭議定書》簽訂。
2022	伐拉卡擔任總理。
2023	大英與歐盟就北愛爾蘭貿易問題達成〈溫莎架構協議〉(*The Windsor Framework*)，調整《北愛爾蘭議定書》中部分條文。

參考書目

Beckett, J. C., *The Making of Modern Ireland 1603–1923*, London: Faber and Faber, 1985.

Bishop, Morris, *The Middle Ages*, Boston: Houghton Mifflin Company, 1968.

Cipolla, Carlo M. (ed.), *The Fontana Economic History of Europe*, Glasgow: William Collins Sons C. Ltd., 1978.

Court, W. H. B., *A Concise Economic History of Britain*, London: Cambridge University Press, 1967.

Downey, James, *Them and Us: Britain, Ireland and the Northern Question, 1969–82*, Dublin: Ward River Press, 1983.

Fennell, Desmond, *Beyond Nationalism: The Struggle against Provinciality in the Modern World*, Dublin: Ward River Press, 1985.

Fennell, Desmond, *The State of the Nation: Ireland since the Sixties*, Dublin: Ward River Press, 1983.

Foote, P. G. and D. M. Wilson, *The Viking Achievement*, London: Sidgwick Jackson, 1973.

Fry, Peter and Fiona Somerset, *The History of Scotland*, London and New York: Routledge, 1995.

Felix, Gilbert, *The End of the European Era, 1890 to the Present*, New York and London: W. W. Norton Company, 1984.

Hughes, Philip, *A Popular History of the Catholic Church*, London: Burns Oates, 1958.

Keen, Maurice, *Medieval Europe*, Middlesex: Penguin Books, 1968.

Kenyon, J. P., *Stuart England*, Middlesex: Penguin Books, 1983.

Lyons, F. S., *Ireland Since the Famine*, Glasgow: William Collins Sons C. Ltd., 1976.

McClean, Raymond, *The Road to Bloody Sunday*, Dublin: Ward River Press, 1983.

McCrum, Robert, *The Story of English*, London: Faber and Faber, 1992.

Moody, T. W. and F. X. Martin (eds.), *The Course of Irish History*, Cork: The Mercier Press, 1984.

O'Brien, Flann, *The Hard Life*, London: Pan Books, 1981.

O'Connor, Frank (ed.), Classic *Irish Short Stories*, New York: Oxford University Press, 1990.

Pine, Richard, *Oscar Wilde*, Dublin: Gill and Macmillan, 1983.

Plumb, J. H., *England in the Eighteenth Century*, Middlesex: Penguin Books, 1963.

Strong, C. F., *The Early Modern World*, London: University of London Press, 1963.

Thomson, David, *England in the Nineteenth Century (1815–1914)*, Middlesex: Penguin Books, 1964.

Thomson, David, *England in the Twentieth Century (1914–1963)*, Middlesex: Penguin Books, 1965.

Thomson, David, *Europe Since Napoleon*, New York: Alfred A. Knopf, 1965.

Trevelyan, G. M., *English Social History*, Middlesex: Penguin Books, 1982.

圖片出處

編輯部繪製：1；Shutterstock：2、3、5、10、11、12、18、19、21、24、27、36；JoeFox/Alamy：4；The Irish Image Collection/Corbis：6；Wikipedia：7、9、13、16、17、28、34、35；Dreamstime：8；National Army Museum：14；AA World Travel Library/Alamy：15；AlanMc：19；Library of Congress：20；公領域：22；Pointillist：23；National Library of Ireland on The Commons：26；Public Record Office of Northern Ireland：30；Bettmann/Corbis：31；AFP：32；Reuters：33；Robbie Jack/Corbis：37；Kwekubo：38

國家圖書館出版品預行編目資料

愛爾蘭史：詩人與歌者的國度／周惠民著.－－增訂二版一刷.－－臺北市：三民，2023
面；　公分.－－（國別史）

ISBN 978-957-14-7675-9（平裝）
1. 愛爾蘭史

741.91　　112012149

國別史

愛爾蘭史——詩人與歌者的國度

作　　者｜周惠民
發 行 人｜劉振強
出 版 者｜三民書局股份有限公司
地　　址｜臺北市復興北路 386 號 (復北門市)
　　　　　臺北市重慶南路一段 61 號 (重南門市)
電　　話｜(02)25006600
網　　址｜三民網路書店 https://www.sanmin.com.tw

出版日期｜初版一刷 2009 年 1 月
　　　　　增訂二版一刷 2023 年 11 月
書籍編號｜S740610
I S B N｜978-957-14-7675-9

三民書局